JN423610

1 | 신학연구도서시리즈

# 신약성서개론

이형의 지음

한국장로교출판사

# '신학연구도서 시리즈' 발간에 즈음하여

한국교회가 기독교 2천년 역사상 유래없는 성장과 부흥을 가져온 것은 수많은 목회자를 배출하고 훌륭한 평신도 지도자들을 양성한 신학교와 성서신학원이 있었기 때문이다.

한국교회는 이미 제1세기를 보내고 제2세기를 향하여 힘찬 발걸음을 내디딘 지 여러 해가 지났고, 1980년대 후반부터 21세기를 향한 세계속에 한국교회로서의 위상을 정립하게 되었다. 이제, 우리 교회는 위치를 더욱 굳게 하기 위하여 신학적인 기초를 튼튼히 세워서 우리 교회를 올바르게 하고, 또 성서적 바탕 위에 굳게 선 성숙한 교회가 되어야 할것이다.

현재, 우리 총회 산하에는 7개의 신학교육기관이 있고, 30여 개 노회에 성서신학원이 설립되어 그 사명을 충실히 감당하고 있다.

이제, 우리는 신학교육과 성서신학원의 교육수준을 한층 더 강화하기 위하여 여러 해 동안 연구, 노력해 온 결과, 기초적인 '신학연구도서 시리즈' 라는 열매를 얻게 되었다. 이 신학연구도서 시리즈는 신학대학교와 성서신학원에서 정규교재로 사용할 뿐만 아니라 평신도 교육을 위하여 참고도서로도 활용하기 위한 교재로 개발하게 되었다. 따라서 신학교협의회, 성서신학협의회가 공동으로 기획, 편찬하게 되었다.

모처럼 뜻을 가지고 시작한 이 '신학연구도서 시리즈'가 많은 신학도와 목회자들, 그리고 평신도 지도자들에게 더함이 없는 좋은 교육지침서가 되기를 바라며 나아가 21세기를 여는 한국교회의 성장에 크게 기여할 수 있기를 기대해 본다.

마지막으로, 이 '신학연구도서 시리즈'가 개발되어 빛을 보기까지 오랫동안 수고한 성서신학원협의회 교재편찬위원들과 적극적으로 참여해 주신 신학교협의회 편찬위원인 각 신학대학교 총장님과 저자 여러분들에게 뜨거운 감사를 드린다.

또한 이 시리즈 개발에 적극적인 호응을 보내 주시고, 주도적으로 개발사업을 맡아 주신 한국장로교출판사 대표 박노원 목사를 비롯한 출판사 직원 여러분께 심심한 감사를 드린다.

2002년 3월 일

신학연구도서 시리즈 편찬위원회

공동대표 **황승룡**

**이상운**

# 신약성서개론

## *차 례*

# 머 리 말

필자가 신학생 시절에 신약성서 개론을 공부하기 위하여 사용할 수 있었던 교재로 한글로 된 것은 단 두 종류밖에 없었다. 그러나 요즈음에 와서는 상당히 많은 종류의 신약성서 개론책이 우리말로 쓰여지거나 번역되어 있는 것을 볼 수 있다. 그런데 다시금 또 하나의 신약성서 개론책을 저술하는 데는 무엇인가 나름대로의 뚜렷한 이유를 가져야 한다고 생각된다. 수년간 신학교 강단에서 신약성서 개론을 강의하면서 느낀 것은 한 학기 동안에 신약성서 개론의 전체적 내용을 충분히 소개하기에는 시간적으로 너무나 제한을 받는다는 점이다. 게다가 학생들이 스스로 읽고 이해해 나갈 수 있는 책이 그렇게 많지 않다는 것을 발견하게 되었다. 대부분의 신약성서 개론이 방대하고 난해한 문제들을 소상히 다루고 있어서 처음으로 신약성경을 연구하고자 하는 평신도는 물론 신학생들에게까지도 상당한 부담감을 주므로 손쉽게 읽기가 어려운 형편이다.

마침 대한예수교장로회총회출판국과 지방신학교 및 성서신학원, 그리고 총회교육부에서 공동으로 활용할 '신학연구도서 시리즈' 개발계획을 추진하는 가운데 필자가 「신약성서개론」을 쓸 수 있는 기회를 얻게 되었다.

본서에서는 신약성경을 신학적으로 이해하는 데 반드시 알아야 할 가장 기본적인 내용들을 되도록이면 단순하게 설명하고자 노력하였다. 그러한 의도가 지나쳐서 때로는 중요한 내용을 충분히 설명치 못하고 지나가는 경우도 없지 않았다고 생각된다. 그러한 점을 보완하기 위하여 독자들이 좀더 연구할 수 있도록 참고도서를 각주에 소개하였다. 특히 학생들이 직접 찾아보기에 용이하도록 한글로 쓰여지거나 번역된 참고문헌을 주로 제시하였다.

본서는 제 1 부와 제 2 부의 두 부분으로 구성되었다. 제 1 부는 신약성경이 형성된 배경을 다루었는데, 거기에는 신약 시대의 관련된 역사와 정경사(正經史) 및 신약성경의 본문비평이 포함되어 있다. 즉 신약성경이 한 권의 책으로 우리에게 전해지기까지의 역사적 과정을 살펴보고자 한 것이다. 제 2 부에서는 신약성경의 각 부분이 기록된 동기와 그 구조 및 신학적 성격을 살펴보는 각론으로 이루어져 있다. 본서에서 인용된 성경본문은 개역성경을 대본으로 하였으나, 간혹 본문의 뜻을 평이하게 나타내기 위하여 독자적으로 번역한 경우도 있음을 밝혀 둔다. 신약성경을 공부하는 데는 상세한 성서지도를 참고하는 것이 매우 중요하다고 생각되어 몇 개의 지도를 첨가하려는 계획을 가져 보았으나 지도 제작의 어려움으로 보류하였다. 필요한 경우 성경전서에 첨부되어 있는 성서지도를 참조할 것을 권하는 바이다.

유난히 무더웠던 지난 여름과 바쁜 학기 중에도 글을 쓸 수 있도록 시간을 얻게 하시고 건강을 허락해 주신 하나님께 감사와 영광을 돌리며, 끝으로 본서를 쓰도록 격려해 주신 서울장로회신학교 박근용 학장님과 본서가 나오기까지 수고해 주신 '신학연구도서 시리즈' 편찬위원과 대한예수교장로회총회출판국 여러분께 감사를 드리는 바이다.

1990년 늦가을
저자 李 炯 義

# 제 1 부

# 신약성경 형성의 배경

# 제 1 장

## 역사적 배경

신약성경을 이해함에 있어서 가장 중요한 것은 그 안에 기록된 내용의 뜻을 어떻게 정확히 파악하느냐 하는 것이다. 그러한 과업을 완수하기 위해서는 성경의 내용을 문자적으로 올바로 이해함이 있어야 하겠고, 또한 거기에 담겨져 있는 신앙적 의미를 밝히기 위해 해석학적인 연구가 따라야 할 것이다.

그러나 그 본문의 명확한 의미를 파악하기 위해서는 그 글이 쓰여진 시대와 장소에서 이루어졌던 정치적·사회적·종교적 배경을 이해하지 못하고는 어려운 일이다. 신약성경은 무엇보다도 역사적 배경을 가지고 특정한 역사적 상황 가운데서 쓰여졌음을 이해하는 것이 매우 중요하다. 신약성경의 역사적 배경을 살펴보기 위해서는 주로 신약 시대를 중심으로 한 유대 나라의 정치·사회·문화적 배경과 더불어 종교적 배경을 고찰하는 것이 필수적 과제라 하겠다. 그러나 보다 포괄적인 이해를 위하여 헬라·로마 세계와의 관계를 대략적으로나마 고찰하지 않을 수 없다.

## Ⅰ. 정치·사회적 배경

바벨론제국에 의하여 주전 586년에 예루살렘이 함락됨으로 유대의 역사는 극적인 변화를 겪게 되었다. 페르시아(Persia)의 고레스(Cyrus) 왕에 의하여 본국으로의 귀환이 허락되어 주전 537년경에 상당수의 유대인이 예루살렘에 도착하여 황폐된 성전을 재건하고 예루살렘 성벽을 개축하였다. 그러나 바벨론 포로 이후 유대 왕국은 완전히 재건되지 못하고 페르시아의 속령으로서 존속할 수 있었다.

그러나 페르시아의 지배 아래 자치적 정부를 유지하였던 시기는 그렇게 길지 못하였다. 주전 334년에 마케도니아의 알렉산더 대왕이 헬레스폰트(Hellespont) 해협을 건너 소아시아를 침공함으로 페르시아제국의 지배는 쇠퇴하고 말았다. 소아시아를 장악한 알렉산더는 팔레스타인을 경유하여 이집트를 정복하고 거기에다 자신의 이름을 따서 알렉산드리아라는 도시를 건설하였다. 이집트에서 팔레스타인과 시리아를 거쳐 페르시아로 진격한 그는 주전 331년에 페르시아의 다리우스 왕의 군대를 격파하고 인도 북부 지방에까지 이르는 전동방지역을 정복하여 인류 역사상 그 유래가 없는 동서양에 걸친 광대한 제국의 통치자가 되었다. 그러나 그는 페르시아 정복지에서 질병에 의하여 주전 323년에 33세의 짧은 생애를 마쳤다.

갑작스러운 알렉산더의 죽음은 그가 정복한 대제국에 급격한 긴장을 가져왔으며, 그의 부하 장군들 가운데서는 강력한 세력 분쟁이 일어났다. 치열한 경쟁과 음모의 과정을 거쳐 알렉산더의 제국은 네 개의 세력권으로 분할되었다. 그 가운데 유대 역사와 가장 밀접한 관계를 가지는 왕국은 이집트의 프톨레미(Ptolemy) 왕조와 시리아와 바벨론 지역을 장악한 셀류시드(Seleucid) 왕조였다. 그 두 왕국 사이에 위치한 팔레스타인은 치열한 쟁탈전의 대상이 되었으며, 북방 소아시아의 상황이 불안정한 틈을 타 주전 320년에 프톨레미 1세가 팔레스타인을 이집트에 합병시켰다.[1]

---

1. 이 시기의 자세한 역사적 상황을 참조하기 위해서는 보 라이케, 「신약성서 시대사」, 한국신학연구소(1986), p.46 이하 참조.

### 1. 프톨레미 치하(주전 320—198년)

주전 320년에서 301년까지의 사이에 팔레스타인의 소유권을 두고 프톨레미와 소아시아의 지배자였던 안티고누스 사이의 분쟁이 계속되었으나, 안티고누스가 소아시아의 입수스(Ipsus)에서 전사하자 프톨레미는 팔레스타인에 대한 지배권을 확보하였고 셀류쿠스 1세(Seleucus Ⅰ)가 시리아에 새로운 왕국을 건설하였다.

프톨레미는 유대에 대하여 매우 관대한 정책을 베풀었던 것으로 보인다. 세금을 징수하는 외에는 대제사장을 책임자로 한 자치권을 부여하였으며 유대인들의 종교생활과 일반생활은 매우 자유로웠으며, 이 시기에 특별한 사건으로 알려진 것이 거의 없을 정도로 평온한 시기였다. 나일강 하구에 요새지로 건설된 알렉산드리아는 곧 상업과 문화로 이름난 헬레니즘의 중심 도시로 급속히 성장하였다. 프톨레미는 이곳에 거대한 도서관을 건립하였는데, 프톨레미 필라델포스(Ptolemy Philadelphos, 주전 285—247년) 때에 크게 확장되었다고 한다. 그 때까지는 유대인과 헬라인들 사이에 별로 접촉이 없었는데 이 시기에 수많은 유대인이 알렉산드리아로 이주하여 커다란 유대인 공동체를 형성하였다. 이 때의 주목할 만한 업적으로는 디아스포라 유대인과 이방인들에게 유대의 경전을 소개하기 위하여 헬라어로 구약성경이 번역되었다는 것이다. 이것이 후에 70인역(LXX, Septuagint)으로 알려진 헬라어역 구약성경이다. 팔레스타인에는 조용한 가운데 헬레니즘 문화의 영향이 미쳤으나 눈에 띄게 반대하는 세력은 나타나지 않았다.

### 2. 셀류시드 치하(주전 198—168년)

시리아의 안디옥에 도읍을 정한 안티오쿠스 1세(Antiochus Ⅰ, 주전 280—261년)는 팔레스타인을 정복하고자 했으나 실패하였으며, 그의 자손들도 여러 차례 시도했으나 성공을 거두지 못하였다. 그러나 주전 198년에 야심적인 안티오쿠스 3세는 마침내 팔레스타인에서 이집트의 세력을 물리치고 유대를 그의 지배권에 복속시켰다. 지배자가 바뀜에 따라 평온하였던 유대 나라에는 불안과 위기의 조짐이 나타나기 시작하였다. 주전 175년 안티오쿠스 4세 에피파네스(Epiphanes; 현현신이라는 뜻)가 즉위하면서 유대에 대한 압박은 뚜렷하게 강화되었다.

그는 유대 민족의 종교생활까지를 규제하여 완전히 헬레니즘화한 유대를 그의 나라와 통합함으로 강력한 왕국을 소유하고자 하였다. 적극적인 헬레니즘화 정책으로 인하여 유대인 가운데는 심각한 갈등이 일어났는데, 헬레니즘화 지지파들과 그것을 반대하는 사람들 사이에서 발생한 것이었다. 헬레니즘을 반대하는 자들은 하시딤(Hasidim; 경건한 자들 혹은 분리주의자들이라는 뜻)이라고 불리었는데, 그들은 조상대대로 내려오는 유대의 종교와 관습을 보존하기 위해서는 헬라의 문화와 관습을 철저히 배격해야 한다고 여겼다. 주전 169년에 이집트 원정에 실패한 안티오쿠스 4세는 유대인에게 분풀이하듯이 헬레니즘화 정책을 더욱 강화하여 유대주의적 관습과 성전예배를 억압하며 예루살렘 시에서 횡포를 자행하였다. 그러다 마침내는 헬라 군인들을 예루살렘 성전에 보내 성전의 번제단 위에 돼지를 희생제물로 드림으로 철저히 성전을 모독하였다.

### 3. **마카비 시대**(주전 167—63년)

유대인들은 몇 개월 동안 아무런 저항 없이 헬라인에 의한 수모를 감수하는 듯했으나, 마침내 예루살렘 서북쪽에 있는 모데인(Modein)에서 저항의 불길이 일어났다. 모데인의 제단에 이방인의 희생제물을 드리라는 강요에 반발한 제사장 맛다디아스(Mattathias)는 그의 다섯 아들과 더불어 헬라 군인들을 공격하였다. 이 소식을 듣고 수많은 유대인들이 열광적으로 호응하여 그의 추종자들은 급속도로 증가하였다. 이것을 발단으로 일어난 유대인의 민족적인 투쟁을 유대사에 있어서는 마카비반란(The Maccabean Revolt)이라고 한다.

연로한 맛다디아스가 사망한 후에 그의 아들들이 계속하여 반란군을 이끌고 마침내는 주전 164년 10월에 성전을 탈환하고 더럽혀진 제단을 씻어내고 새로이 성전을 봉헌하였다. 이것을 기념하여 유대인들은 하누카 명절을 지키는데, 요한복음 10 : 22에 나오는 수전절이 이 명절을 가리키는 것이다. 안티오쿠스 4세가 죽은 후 맛다디아스의 아들들과 자손들은 계속해서 유대의 통치자가 되어 대제사장으로 그 통치권을 이어갔다. 주전 135년에 요한 히르카누스(John Hyrcanus, 주전 135-104년)가 통치권을 장악한 후에 그의 자손을 통하여 그 지배권이 이어졌는데 이 시기를 하스모니안 왕조(Hasmonean dynasty) 시기라고 한다.

## 4. 로마의 지배와 헤롯 왕조

일찍부터 동방으로 세력을 확대시킨 로마제국은 이미 소아시아와 시리아, 이집트를 장악하였지만 팔레스타인에 대하여는 별로 관심을 두지 않았다.

이 때에 유대 내부에서는 사두개파와 바리새파 사이의 분쟁이 치열하였으며, 하스모니안 왕가내에서도 형제간인 아리스토불로스 2세와 히르카누스 2세가 서로 왕위를 차지하기 위해 다투던 중에 다메섹에 주둔하고 있던 로마의 폼페이우스(Pompeius) 장군에게 중재를 호소하였다. 주전 63년에 폼페이우스는 그 기회를 이용하여 군대를 이끌고 예루살렘에 진격하여 그 성을 정복하고 히르카누스를 대제사장으로 임명하였다. 그 결과 대제사장의 지배 아래 어느 정도의 자치권은 부여되었으나 실제로 유대 나라의 통치권은 로마제국의 손에 좌우되었다. 줄리어스 시이저 사후에 로마제국의 동방 총사령관으로 알렉산드리아에 와 있던 안토니우스는 유대의 통치자로 이두매의 족장인 헤롯(Herod)이라는 인물을 임명하였다. 그는 주전 40년에 왕으로 임명되었으나 유대 주민의 반발을 억압하고 주전 37년에야 예루살렘을 장악함으로 실제적인 왕이 되었다. 이후 유대 나라는 주후 6년에 이르기까지 이방 족속인 헤롯 왕가의 지배 아래 고난을 겪었다. 다음에서 신약성경에 나타나는 헤롯 왕가의 계보를 이해하는 데 도움이 되도록 도표와 함께 중요 인물에 대하여 간단히 설명하고자 한다.[2)]

**대헤롯** : 요한 히르카누스 시대에 유대 나라에 정복을 당해 유대교를 따

2. 헤롯 왕가의 계도(系圖)는 B. M. 메츠거, 「신약성서개설」, 나채운 역, 대한기독교출판사(1983), p. 20에서 전재한 것임.

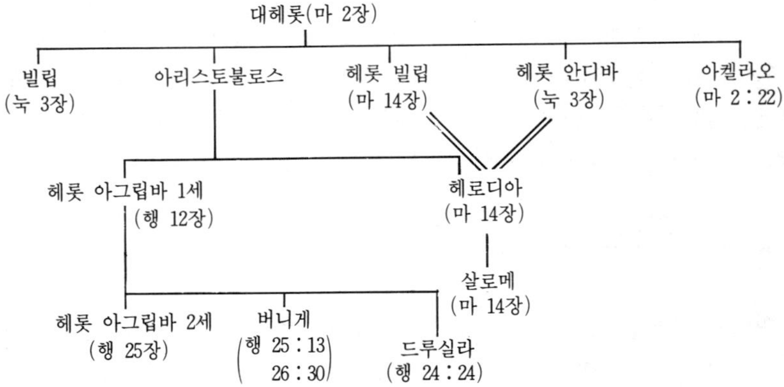


르도록 강요받은 이두매 족속의 후손으로 그는 유대교와 유대 관습에 매우 정통했다. 그는 사생활이 문란하고 성격이 잔인하여 그의 열 아내 중 두 명과 적어도 세 아들과 처남과 처조부를 살해하였다. 그러한 잔인성으로 볼 때 유대인의 왕이 탄생했다는 말에 베들레헴의 유아들을 살해하도록 명령을 내렸음을 충분히 짐작할 수 있다. 헤롯의 통치행위 가운데 주목할 것은 대제사장의 임명권을 장악했다는 점이다. 그는 의도적으로 하스모니안 집안의 사람들을 제외시키고 자신의 취향에 맞는 인물을 대제사장의 자리에 앉혔다. 한편 그는 공공사업을 일으키고 군대를 육성하고 요새지를 구축하는 등 통치자로서는 상당한 성과를 거두었다. 또한 유대인들의 환심과 지지를 얻기 위해 장기간에 걸쳐 대성전을 건축하였지만 결코 그는 경건한 인물이 아니었다. 만년에는 극심한 질병과 정신적 고통을 겪다가 주전 4년에 사망하였다. 그의 왕국은 그의 유언에 따라 세 아들에게 분배되었는데, 로마 황제의 재가를 받아 아켈라오(Archelaus)와 빌립(Philip)과 헤롯 안디바(Herod Antipas)가 분봉왕이 되었다.

**아켈라오 :** 아구스도(Augustus) 황제는 사마리아와 유대, 이두매를 상속받은 아켈라오가 왕의 칭호를 사용하는 것을 허락하지 않고 분봉왕의 칭호를 사용하도록 허용했다. 그는 유월절 기간 중 예루살렘에서 반란이 일어났을 때 그것을 진압하면서 3,000여 명을 학살함으로 그 잔인성을 드러냈다. 몇 년 후에 유대와 사마리아의 중요 인물들이 로마 황제에게 사람

을 보내어 아켈라오의 포악함을 고발하였다. 그 결과 아켈라오는 재위 9년째인 주후 6년에 폐위되고 그의 재산도 몰수되었다. 그 후로 유대와 사마리아, 이두매는 황제가 파송하는 로마 총독에 의하여 통치되게 되었다.

**빌립 :** 이두래와 드라고닛을 포함한 팔레스타인의 북부 및 북동부 지방을 상속받은 빌립은 온건한 통치를 행했다. 그는 그의 영토내에 가이사 아구스도를 기념하여 가이사랴 빌립보라는 도시를 건설하였다. 예수께서 단 한번의 여행을 통해 그의 영토에 들어가셨던 사실이 전해지고 있다(마 16 : 13).

**헤롯 안디바 :** 보통 그냥 헤롯이라고 불리는 그는 예수의 활동 당시에 갈릴리와 베뢰아의 분봉왕이었다. 헤롯 안디바는 아랍족의 왕녀와 결혼했으나 나중에 그의 이복동생인 헤롯 빌립(분봉왕 빌립과는 다름)의 아내인 헤로디아에게 매혹되어 그의 부인과 이혼하고 헤로디아를 취하였다. 게다가 이 불륜의 행위를 책망한 세례 요한을 목 베이게 하는 악행까지 저질렀음이 성경에 나타난다. 그의 딸이 부당하게 이혼당한 것을 보복하기 위하여 아레다 왕이 선전포고를 하였으며 결국은 헤롯의 군대가 패전하였다. 헤로디아의 충동에 못이겨 왕의 지위를 얻기 위하여 로마에 간 헤롯 안디바는 그의 조카인 헤롯 아그립바의 음모에 의하여 오히려 고울(Gaul) 지방으로 추방되고 말았다.

**헤롯 아그립바 1세 :** 음모의 혐의를 쓰고 그의 아버지 대헤롯에게 죽임을 당한 아리스토불로스의 아들인 헤롯 아그립바 1세는 일찍이 로마에 가서 교육을 받고 로마 황실의 사람들과 교분을 맺었다. 팔레스타인에 돌아와 그의 배다른 숙부인 빌립의 영토를 다스리는 분봉왕이 되고, 39년에는 헤롯 안디바를 추방시키고 그의 영토까지 통치하게 되었다. 글라우디오(Claudius)가 황제가 된 후 그의 호의로 헤롯 아그립바 1세는 유대와 사마리아를 포함한 대헤롯이 통치하던 전영토를 재통일하여 팔레스타인의 명실상부한 왕이 되었다.

예루살렘에 거주하면서 그는 규칙적으로 성전에서 예배를 드렸고 유대교에 열렬히 헌신하였다. 그의 통치 기간 동안에 그는 기독교를 난폭하게 박해하여 세베대의 아들 야고보를 잡아서 처형하고 베드로를 옥에 가두기도 하였다. 그의 죽음은 주후 44년에 갑자기 일어났는데, 거기에 대해서

는 사도행전과 요세푸스가 일치되게 기록하고 있다.[3)]

**헤롯 아그립바 2세** : 헤롯 아그립바 1세는 한 아들과 세 딸을 남겼는데, 그의 딸 중 하나인 드루실라는 유대의 로마 총독인 벨릭스와 결혼하였다. 그의 아들 아그립바 2세는 그의 부친 사망시 17세의 소년에 불과했다. 그래서 글라우디오 황제는 팔레스타인을 로마의 속주로 변경시키고 총독의 통치 아래 두었다. 헤롯 아그립바 2세는 주후 53년경에 빌립의 영토를 얻어 분봉왕이 되었으며, 나중에는 네로 황제에 의하여 갈릴리와 베뢰아도 주어졌다.

베스도가 유대 총독으로 부임하자 아그립바 2세는 그의 누이동생 버니게와 함께 가이사랴에 내려가 베스도를 방문하였으며, 그때 죄수로 재판을 받는 바울을 만나 전도받은 사실이 사도행전 25 : 13~26 : 32에 기록되어 있다. 주후 66년에 일어난 유대인의 폭동 때 그는 로마를 지지하고 계속하여 유대전쟁 동안에 로마에 충성함으로 그의 영토를 유지하였으며, 주후 100년에 사망하였다.

### 5. **유대전쟁**(주후 66－70년)

유대와 사마리아를 통치하던 로마 총독들은 유대인의 특수한 민족적 감정을 어느 정도 이해하고 주의를 기울이는 자들도 있었으나 대개는 냉소적이거나 경멸하는 태도로 유대 민족을 억압하였다.[4)] 마침내 유대인의 감정을 폭발시키는 사건이 주후 66년 5월에 플로루스(Gessius Florus) 총독이 성전 금고에서 17달란트를 부당히 강요함으로 발생하였다. 이것은 성전을 모독하는 행위로 여겨져 유대인들은 강하게 반발하였다. 거기에 물러서지 않고 플로루스가 무력으로 유대인을 억압하려 하자 마침내는 격렬한 충돌이 일어나게 되고 플로루스는 가이사랴로 퇴각하였다. 이 소식을 들은 시

---

3. 사도행전 12 : 20~23 ; 요세푸스, 김지찬 역, 생명의 말씀사(1987), 「유대 고대사」 18권, 6. 7.
4. 이 시대의 로마 총독하의 유대 민족의 상황을 구체적으로 이해하기 위해서는 E. Schürer, *A History of The Jewish People in the Time of Jesus* (New York : Schocken Books, 1961) 참조.

리아의 총독이 군대를 이끌고 예루살렘까지 진격해 갔으나 분명한 이유 없이 후퇴하다가 유대인들에 의하여 크게 패하였다. 결국 유대인들은 자의반 타의반으로 로마제국과 맞설 수밖에 없었으며, 네로 황제의 명령을 받은 동방군 총사령관인 베스파시아누스(Vespasianus)가 군대를 이끌고 진군해 오자 그에 대항하여 치열한 전쟁을 수행하였다. 이 전쟁에서 가장 적극적인 역할을 한 분파는 열심당(셀롯당, Zealots)이라고 할 수 있다. 그들은 민족적 메시야관에 불타 이방인 압제자들에 대항하여 마지막 순간까지 목숨을 버려 싸웠다.[5]

베스파시아누스는 네로 황제가 죽자 황제로 추대되어 로마로 갔다. 그러나 그의 아들 디도(Titus)가 계속해서 예루살렘을 공격하여 마침내 주후 70년 9월에 예루살렘 성을 함락하고 그와 더불어 예루살렘 성전을 소실시켰다.[6] 유대전쟁의 결과 성전이 소멸되므로 유대교와 초기 기독교에는 중대한 변화가 왔다. 즉 성전을 중심으로 한 신앙이 각각 다른 방향으로 발전해 가는 계기가 되었던 것이다.

유대전쟁에서 좌절된 유대인의 민족적 메시야사상은 완전히 소멸되지 않고 다시금 주후 132년 바코흐바(Bar Cochba; 별의 아들이라는 뜻)를 중심으로 로마에 대항하는 반란을 일으켰으나 로마 군대에 의하여 무참히 진압되었다. 그후 예루살렘의 성전 터 위에 쥬피터 신전이 세워짐으로 유대인의 거룩한 성은 완전히 이방인의 도시가 되고 말았다.

## Ⅱ. 종교 · 사상적 배경

### 1. 중간 시대의 유대 문헌

신구약 중간기에 유대인들은 여전히 그들의 신앙과 관계된 문서를 기록하는 일을 중단하지 않았다. 이 시기에 쓰여진 문서들을 크게 아포크리파

---

5. 유대전쟁에서 열심당이 행한 역할을 이해하기 위해서는 O. 쿨만, 「예수와 혁명가들」, 고범서 역(범화사, 1984)을 참조.
6. 유대전쟁에 대한 직접적인 사료는 요세푸스(Josephus)의 「유대전쟁사」를 참조할 것.

(Apocrypha, 외경)와 슈데피그라파(Pseudepigrapha, 위경)로 나누는 경우가 있다. 아포크리파라는 말은 구약의 정경(正經)에 들지 못하지만 후에 로마 천주교회에 의하여 정경에 부가된 책들로 인정받은 문서들을 지칭하는 용어이다. 그 뜻은 본래 '감추인 것' 또는 '비밀의 것'이라는 의미가 있었다. 그러나 실제에 있어서는 외경(外經)이라는 의미로 사용된다. 여기에 속하는 책들로는 토비트(Tobit)서, 유딧(Judith)서, 지혜서, 집회서, 그리고 다니엘서의 부록들인 세 아이의 노래(the Song of the Three Holy Children), 수산나의 이야기(The History of Susanna), 벨과 용(Bel and the Dragon)과 마카비(Maccabees) 1, 2서 등이 있다. 이들의 내용은 주로 신구약 중간기의 유대인들의 생활과 신앙 형태를 보여 주고 있는데, 신약 시대의 유대사상이 형성되는 전단계를 이해하는 데 매우 중요한 역할을 한다. 예로서 토비트서에는 바벨론의 디아스포라 생활 가운데 유대의 전통적 신앙이 이방의 미신적 사상 가운데 어떻게 존속되고 있는지 보여 주며, 유딧서는 헬라의 압박 아래 한 여인의 경건한 신앙이 동족을 구원하는 위대한 힘이 되었음을 보여 준다. 마카비서는 물론 마카비반란을 배경으로 한 역사서의 성격을 가지나 마카비 1서에는 하나님의 거룩함을 위한 열렬한 신앙정신과 투철한 애국심이 반영되며, 마카비 2서에서는 이적적인 사건에 관심을 기울이며 순교자의 부활을 강조함으로 역사적 사실보다는 신앙을 드러내는 데 더 큰 관심을 기울인다.[7)]

슈데피그라파는 익명의 문서라는 뜻으로, 여기에 속하는 책들은 대개 실제 저자의 이름을 밝히지 않고 가상의 인물의 이름을 붙이는 것이 특징이다. 즉 에녹서, 바룩서, 에스드라 2서, 모세의 승천서, 솔로몬의 시편 등이 그런 것이다. 신구약 중간기에 쓰여진 유대 문헌을 아포크리파나 슈데피그라파로 구별하는 것은 엄밀한 의미에서는 적절치 못한 점이 있다. 왜냐하면 바룩서나 솔로몬의 시편과 같은 외경들은 익명의 문서에 속하기 때문이다. 따라서 신구약 중간기의 유대 문헌을 그 성격상 역사적인 것(historical), 전설(legendary) 혹은 소설(novelistic), 교훈적인 것(didactic) 혹은

---

7. 외경에 대한 자세한 이해를 위해서는 B. M. 메츠거, 「외경이란 무엇인가 : 신구약 중간기 문학」, 민영진 역, 컨콜디아사(1979) 참조.

지혜(sapiential), 그리고 묵시적인 것(apocalyptic)으로 분류하기도 한다.[8)]

이들 중 지혜에 속하는 문헌들에는 전통적인 유대교의 경건과 주전 1세기 알렉산드리아에서 유행한 희랍의 철학적 정신이 결합된 형태가 나타나 후기의 유대교사상을 이해하는 데 중요한 역할을 한다. 그보다 더욱 중요한 의미를 가지는 것은 묵시적 문서들이라 할 것이다. 이들은 대개 슈데피그라파로 분류되는 집단에 속하지만 외경에 속한 책들 중에도 묵시문학적인 것들이 있다. 묵시문학(Apocalyptic) 혹은 묵시록(Apocalypsis)은 '감추인 것을 드러냄' 또는 '베일을 벗김'의 뜻을 가지는 말들로, 그 내용은 대체로 마지막 종말에 대한 하나님의 계시를 암시적인 표현과 신비적인 상징으로 나타내고 있다. 여기에 속하는 책들로는 에녹서, 바룩서, 모세의 승천(Assumption of Moses), 무녀(巫女)의 신탁(Sibylline Oracles), 솔로몬의 시편, 12족장의 언약서(Testaments of the Twelve Patriarchs), 희년서(Jubilees) 등이 있다. 신구약 중간기에 쓰여진 묵시문학이 가지는 중요한 의미는 신약의 묵시록인 요한 계시록의 문학적 형태와 그 해석을 이해하는 데서도 찾을 수 있으나, 더욱 주목해야 할 것은 신약성경에 나타나는 메시야의 도래와 육체의 부활과 최후의 심판에 대한 개념들이 이들 묵시문학을 통하여 형성되었다는 점이다. 그러므로 예수 시대의 유대인들의 메시야사상과 종말적 신앙을 이해하기 위해서는 유대 묵시문학을 연구하는 것이 중요한 과제라 할 것이다.[9)]

## 2. 신약 시대의 유대의 분파들

예수께서 활동하시고 그의 제자들이 초기 교회를 형성하던 당시 유대나라에는 여러 종류의 분파들이 있어 신약성경 가운데 직접, 간접으로 그들의 모습을 나타내고 있다. 유대인의 역사에 대하여 우리에게 주된 자료

---

8. 메츠거, 「신약성서개설」, p. 32.

9. 유대 묵시문학의 이해를 위해서는 D. S. Russell, *The Method and Message of Jewish Apocalyptic* (Philadelphia : The Westminster Press, 1964) 특히 pp. 15~69 ; 이형의, '유대 묵시문학에 있어서 이방인의 심판과 구원', 기독교사상, 1986년 6월호, pp. 106~119 참조.

를 제공하는 요세푸스(Josephus, 주후 37−100년)는 팔레스타인에서 바리새파(Pharisees), 사두개파(Sadducees), 에세네파(Essenes)와 더불어 열심당(셀롯당, Zealots)이 주요 분파였음을 말한다. 그러나 그는 앞의 세 분파를 유대교의 대표적인 종파들로 서술하는 반면, 열심당은 하나의 종파로서보다는 극렬한 민족주의적 당파로서 구별하고 있다.

### 1) 바리새파

그 이름은 '분리된 자들'이라는 뜻으로 세속의 모든 사악한 것들로부터 분리하여 순수한 신앙의 전통을 지키고자 하는 그들의 의도를 보여 준다 하겠다. 이들의 기원은 셀류시드 왕조의 헬라화 정책에 강력히 반대하고 마카비반란 초기에 중요한 역할을 했던 '하시딤'(경건한 자들)에게서 찾을 수 있다. 바리새파는 유대교 분파 가운데 가장 중요한 영향을 미친 종파로, 예루살렘 멸망 이후에 유대교의 유산을 재정비하여 존속시키는 데 중심적인 역할을 하였다. 그들은 제사장들과 달리 율법과 장로들의 유전을 신실하게 준행하는 형제적 단체로 율법을 실제적인 생활에 적용하는 데 특별한 열심을 나타내었다. 그들은 율법을 해석하는 데 있어 우화적인 방법(Allegorical method)을 사용하여 변화하는 생활조건에 적용시키는 융통성을 보여 주었다. 그러나 구전적 전통과 율법의 자구적 의미에 세심한 관심을 기울인 그들은 차츰 율법의 내적인 의미보다는 외적인 형식을 강조하는 경향으로 나갔다. 많은 바리새인들은 자신을 의롭게 나타내기 위하여 율법을 지키기를 힘쓰므로 오히려 예수에 의하여 외식하는 자라는 책망을 받았지만, 그들 가운데는 신실하고 덕스러운 자들도 많이 있어 백성의 존경을 받았다. 실제로 그들은 종교적·도덕적 수준에 있어 일반 백성들보다는 훨씬 높은 상태를 유지함으로 그들의 예배의식과 도덕성이 현대 정통 유대교의 기초가 되었다.[10]

### 2) 사두개파

그 이름이 솔로몬 시대의 대제사장이었던 사독(Zadok)에게서 유래된 것

10. 메릴 C. 테니, 「신약개설」, p. 112.

으로 보이는 그들은 포로기에 제사장 계층을 이루고 마카비 시대까지 대제사장의 가문을 형성하였다. 셀류시드 왕조의 헬라화 정책에 동조한 그들은 정치적 권력을 장악하였으며, 예수 당시까지 그들은 바리새인들보다 수는 적었지만 여전히 지배계층의 위치에 있었다.

그들은 바리새파와는 달리 모세의 율법을 해석함에 있어 구전적 전통을 부정하고 오로지 철저한 문자적 해석만을 받아들였다. 그들은 합리주의적인 반면 초자연적인 것을 반대하는 입장에서 천사와 영들의 존재를 부인하고 부활을 믿지 않았다(행 23：8). 그러한 점에서 사두개파는 신학적으로는 보수적인 반면 정치적으로는 자유주의자들이었다고 할 수 있다.[11]

### 3) 에세네파

이 종파에 대한 지식은 주로 요세푸스의 「유대전쟁사」에서 온 것으로 필로(Philo)와 플리니(Plyny)의 책에도 약간씩 언급되어 있다. '에세네'라는 이름이 가지는 뜻은 확실치 않으나 '거룩함'이라는 뜻과 연관이 있는 것으로 보인다.[12] 바리새파나 사두개파와는 달리 에세네파는 엄격한 수도원적 공동체를 형성하고 철저한 안식일의 준수와 개인적 정결에 관심을 기울였다. 그들은 사유재산을 포기하고 공동체의 규율을 따라 기도와 노동, 그리고 성경연구에 집중하였다. 신학적인 면에서 에세네파는 율법을 엄수하며 초자연적 세계를 믿는다는 면에서 바리새파와 가까웠으나, 그들은 예루살렘 성전에서의 희생제사에 참여하지 않았다. 그 이유는 성전 예배가 타락했다고 여겼기 때문으로 그들은 내적인 청결을 강조하여 날마다 물로 씻는 의식을 행하였고, 성결의 상징으로 흰옷을 입었다.

에세네파는 유대의 여러 지역에 거주하였으나 특별히 사해 서쪽의 황무지가 그들의 중요한 정착지로 여겨졌던바, 1947년의 쿰란(Qumran) 동굴에서 고대 두루마리들의 발견과 그 인근의 유적지 발굴은 에세네파의 연구에 새로운 빛을 비추어 주었다. 여기에서 발견된 문서들은 대략 주전 100년에서 주후 100년 사이에 속하는 것으로 추정되며, 그 내용에 있어서는

---

11. 메츠거, 「신약성서개설」, p. 40.
12. 메릴 C. 테니, 전게서, p. 113.

구약의 대부분과 수많은 외경들과 그 종파에 관계된 대여섯 가지의 문서들이 포함되어 있다. 거기에 나타나는 사상들은 마카비 시대의 맹약자들(Covenanters)이 가졌던 호전적 성향을 보여 주는 동시에 헬라의 스토아 학파의 철학적 요소와 동방 종교의 영향인 영지주의적인 요소들도 나타나고 있다.[13] 복음서에 에세네파에 대한 언급이 전혀 나타나지 않음은 주목할 만한 일로 어떤 학자들은 에세네파와 세례 요한, 그리고 예수와의 밀접한 관계를 설명하고자 한다. 그러나 에세네파의 엄격한 의식주의와 기독교의 대속의 희생과 은혜에 의한 구원의 개념은 매우 상이한 것으로 양자간의 직접적인 관계성을 밝히기는 어렵다고 여겨진다.

#### 4) 열심당(셀롯당)

열심당은 하나의 종파라고 하기보다는 이스라엘의 독립을 위하여 투쟁한 극단적 민족주의자들의 집단이었다. 그 창설자는 주후 6년에 로마인들에 대항하여 반란을 일으켰던 갈릴리 사람 유다(행 5：37)라고 알려져 있다. 그들은 이스라엘이 이방 황제에게 조공을 바치는 것은 이스라엘의 참 왕이신 하나님께 대한 반역이라고 하여 거부하였다. 종교적인 신앙사상에 있어서는 바리새파와 유사하였으나, 그들의 정신은 마카비반란에서 분출되었던 민족적 열정에 충만하였다. 그들 중 극단적인 행동주의자들인 시카리(Sicarii)는 단검을 가슴에 품고 이스라엘의 독립을 위해서라면 살인행위도 불사하였다. 그들의 행동의 궁극적 원동력은 하나님께서 무력으로 이스라엘을 신원하시리라는 민족적 메시야관에 있었다. 그들은 끊임없이 로마 군대와 유대의 통치자들에 대항하다가 마침내 주후 66년 유대전쟁이 발발하자 앞장서서 활발한 저항운동을 전개했지만 결국은 70년에 예루살렘의 멸망과 성전의 소실을 초래하였다.

그러나 그들은 포기하지 않고 마사다(Masada) 요새에서 3년을 버티며 저항하다 마침내 자멸의 길을 택했다. 이들의 민족적 투쟁정신은 완전히

---

13. 쿰란 공동체와 에세네파와의 관계를 자세히 이해하기 위해서는 베르너 푀르스터, 「신구약 중간사：포로시대부터 그리스도까지」, 문희석 역, 컨콜디아사(1985), p. 74 이하 참조.

사라지지 않고 다시금 주후 132년 바코흐바의 반란으로 뜨겁게 타올랐으나 그 결과는 이스라엘 민족에게 더욱 큰 재난을 가져오게 하였다. 그것은 당시 유대 민족의 마음을 사로잡고 있던 민족적 메시야 사상이 극단적으로 표출된 결과라고 할 것이다.

### 5) 평 민

앞에서 설명한 유대의 종파와 단체는 실제에 있어 팔레스타인 유대인의 10%에도 미치지 못하였으며, 당시의 대다수의 유대인들은 어떤 종파나 사상, 운동에 속하지 않은 단순한 '그 땅의 백성들'(암하아레츠)이었다. 구약에서는 이 용어가 다만 통치자들 및 귀족들과 구분되는 평민들을 의미했으나, 신약 시대에는 특별히 무지하거나 무관심함으로 인해 모세의 율법과 그에 따른 규례들을 지키지 못하는 자들을 의미하게 되었다. 평민들에 대하여 바리새인들은 '이 무리'라고 지칭하여 율법을 모르는 무식한 대중을 경멸하는 태도를 보였다(요 7 : 49). 이들 무리(오클로스)는 바리새인과 사두개인의 멸시와 열심당의 무력에 압박을 당하며 세리들에 의한 착취를 감수해야만 하는 무기력한 존재들이었다. 예수께서는 이들을 '목자 없는 양'(마 9 : 36)과 같이 불쌍히 여기시고 그들의 어려운 형편을 동정하시며 그들을 향하여 하나님 나라의 복음을 전파하셨다.

### 6) 디아스포라(Diaspora)

예수 시대 이전에 이미 수많은 유대인들이 로마제국의 각지와 그 국경을 넘어선 동방의 먼 지역에까지 자리를 잡고 정착하였다. 이들은 소위 흩어진 유대인, 즉 디아스포라라고 알려져 있는데, 그들의 흩어짐은 이미 주전 721년 북왕국 이스라엘의 멸망에서부터 시작하여 바벨론 포로를 통하여 동방에 널리 퍼지게 되었으며, 주전 4세기 때 알렉산더의 동방 정복을 계기로 유대인들은 대대적으로 이방 세계로 이주하였다.

팔레스타인의 한정된 자원과 이방 세력의 압제를 벗어나 보다 광대한 지역에서 면세와 시민권의 혜택을 기대하는 동시에 풍부한 상업의 기회를 바라고 유대인들도 대대적인 이주민들의 대열에 섰다. 이집트의 알렉산드리아와 구레네(Cyrene), 소아시아의 대도시들과 로마 시에 유대인들이 집중적으로 거주하였으며, 그들의 수는 팔레스타인내의 유대인 수보다 더욱 많아 수백만 명에 이르렀다고 한다. 그들은 이국 땅에 살며 이국의 문화에 점점 동화되어 갔으나, 그들의 조상으로부터 전해진 전통적 신앙을 고수하며 예루살렘 성전과의 관계를 계속 유지하였다.

프톨레미 왕조하의 알렉산드리아는 지중해 세계의 문화의 중심지였을 뿐만 아니라 상업이 활발하게 발전한 곳이었다. 이 곳에서 유대인들은 거대한 유대인 공동체를 형성하고 헬라 문화와 유대교사상을 결합시킨 독특한 종교·사상적 유산을 남겨 주었다. 그 대표적인 예로 주전 2세기 경에 히브리 구약성경을 헬라어로 번역한 70인역 성경(Septuagint)이 알렉산드리아에서 완성되었다. 이 헬라어 성경은 이후 디아스포라 유대인들과 더불어 이방인 그리스도인들에게 구약성경의 이해에 있어 중대한 영향을 끼쳤다.

또 하나 주목할 것은 알렉산드리아의 유대사상가였던 필로(Philo)는 구약성경의 내용을 희랍의 철학적 사상을 토대로 해석하여 이방인들에게 소개하고자 노력하였다는 점이다. 그가 사용한 희랍 철학의 용어로 이데아(Idea)와 로고스(Logos)를 들 수 있는데, 하나님의 율법에서 발견되는 최고의 지혜를 나타내는 데 그러한 용어를 사용하였다. 그의 성경 해석은 풍유적 해석(Allegorical interpretation)으로 유명하다. 예로서 하나님께서 에덴동산에 자라게 하신 나무들은 하나님께서 영혼 속에 심은 덕들을 의미한다고 해석하는 것이다. 그가 유대주의에 끼친 영향은 완고한 바리새주의의 확대로 감소되었던 반면에 초기 기독교에 미친 영향은 상당히 중요하게 평가된다. 복음이 이방 세계에 전파될 때 그것은 어느 정도 종교적·철학적 용어를 사용하지 않을 수 없게 되며, 그러한 점에서 필로는 초기 교회에 중요한 전례(前例)를 제시하는 역할을 하였다고 할 수 있다. 그러한 영향을 바울과 제 4복음에서 느낄 수 있으나, 그것은 직접적인 영향이라고 하기보다는 간접적인 적용이라고 보아야 할 것이다. 필로의 직접적인 영향은 후에 나타난 알렉산드리아의 교부들에게서 뚜렷하게 찾아볼 수 있다.[14]

---

14. E.F. 해리슨, 「신약개론」, 정성구 역, 세종문화사(1979). p.50.

# 제 2 장

# 신약의 정경화 과정

## Ⅰ. 신약성경 정경화(正經化)의 준비 단계

### 1. 구약성경의 경전화(經典化)

신약성경내에서 '성경'으로 지칭되는 것은 지금의 구약성경에 해당되는 책을 말한다 하겠다. 그러나 예수 당시와 초기 교회 시대의 구약성경은 아직 경전화된 책은 아니었다. 율법서와 예언서, 성문서로 구별되어 읽히는 거룩한 책들이었다. 주후 70년 예루살렘의 멸망과 성전의 소실로 유대교는 그들의 신앙의 중심을 성전과 제사의식에서 하나님의 말씀이 기록된 '성경'에로 바꾸어야만 하게 되었다. 그 때까지 유대교에서는 거룩한 책들로 읽는 많은 문서들이 있었으나 엄격하게 제한된 '경전'이 없었음은 분명하다.[1)]

1. W. G. 큄멜, 「신약정경개론」, 박익수 역, 대한기독교출판사(1988), p. 483.

주후 90년경 유대의 랍비들이 팔레스타인 남부에 있는 얌니아(Yamnia)에 모여 39권의 책을 유대교의 경전으로 확정함으로 유대교는 '책의 종교'로서 기초를 닦았다. 초기 기독 교회에서는 한동안 그러한 규정에 제한받지 않는 '성경'을 가지고 있었으나 차츰 시기가 지나면서 자연스럽게 유대교의 경전을 '구약성경'으로 받아들이게 되었다. 따라서 경전 혹은 정경(正經, Canon)의 개념은 구약성경에서부터 유래되었다고 할 수 있다.

정경은 희랍어의 카논(κανών)이라는 말에서 온 것인데, 그 뜻은 본래 자(尺度), 규칙, 규범, 규준을 의미하는 것으로 신앙의 규범과 척도라는 의미에서 신 · 구약성경을 구성하고 있는 66권의 책을 지칭하는 데 사용하게 되었다. 신약성경의 27권은 구약성경보다는 훨씬 뒤에 긴 역사의 과정을 거쳐 정경으로 확정되게 되었다. 다음에 그 과정을 간략히 살펴보고자 한다.

## 2. 속사도(續使徒) 시대

사도들의 활동과 더불어 신약성경의 책들이 쓰여지기 시작했다고 본다면 늦은 시기에 쓰여진 신약의 책들은 속사도 시대에 속하는 것들도 상당수 있다. 따라서 속사도 문헌은 신약성경의 형성 과정을 이해하는 데 매우 중요한 역할을 한다.

속사도 시대에 주목할 만한 사실로는 구약성경과 더불어 '예수님의 말씀' 혹은 '주의 말씀'에 동등한 권위를 두고 있다는 점이다. '주의 말씀'은 구전(口傳)에 의한 직접적인 전승에 근거한 것으로 아직까지는 문서화된 어떤 복음서와 같은 것을 암시하지는 않았다. 신약성경의 책들 중 가장 먼저 수집된 문헌들은 바울서신들이었다. 일찍이 소아시아 일대와 로마에서 알려졌으며(벧후 3 : 15, 16 참조), 2세기 초엽에는 여러 곳에서 수집되어 널리 읽혔던 것으로 보이나 구약성경과 같은 권위(즉 정경으로서의 권위)는 주어지지 않았다. 예로서 로마의 클레멘트(Clement of Rome)가 주후 96년경에 쓴 그의 서신 클레멘트 1서에는 로마서와 히브리서 및 고린도 전서의 내용을 인용하고 있다.[2] 2세기 초엽에 안디옥 교회의 감독이었던 이그나티우스(Ignatius)는 로마로 향한 그의 순교여행길 가운데 써 보낸 일곱 서신 중 하나에서 에베소서와 마태복음과 요한복음서로부터 인용한 글을 쓰고 있다. 순교자 폴리갑(Polycarp, 주후 2세기 초 서머나 교회의 감독)이 빌립보 교인들에게 써 보낸 서신에는 마태복음과 누가복음 및 바울서신들과 베드로 전서가 인용되고 있다. 그는 주의 말씀과 사도들의 말씀을 구약의 예언자들의 말씀과 동등한 위치에 두었다.

최초의 교회사 저술가인 유세비우스(Eusebius, 주후 4세기에 가이사랴 교회의 감독이며 신학자와 교회사가로 활동)가 그의 책에서 전하는 바에 의하면, 주후 130년경에 히에라폴리스(Hierapolis)의 감독이었던 파피아스(Papias)가 4복음서를 대조하여 연구하였다고 한다. 그의 글의 단편에 마태복음과 마가복음을 암시하는 언급이 있는데, 이는 복음서 연구에 매우 중요한 자료로 다루어지고 있다. 유세비우스는 또한 타티안(Tatian)이 주후 170년경에 로마에서 4복음서를 종합하여 디아테싸론(Diatessaron)이라는 4복음서 조화를 만들었다고 한다. 물론 그것은 현대적인 의미에서의 복음서 조화는 아니고 요한복음 1：1 에서부터 시작하여 복음서들의 자료를 하나의 연속적인 진술로 이어간 것이었다. 그가 만든 디아테싸론이 시리아 교회에서는 4복음서를 대신하여 사용된 것으로 보아 주후 170년 이전에 4복음서가 초기 교회 문서 가운데 독특한 위치를 차지하고 있었음을 뚜렷이 보여 주는 증거라고 하겠다. 그러나 바울서신과 마찬가지로 4복음서 역시 구약성경과 같은 경전적 권위를 인정받지 못하였음을 알 수 있다. 그 예로서 2세기 말까지 외전적(外典的) 복음서들인 야고보의 원복음, 도마복음, 히브리복음, 베드로복음 등이 4복음서와 함께 교회에서 사용되고 있었던 것이다.

## Ⅱ. 정경화 작업

### 1. 말시온의 정경화 시도

소아시아의 부유한 신앙가였던 말시온(Marcion)은 열정적인 신앙이 지나

2. 속사도 교부 문서의 내용은 이형의 편역, 「초대교회의 신앙문서」, 기독교문사(1988) 참조.

쳐 영지주의에 빠지므로 초기 교회에 큰 위협과 자극을 주었다. 영지주의는 세계를 영과 물질로 구분하는 이원론을 주장하며 영적인 것은 선하고 물질적인 것은 악하다고 믿었다. 따라서 영지주의자들은 물질적인 세계를 창조한 구약의 하나님을 배격하고 그리스도가 계시한 하나님과 구별하였다. 그러한 입장에서 말시온은 구약성경과 또한 구약과 관련성을 가지는 초대교회의 문서들을 배격하고 그 나름대로의 신앙의 표준이 되는 책들을 선포하였다. 거기에는 바울의 10개 서신, 즉 로마서, 고린도 전·후서, 갈라디아서, 데살로니가 전·후서, 라오디게아서(에베소서 대신), 빌립보서, 골로새서, 빌레몬서와 복음서 중에서는 바울과 연관된 누가복음만을 인정하였다. 그러나 누가복음에서도 구약의 인용문들을 삭제해 버리는 등 상당한 수정을 가했다. 그는 139년경 로마 교회의 회원이 되었으나 이러한 이단적 사상으로 144년경에는 로마 교회에서 추방을 당하였다.

이와 같은 말시온의 독단적인 주장은 초기 교회의 지도자들에게 상당한 자극을 주었다. 즉 이단사상으로부터 신앙을 보호하기 위해서는 교회의 통일된 신앙을 위한 규범이 되는 정경의 형성이 필요함을 인식하기 시작하였던 것이다.

## 2. 2세기 말의 상황

초기 교회의 변증가이며 순교자인 저스틴(Justin Martyr)은 2세기 후반에 그의 변증서에서 다음과 같이 말한다. "모든 그리스도인들은 일요일에 한 곳에 모인다. 그리고 시간이 허락되는 대로 사도들의 회상록이나 선지자들의 글을 읽는다. 그리고 봉독하기를 마치면 회장은 그것들을 배우고 따를 것을 권면한다. 그리고 나서 우리는 모두 함께 일어나 기도하고, 이미 말한 바와 같이 기도가 끝나면 회장은 같은 모양으로 그의 은사에 따라 기도와 감사를 드리고 회중은 아멘이라는 말로 응답한다." 여기에서 말하는 '사도들의 회상록'은 대체로 마가복음과 누가복음을 가지고 만들어진 것이었다. 거기에는 요한복음은 거의 인용된 것이 없었지만, 현재의 4복음서가 구약과 함께 예배시에 낭독되도록 허용되었다. 저스틴은 바울서신도 알고 있었으나 복음서만큼은 중요한 가치를 두지 않았던 듯하며, 따라서 그는 복음서들과 바울서신을 구별하여 취급하였다.

18세기에 이탈리아의 밀라노에 있는 암브로시우스 도서관에서 무라토리(L. A. Muratori)라는 역사가가 발견한 한 라틴어 사본이 1740년에 출판되었다. 이것이 무라토리 단편 정경(The Canon of the Fragmentum Muratorianum)으로 알려진 문서로 2세기 말엽의 정경화 과정을 밝혀 주는 중요한 자료이다. 2세기 말경에 쓰여진 것으로 추정되는 이 문서는 앞부분과 끝부분이 상실되어 있으나, 그 내용은 교회가 정경적으로 받아들이는 것과 인정할 수 없는 것들을 구별해 주고 있다. 거기에서 정경적인 책들로 인정받는 것은 마태, 마가, 누가, 요한순으로 된 4복음서와 사도행전, 바울의 13서신(라오디게아서신 제외), 그리고 베드로 전·후서, 요한 계시록(거기에 베드로 계시록이 추가됨) 등 22(23)권이다.[3]

그 외의 2세기 말의 증거들에 비추어 볼 때, 주후 200년경 서방 교회에서는 오늘날의 신약 정경 27권 가운데 4복음서와 사도행전, 13권의 바울서신과 적어도 2권의 공동서신(벧전, 요1서) 등 20여 권은 확고한 인정을 받았음을 알 수 있다. 한편, 논란의 대상이 된 책들로는 라오디게아서신(골 4 : 16), 알렉산드리아서신, 헤르마스 목자서, 베드로 후서, 야고보서, 요한 3서, 베드로 계시록, 요한 계시록 등이 있었다.

## 3. 경전의 완성기

신약성경의 경전화 과정에 있어 가장 중요한 역할을 한 인물로는 알렉산드리아의 신학자였던 오리겐(Origen, 185－255년경)을 들 수 있다. 그것은 그가 정경화를 위하여 어떤 확고한 결정을 내렸다는 점에서가 아니라 앞으로의 정경 확립을 위한 기본적인 원리를 제시하였다는 점에 있다. 그는 뛰어난 학문적 연구와 많은 여행의 경험(로마, 아테네, 안디옥, 아라비아, 갑바도기아, 팔레스타인)을 통하여 그 당시 각 지역의 교회들에서 통용되고 읽혀지는 신앙 문서들의 성향을 파악할 수 있었다. 그는 초대교회의 신앙 문서들이 일반적인 교회에서 받아들여지는 정도에 따라 다음과 같이 세

3. 이종윤, 「신약개론」, 개혁주의신행협회(1988), p. 69.

종류로 분류하였다.

(1) **호모로구메나**(*ὁμολογούμενα*) : 어디에서나 그 권위가 일치하게 인정받는 것으로, 여기에는 4복음서들과 바울의 13개 서신, 베드로 전서, 요한 1서, 사도행전, 요한 계시록이 속한다.

(2) **암피발로메나**(*ἀμφιβαλλόμενα*) : 지역에 따라 그 권위를 인정받기도 하고 받지 못하기도 하는 것으로, 절대적인 권위를 확정할 수는 없지만 가능성이 있는 것들을 말한다. 여기에는 베드로 후서, 요한 2서, 3서, 히브리서와 야고보서, 유다서가 속하였다.

(3) **프슈데**(*ψευδή*) : 거짓된 것으로 배격해야 할 것들을 말한다. 여기에 속하는 것으로는 애굽인복음서, 도마복음서, 바실리데스복음서, 맛디아복음서가 있다.

이러한 오리겐의 분류는 대체로 알렉산드리아를 중심으로 한 애굽 교회의 정경에 대한 입장을 보여 주는 것이라고 할 수 있다. 그러나 그가 가지고 있던 커다란 권위는 그의 견해가 계속하여 그 다음 세대에도 영향을 미치게 하였다. 한 세기가 지난 후에 오리겐의 영향을 받은 가이사랴의 감독 유세비우스는 그 자신의 시대적 상황을 조사하여 신앙 문서들에 대한 새로운 분류를 제시하였다.

(1) 호모로구메나(Homologoumena, 동의의 서 ; 정경으로 이의 없이 받아들여진 책들) : 여기에는 4복음서와 사도행전, 14개의 바울서신(히브리서 포함), 베드로 전서, 요한 1서, 그리고 이견이 있기는 하지만 '원한다면' 요한 계시록이 포함되었다.

(2) 안티레고메나(Antilegomena, 문제의 서 ; 그 정경성에 대하여 의견이 나누이는 것들) : 이것은 다시 상위(上位)의 문서와 하위(下位)의 문서 둘로 구분된다.

상위의 문서는 대부분의 사람들에게 인정되는 것으로 야고보서, 유다서, 베드로 후서, 요한 2서, 3서, 즉 5개의 공동서신이 여기에 속한다.

하위의 문서는 위경 문서(*νόθα*)라고 불리는 것들로 바울행전, 헤르마스의 목자서, 베드로 계시록, 바나바서신, 사도의 교훈(디다케), 그리고 히브리인의 복음서도 때로는 여기에 속하며 어떤 이들은 요한 계시록을 여기에 포함시킨다.

(3) 이단 문서 : 위경에도 들지 않는, 전적으로 부정되어야 할 것들로 외경(外經) 복음서들, 즉 베드로복음, 도마복음, 마티아스복음, 그리고 안드레행전과 요한행전 등이 여기에 속한다.

유세비우스의 이러한 분류는 그 당시의 상황을 완전하게 대변하는 것은 아니었지만,[4] 그의 구분 가운데 첫 번째 그룹과 두 번째의 앞부분의 것들이 합하여져서 오늘날의 신약성경의 모습이 어느 정도 형성되고 있었음을 볼 수 있다. 그러나 아직도 일반서신들과 요한 계시록의 경전성은 논란이 되고 있었던 반면에, 나중에는 경전에서 제외된 책들이 계속해서 신약성경의 일부로 취급되기도 하였다. 예로서 4세기 초에 쓰여진 시내 산 사본(Codex Sinaiticus)에는 요한 계시록 다음에 바나바서와 헤르마스의 목자서가 들어 있다. 그리고 5세기 초의 알렉산드리아 사본(Codex Alexandrianus)에는 클레멘트 1, 2서가 포함되어 있다. 신약 정경에 대한 불확실성을 해결하기 위한 첫 번째 시도가 주후 360년에 모인 라오디게아 교회 회의에서 이루어졌다. 그 회의 결과 구약과 신약 26권(요한 계시록 제외)을 기독교의 경전으로 받아들을 것을 선언하였다. 그후 신약 정경을 확정하는 데 결정적인 역할을 한 것은 알렉산드리아의 교부 아타나시우스(Athanasius)였다. 그는 367년 39회 부활절 축제를 위한 서한에서 확실하게 규정된 구약과 신약의 정경을 제시하였다. 거기에서 그는 다음과 같은 순서로 신약성경을 분류하였다. 즉 4복음서와 사도행전, 7개의 일반서신(야고보서, 베드로 전·후서, 요한 1, 2, 3서, 유다서)과 14개의 바울서신(히브리서 포함), 그리고 요한 계시록이다. 아무도 여기에 무엇을 더하여도 안 되고 어느 것도 빼서는 안 된다고 선언하고서 그는 처음으로 확정된 교회의 경전을 카논(κανών)이라고 불렀다.

헬라 교회에서의 아타나시우스의 권위는 대단한 것이었지만 여전히 요한계시록에 대한 입장은 양분된 채로 남아 있었다.[5] 신약의 27권이 정경

4. 그 당시의 보다 자세한 상황을 알기 위해서는 큄멜의 책 p. 503을 참조.
5. 예로서 당시의 안디옥 학파의 지도자들이었던 크리소스톰(Chrysostom)과 테오도레(Theodoret)는 요한 계시록의 정경성을 반대하였으며, 갑바도기아의 헬라 학자들도 그러한 견해에 동조하였다. 큄멜, p. 504.

으로 결정된 것은 동방과 서방 교회의 지도자들이 참석하였던 397년의 제 3차 칼타고(Carthage) 회의에서였다. 이 회의에서는 바울의 서신 속에 히브리서가 포함되었으며, "정경으로 인정되지 않은 책은 어떠한 책이라도 교회에서 성경이라는 이름으로 읽을 수 없다."고 선포되었다. 이 회의에는 당시 영향력 있는 지도자였던 히포(Hippo)의 감독 어거스틴(Augustine)도 참석하였는데, 그는 히브리서가 모든 교회에서 바울의 서신으로 받아들여지지 않고 있음을 알았으나 그 정경성을 부인하지는 않았다.

## Ⅲ. 신약성경 경전화의 의미

### 1. 정경화 이후의 상황

칼타고 회의에서 신약의 정경이 결정된 후 실제로는 그러한 결정이 즉각적으로 받아들여지지 못하였음을 보게 된다.

서방 교회에서는 오랫동안 성경 사본들에서 히브리서가 제외되는 경우가 가끔 나타난다. 반면에 중세 말엽까지도 라오디게아 교회에 보내는 바울의 서신이 라틴어 사본에서 발견되고 있다. 그러나 이러한 예외적인 사실들에도 불구하고 서방 교회에서는 5세기 초부터 신약성경의 범위가 확고하게 고정되어 가고 있었음이 분명하다.

다른 한편 헬라와 라틴 교회에서 이탈하여 초기 기독교의 변두리에 속했던 시리아 교회에서는 정경사에 있어 다소 독특한 발전을 보여 주었다. 시리아 동북방에 있는 에데싸(Edessa)를 중심으로 주후 2세기 말에 뿌리를 내린 시리아 교회는 헬라의 동방 교회와는 다른 형태를 이루었다. 5세기 초의 것으로 알려진 시리아의 한 전승에 의하면 시리아 교회에서는 구약성경 외에 복음서와 바울서신 및 사도행전 이외에는 다른 문서들이 교회에서 읽혀져서는 안 된다고 하였다. 따라서 초기의 시리아 교회의 정경은 헬라나 라틴 교회의 그것보다 훨씬 더 제한적이었으며, 4복음서 대신에 공관복음 조화서(타티안의 디아테싸론)를 사용하였고 일반서신들과 요한 계시록은 빠져 있었다. 반면에 히브리서는 헬라 교회의 영향으로 바울서신에 포함되었으나, 빌레몬서는 바울서신에서 제외되었고 고린도 3서가 경전성이 있는 것으로 인용되기도 하였다.

5세기 초에 시리아 교회의 성경인 페쉬타(Peshitta)가 형성되었는데, 거기에서는 4권의 독립된 복음서들과 히브리서를 포함한 14개의 바울서신들 및 야고보서, 베드로 전서, 요한 1서 등 세 개의 일반서신들이 사도행전과 더불어 22권의 저작들로 이루어졌다. 대부분의 시리아 교회에서는 이것을 정경으로 받아들였으며, 시리아 교회의 동쪽 지역을 장악한 네스토리우스(Nestorius)파는 계속하여 페쉬타의 22권의 정경을 주장하였다. 그러나 시리아의 서쪽 지역에 속한 교회들에서는 차츰 이웃의 헬라 교회들과 접촉을 갖게 되었으며 그들의 정경을 받아들이게 되었다. 508년에 맙북(Mabbug)의 감독 필록쎄누스(Philoxenus)는 시리아역 성경을 개정케 하였는데, 거기에는 오늘날의 신약성경에 있는 27권이 모두 포함되었다.

다른 한편 시리아 교회와 같이 단성론사상을 추종하였던 애굽의 콥트인들과 이디오피아 교회는 아타나시우스의 27권의 경전 외에 다른 문서들을 추가하였다. 즉 콥트인들은 클레멘트 1, 2서와 사도헌장 등 8권의 책을 받아들였으며, 이디오피아 교회에서는 그러한 문서들 외에 또 다른 위경적 문서들을 추가하였다.

## 2. 신약성경의 정경화 원리

신약성경이 정경화된 과정을 볼 때 그것이 때로는 어떤 개인의 판단에 의하여 또는 교회 회의의 결정에 의하여 이루어진 것으로 느껴질 수도 있다. 그러나 그러한 결정이 있기까지는 짧은 기간의 판단에 의해서가 아니라 초대교회의 긴 역사적 과정이 있었음을 잊어서는 안될 것이다. 어떤 문서들은 그 규모가 작기 때문에, 혹은 다른 것과의 유사성이 적다는 이유로, 또는 그 수신자나 저작자의 익명성 때문에, 또는 표면적으로 교회의 구체적인 필요성에 대한 적응성이 결여된 듯한 이유로 정경으로 인정받는 데 논란이 된 것들이 있다. 그러나 결국 정경으로 인정받게 된 데에는 그것들 자체 안에 충분한 이유가 있기 때문이라고 하지 않을 수 없다.

초기 교회의 교부들은 신약성경 27권을 정경화하는 과정에서 다음과 같은 몇 가지 규범을 제시하였다.

(1) 사도성 : 예수께서 택하신 사도들은 그리스도의 대리자요 그리스도에 의하여 파송된 자로서 그들이 전하는 내용은 독특한 의미와 권위를 갖게 된다. 따라서 사도와의 직접적인 관계가 있느냐 없느냐에 따라 그 문서의 권위가 결정되는 것이다. 다시 말하면 이른 시기에 쓰여진 것일수록 사도성을 인정받기 쉬우나 늦은 시기에 쓰여진 것은 사도성을 인정받기가 어렵게 되며 정경에 속하기 전에 많은 논란의 대상이 되게 된다. 그 예로서 베드로 후서와 요한 계시록을 들 수 있다. 물론 정경 가운데는 사도들의 글만이 받아들여진 것은 아니다. 사도들과의 밀접한 관계를 가졌던 사람들에 의한 문서도 사도성을 가지는 것으로 인정된다. 특별히 누가와 바울은 그리스도께서 지상에 계실 때의 직접적인 목격자는 아니지만 사도들로부터 그리스도에 관한 증언을 들었고 바울은 그리스도로부터 직접 계시를 받음으로 사도성을 인정받게 되었다.

(2) 보편성 : 초대교회에서는 여러 가지 신앙 문서들이 자유롭게 읽혀졌다. 따라서 한동안은 시기와 장소에 따라 각 문서들에 주어지는 중요성과 권위가 달랐으나 시간이 지날수록 각 지역의 교회 안에서 통일된 인식이 형성되게 되었다. 마침내는 전교회에서 보편적으로 인정되는 27권의 책을 정경으로 받아들이게 된 것이다.

(3) 영감성 : 성경은 스스로 성령에 감동되어 쓰여진 책임을 드러낸다. 그것을 읽음으로 하나님을 알게 되고 예수 그리스도를 깨닫게 되며 신앙의 진리를 확신하게 될 때 그것은 정경으로 인정받게 되는 것이다. 반면에 정통적인 신앙과 배치되거나 허황된 이야기나 기적 중심의 내용들로 채워진 문서들은 영감성을 인정받지 못하여 정경에서 제외되게 되었다. 그 예로서 초기 교회의 수많은 외경 및 위경적 문서들을 들 수 있다.

하나님께서는 계시의 말씀으로서의 성경을 일방적인 방법으로 주시지 않으셨다. 초기 교회의 오랜 기간을 통하여 수많은 문서들 가운데서 신앙인들로 하여금 스스로 느끼고 깨닫고 확신함으로 받아들이게 하셨다. 그러므로 신약성경의 정경화 과정은 역사 속에서 하나님의 말씀이 어떻게 주어지고 받아들여졌는가를 보여 주는 중요한 의미가 있다고 할 것이다.

# 제 3 장

# 신약성경의 사본들과 본문비평

## Ⅰ. 본문비평의 필요성

처음 신약성경의 각 책들은 개별적으로 하나의 문서로 기록되었는데, 그것을 원본(原本, original text)이라고 한다. 그러나 유감스럽게도 지금 우리가 가지고 있는 성경의 본문은 원본으로부터 온 것이 아니라 원본을 베껴 쓴 사본들로부터 온 것이다. 원본들이 일찍이 없어진 중요한 이유 중의 하나는 초기 기독교에서 문서를 기록할 때 주로 파피루스 종이를 사용했기 때문이다. 파피루스는 이집트의 나일강 삼각주 지방에서 자라는 특수한 갈대를 얇게 잘라서 만든 종이로 건조한 기후에서는 상당히 오랫동안 보존되나 기후 변화가 많은 곳에서는 쉽게 손상되는 단점이 있었지만 고대 세계에서 널리 사용되는 유일한 종이였다. 초기에 쓰여진 사본들도 주로 파피루스 종이에 기록되었음이 분명하다. 게다가 오랜 동안의 로마 제국의 박해는 수많은 성경 사본의 몰수와 파괴를 가져왔다. 그러한 이유들 때문에 원본은 말할 것도 없고 주후 2세기와 3세기에 쓰여진 사본들조차 온전하게 남아 있는 것이 하나도 없다.

주후 313년 콘스탄틴 황제가 기독교를 공인한 후 성경 사본의 역사에도 새로운 전환점이 왔다. 각 교회들에서는 공적인 사용을 위하여 성경을 마련하기 시작하였으며, 콘스탄틴 황제 자신도 제국의 중요한 도시들에 있는 교회들에 기증하기 위하여 50권의 성경 사본을 만들도록 명하였다고 한다. 이 때부터는 파피루스 대신에 송아지 가죽이나 양 가죽을 얇게 가공하여 만든 양피지가 성경을 기록하는 데 많이 사용되었다. 따라서 현재 남아 있는 가장 오래된 사본들은 이 시기에 쓰여진 것이라고 추정된다.

현재에는 수많은 사본들이 남아 있는데, 그것들은 원본에서 베껴 쓴 사본들을 여러 세대에 걸쳐서 반복하여 필사한 사본들로 그것들 사이에는 다양한 차이점들이 드러나고 있다. 아무리 많은 사본들이 만들어졌다 해도 그 내용이 일치한다면 아무런 문제가 없을 것이다. 그러나 그 모든 사본들이 서로가 조금씩이라도 다를 때, 어느 것이 원본의 본문을 나타내고 있는지 판단하기 매우 어려운 심각한 문제가 제기되는 것이다.

현재 남아 있는 사본들을 비교 연구해 볼 때 사본을 베끼는 과정에서 발생한 여러 가지 오류들을 짐작해 볼 수 있다.[1] 성경을 베끼는 필사자들은 세심한 주의를 기울여서 오류를 범하지 않도록 노력했음이 틀림없다. 때로는 한 사람이 본문을 낭독하고 한 사람이 받아쓰고 한 사람은 옆에서 바로 쓰는지를 살펴보았다. 그러나 아무리 세심한 주의를 한다고 해도 사람의 손으로 쓰는 데는 잘못이 나타나기 마련이었다. 그들이 범한 오류에는 자기도 모르는 사이에 착오로 인한 무의식적인 잘못도 있었지만 때로는 의도적으로 본문의 내용을 수정하거나 가감하는 경우도 있었다.

무의식적인 오류의 원인들로는 첫째, 글자를 잘못 보는 경우이다. 본래 희랍어 본문에서는 단어와 문장 사이에 띄어쓰기가 전혀 없어서 단어를 잘못 읽거나 중복해 읽거나 한 줄 더 읽거나 빼먹을 수도 있다. 또한 본문을 낭독하는 경우 잘못 읽거나 잘못 들어서 오류를 범할 수 있다. 게다가 대본이 되는 사본의 난외 여백에 쓰여진 설명이나 주해를 본문으로 착각하여 베껴 쓰는 경우도 있다.

---

1. 사본상의 오류에 대한 보다 자세한 설명은 B. M. 메츠거, 「사본학」, 강유중 역, 기독교문서선교회(1979), p. 230 이하 참조.

무의식적인 오류보다 더욱 심각한 것은 의도적으로 원문을 변경시키는 경우이다. 이러한 오류들은 대체로 악의에 의해서보다는 필사자 자신들의 입장에서는 선의에 의하여 기인된 것이라고 할 수 있다. 즉 그들이 필사하는 본문이 문법상 정확하지 않거나 분명하게 이해하기 어려울 때 그것을 보다 정확하게 바로잡는 것이 당연한 일이라고 생각했다. 그보다도 더 본문에 중대한 변화를 가져온 것은 필사자 자신이나 혹은 그가 속한 신앙 공동체의 교리적 입장에서 적합치 못한 부분을 수정하는 경우이다. 그 외에도 신약성경에 인용된 구약의 내용과 구약의 본문이 다를 때 서로 일치하도록 고치거나 복음서들 사이에 서로가 통일되지 못한 내용이 있을 때 그것을 조화시키기 위하여 변경하는 일도 있다.

이상의 여러 가지 이유들로 인하여 현재 남아 있는 수많은 사본들은 서로간에 현저하거나 미세한 차이점들을 드러내고 있다. 따라서 신약성경을 연구함에 있어 첫 번째 과제는 그 많은 사본들로부터 어떻게 원본의 내용을 확실하게 복원하느냐 하는 것이다. 이러한 과업을 완수하기 위하여 모든 사본들을 비교 검토하는 연구방법을 본문비평(本文批評, textual criticism)이라고 한다. 다음에서는 본문비평을 위하여 사용되는 여러 종류의 자료들을 살펴보도록 하겠다.

## Ⅱ. 희랍어 사본들

신약성경의 원본이 기록되는 데 사용한 언어는 코이네 희랍어이다. 그것은 희랍 본토에서 사용되던 고전 희랍어보다는 후기에 헬라 시대에 동방지역에서 사용되었던 통속적인 희랍어였다. 이 언어가 초기 기독교 시대로부터 오랜 동안 지중해 세계에서 공식적인 통용어로 사용되었으며 신약성경의 사본들도 계속하여 이 언어로 사용되었다. 그러므로 신약 원본의 본문을 연구하는 데 가장 중요한 자료는 이들 희랍어로 쓰여진 사본들이다.

현재 알려진 희랍어 사본은 5,300여 종으로, 소수의 파피루스 사본과 267개 이상의 대문자 사본과 2,768개 이상의 소문자 사본 및 2,146개 이상의 대문자 희랍어 성구집으로 되어 있다.[2)]

## 1. 대문자(大文字) 사본들

지금까지 남아 있는 사본들 중 가장 완전하고 오래된 것으로 4세기 이후에 양피지에 쓰여진 것들이 있다. 이 사본들은 희랍어 알파벳 중 대문자로만 기록된 까닭에 대문자 사본 또는 언셜(Uncial) 사본이라고 불린다. 이들이 성서 본문을 결정하는 데 가장 중요한 역할을 하는데, 이들 대문자 사본들에는 각각 일련 번호가 주어져 있으며 특별히 중요한 사본들에는 고유 명칭과 더불어 라틴어, 희랍어, 히브리어의 알파벳 대문자(A, B, C, D, Ξ, ℵ 등)에서 따온 기호가 붙여졌다. 다음에서는 가장 잘 알려진 대문자 사본 몇 개를 소개하고자 한다.

### 1) 바티칸 사본(Codex Vaticanus, B)

현존하는 성경 사본 중 가장 가치 있는 것들 중 하나로 1475년 이전부터 로마의 바티칸 도서관에 보존되어 왔다. 4세기 중엽 이전에 쓰여진 것으로 추정되는데 어떤 학자들은 콘스탄틴 황제가 제작케 한 50개의 사본 중 하나라고 보는 이도 있다. 그 내용은 신구약과 더불어 마카비서를 제외한 구약 외경들을 포함하고 있다.

이 사본의 글자체는 작고 섬세한 대문자로 쓰여졌으며 매우 단순하고 간소한 형태를 보여 주는 점으로 보아 매우 이른 시기에 쓰여진 것임을 알 수 있다. 그 본문은 여러 곳에 수정된 흔적이 있으나, 많은 학자들에 의하여 알렉산드리아 본문의 대표적인 것으로 인정받고 있다. 또한 이 사본은 많은 가죽종이를 묶어서 제본한 코덱스(Codex)형으로 이 시기 이전에 그러한 책 제본의 양식이 보편화되었음을 증거해 준다.

### 2) 시내 산 사본(Codex Sinaiticus, ℵ)

1859년 독일의 성경학자 티셴도르프(Tischendorf)가 시내 산 중턱에 있는 성카타린 수도원을 세 번 방문한 끝에 발견한 사본이다.[3] 그 내용은, 70인역 구약성경의 대부분과 완전한 형태의 신약과 더불어 초기 교부 문서

2. E.F. 해리슨, 「신약개론」, p. 82.

중 그 내용이 확실히 알려지지 않았던 바나바서와 헤르마스의 목자서의 일부가 포함되어 있다.

티센도르프에 의하면 331년 콘스탄틴 황제가 유세비우스에게 명하여 만든 50개의 사본 가운데에 바티칸 사본과 시내 산 사본이 있었을 것으로 본다. 그리고 후에 유스티아누스 황제가 자신이 세운 성카타린 수도원에 시내 산 사본을 보냈다고 생각했다. 그러나 시내 산 사본에는 바티칸 사본에 없는 소위 유세비우스 정경으로 알려진 목록이 나타나는 것으로 보아 바티칸 사본이 시내 산 사본보다 약간 먼저 기록된 것으로 보는 학자들이 있으며, 다른 한편 바티칸 사본은 콘스탄틴 황제의 50권 사본 중에서 불합격한 것이라고 보는 견해도 있다.[4]

### 3) 알렉산드리아 사본(Codex Alexandrinus, A)

일명 A사본이라고 불리는 이 사본은 5세기 중엽이나 말에 이집트에서 기록된 것으로 본다. 1098년 이후 알렉산드리아의 대주교 도서관에 소장되어 있다가 1628년 콘스탄티노플의 대주교였던 키릴 루카르(Cyril Lucar)에 의하여 영국 왕 찰스 1세에게 기증되었다. 그후 1751년부터 대영 박물관에 소장되어 오고 있다. 이 사본은 신약의 전부를 가지고 있으나, 마태복음 1：1~25：6, 요한복음 6：50~8：52, 고린도 후서 4：13~12：7 부분이 빠져 있다. 반면에 클레멘트 1서와 2서의 일부를 포함하고 있다. 이 사본의 신약 본문은 복음서 부분을 제외하고는 중립 본문(Neutral text)의 중요한 사본으로서 가치를 인정받는다.

### 4) 에브라임 사본(Codex Ephraeimi, C)

이 사본은 5세기에 신구약 전체를 기록한 것인데, 12세기에 원본의 일부가 지워지고 그 위에 4세기 때의 시리아 교회의 감독이었던 에브라임의

---

3. 티센도르프가 시내 산 사본을 발견하기까지의 열정적인 노력과 그것이 현재 대영 박물관에 소장되기까지의 감명적인 이야기를 메츠거 저 「사본학」, p. 60 이하에서 참조.

4. 메츠거, 「사본학」, p. 65 이하 참조.

설교가 쓰여진 것이다. 이러한 사본을 파림세스트(Palimpsest, 이미 쓰여진 글자를 지우고 그 위에 다른 글을 쓴 것)라고 하는데 티셴도르프가 화학약품을 사용하여 그 지워진 본문을 다시금 판독해 냈다. 현재는 구약 64페이지와 신약은 238페이지 중 145페이지만 남았는데, 데살로니가 후서와 요한 2서가 빠져 있다. 이 사본은 B사본의 본문과 비슷한 특성을 가지며 안디옥 교정본과 서방 원문의 영향을 받은 것으로 추정된다.

### 5) 베자 사본(Codex Bezae, D)

5세기 말 또는 6세기에 쓰여진 것으로 추정되는 이 사본은 왼편에는 희랍어로 오른편에는 라틴어로 된 이중 언어 사본이다. 그 내용은 네 복음서와 사도행전의 대부분과 요한 3서의 단편적 부분을 포함하고 있다. 복음서는 서방 원문의 형식을 따라 마태, 요한, 누가, 마가의 순서로 되어 있으며, 본문에 있어서는 단어와 문장 심지어는 사건까지도 자유롭게 추가하기도 하고 때로는 생략하기도 하는 특성을 드러낸다.[5)]

이 사본은 1561년 프랑스의 리용에 있는 이레니우스 수도원에서 발견되어 종교개혁자 칼빈의 후계자였던 베자의 손에 들어갔다. 그후 1581년에 베자는 이 사본을 영국의 케임브리지 대학에 기증하였는데, 그것이 나중에 본문비평 연구에 있어 서방 원문의 대표로서 중대한 역할을 하였다.

### 6) 워싱톤 사본(Washington Codex, W)

1906년에 미국의 디트로이트 시 출신인 프리어(C.L. Freer)가 이집트의 카이로에서 상인으로부터 입수한 사본이다. 그 기록 연대는 4세기 말 또는 5세기경으로, 지금은 워싱톤 D.C.에 있는 스미소니안 박물관에 소장되어 있다.

이 사본은 4복음서로 되어 있는데, 그 복음서들은 D사본과 같이 마태, 요한, 누가, 마가의 서방식 순서를 따르고 있다. 이 사본의 내용은 어느 특정한 본문을 따르지 않고 여러 부분에서 서로 다른 사본들을 사용한 혼합된 성격을 드러낸다. 마태복음과 누가복음 8：13~24：53에서는 대체로

---

5. 그 실제적인 예들은 상게서 p. 69 이하 참조.

비잔틴 형태의 본문을 따르며, 마가복음 1：1~5：30은 고라틴역과 유사한 서방 원문을 따르고, 마가복음 5：31~16：20은 $P^{45}$를 닮은 가이사랴 형태의 본문이고, 누가복음 1：1~8：12과 요한복음 5：12~21：25은 알렉산드리아 본문을 따른다. 요한복음 1：1~5：11의 내용은 손상된 것을 후에 보충한 것으로 추정되는데, 그 본문은 알렉산드리아와 서방 원문의 혼합된 형태이다.

## 2. 파피루스(Papyrus) 사본들

초기에 쓰여진 파피루스 사본들은 그 성질상 오래 남아 있지 못하고 모두 상실되었으나 20세기에 들어와 이집트에서 여러 개의 중요한 파피루스가 발굴되었다. 그 이유는 이집트가 파피루스의 본고장인 동시에 건조한 기후 때문에 부패함이 없이 오래 보존될 수 있었기 때문이다. 지금까지 알려진 파피루스 사본은 170여 종이나 그 중 중요한 것은 81개 정도로 파피루스 사본에는 각각 고유한 번호(예로서 $P^{1}$, $P^{45}$, $P^{75}$ 등)가 붙어 있다.

파피루스 사본이 가지는 중요한 가치로 첫 번째는, 그 내용이 비록 단편적인 것이기는 하지만 어떤 것들은 가장 오래된 대문자 사본들보다 100년 내지 150년 이전에 쓰여져서 중요한 대문자 사본들의 정확성을 판단하는 데 결정적인 역할을 한다는 것이다. 두 번째로 파피루스 사본들은 2세기에서 7세기에 이르는 동안에 이집트에서 통용된 성경 본문을 확인하는데 중요한 역할을 한다. 다음에서는 파피루스 사본들 중 가장 중요한 몇 가지를 소개하고자 한다.

### 1) 체스터 비티 사본(Chester Beatty Papyri)

1930년과 1931년 사이에 영국의 체스터 비티(Chester Beatty) 경이 이집트 상인에게서 구입한 세 개의 파피루스 사본들을 말한다. 그것들은 $P^{45}$, $P^{46}$, $P^{47}$로 파피루스 사본들 중 가장 가치 있는 수집물로 지금은 더블린의 비티 박물관에 있다.

$P^{45}$라는 부호가 붙은 체스터 비티 사본의 첫 번째 것은 4복음서와 사도행전을 포함하는데, 복음서 부분은 잘 보존되어 있으나 사도행전은 단편

적으로만 남아 있다. 그것이 쓰여진 시기는 3세기 전반으로 추정되며 그 내용은 마태, 요한, 누가, 마가, 사도행전의 순서로 되어 있다. 두 번째 $P^{46}$은 바울서신들을 포함하고 있는데, 로마서(5：7 이하부터 있음), 히브리서, 고린도 전·후서, 에베소서, 갈라디아서, 빌립보서, 골로새서, 데살로니가 전서의 순으로 되어 있다. 그 기록 연대는 $P^{45}$보다 조금 이른 약 200년경으로 생각된다. $P^{46}$은 바울서신에 대한 가장 오래된 증거로 바울서신의 본문 연구를 위한 매우 값진 자료이다. 세 번째 $P^{47}$은 요한 계시록의 사본으로 현재는 9：10~17：2의 부분만이 남아 있다. 그 기록 연대는 3세기 중순이나 후반기의 것으로 추정되는데, 요한 계시록의 가장 오래된 사본이기는 하나 가장 훌륭한 본문을 제시한다고 보기는 어렵다.

2) **보드머 사본**(Bodmer Papyri)

체스터 비티 사본이 발견된 이래 얻어진 가장 중요한 신약 사본은 스위스 제네바의 보드머 세계문서도서관의 창설자인 보드머(M. Martin Bodmer)가 1955년에서 1956년 사이에 획득한 파피루스 사본들이다. 그의 수집물은 $P^{66}$, $P^{72}$, $P^{75}$로 이루어져 있다.

$P^{66}$은 요한복음의 사본으로 1~14장 사이에는 약간의 공백이 있고 15~21장까지는 단편적인 것들이 남아 있다. 기록된 시기는 200년 이전으로 여겨지는데, 그 본문은 알렉산드리아 원문과 서방 원문의 요소가 혼합된 것으로 나타난다. $P^{72}$는 여러 가지 잡다한 내용으로 구성된 단편적인 사본으로 거기에는 유다서와 베드로 전·후서의 본문이 담겨져 있다. 그것은 아마도 3, 4세기에 콥트어(고대 이집트어)를 모국어로 사용한 필사자에 의하여 기록된 것으로 여겨지며, 교회의 공적인 예배를 위한 선집이라기보다는 개인적 사용을 목적으로 만들어진 것이라고 생각된다. 이 사본은 B사본에 들어 있는 그 세 서신의 본문의 가치를 평가해 주는 역할을 하며, 어떤 부분에서는 B사본보다 더 훌륭한 본문을 제시하기도 한다. $P^{75}$는 누가복음과 요한복음을 기록한 사본으로 중간에 약간의 생략된 부분들이 있지만 두 복음서의 내용을 거의 다 포함하고 있다. 이 사본은 2세기 말에서 3세기 사이에 쓰여진 것으로 추정되는데, 그 본문이 B사본과 광범위하게 일치하며 $P^{45}$와 $P^{66}$과도 유사한 성격을 보여 준다. 이러한 점에

서 B 사본은 3~4세기의 사본에 근거한 것이라기보다는 그 이전의 2세기에 존재하였던 사본에서 연유한 것임을 짐작해 볼 수 있다.[6)]

현존하는 파피루스 중 가장 오래된 신약성경 사본은 $P^{52}$이다. 그것은 130년경에 기록된 파피루스에서 잔존하는 조각으로 요한복음 18 : 31~33, 37~38을 싣고 있다. $P^{64}$와 $P^{67}$은 약 200년경에 쓰여진 마태복음 사본의 조각으로, $P^{64}$는 마태복음 26장의 일부만을 가진 것으로 옥스포드 대학의 모들린 칼리지(Magdalen College)에 보관되어 있다.

## 3. 소문자 사본들 및 성구집

신약의 사본들은 9세기까지는 모두 희랍어 알파벳의 대문자로 기록되었다. 쉼표, 구두점 등 일체의 기호를 사용치 않고 글자간에 전혀 띄어쓰기를 하지 않아 특별한 전문가가 아니면 읽거나 쓰기가 매우 어려웠다. 그런데 9세기에 들어오면서부터 소문자, 즉 초서체의 글씨로 쓰기 시작하여 사본을 읽고 쓰기에 훨씬 더 용이하게 되었다. 소문자 사본들은 띄어쓰기와 액센트 및 쉼표, 구두점 등을 사용하였고, 중세 시대에 이르러는 본래의 원문에는 없던 장과 절의 구분이 나타났다. 장(章)의 구분은 1228년경 영국 캔터베리(Canterbury)의 대주교였던 스테판 랑튼(Stephan Langton)에 의하여 이루어졌으며, 절(節)의 구분은 1551년에 프랑스의 출판업자 로베르스테파누스(Robert Stephanus)가 출판한 인쇄본 신약성경에서 처음으로 사용되었다.

16세기에 이르기까지 수많은 소문자 사본이 쓰여져서 현재 2,500개 정도가 남아 있으나, 대문자 사본에 비하여 원문연구에 있어 그렇게 큰 가치를 가지지 못한다. 그 중 몇 개의 소문자 사본은 잃어버린 중요한 대문자 사본을 필사한 것으로 판단되어 그 가치를 인정받기도 한다. 소문자 사본들은 각각 아라비아 숫자로 표시되는데, 이것들은 본문비평 학자들에 의하여 그룹별로 혹은 계열별로 분류하여 연구된다.[7)]

---

6. 큄멜, 「신약정경개론」, p. 525.
7. 중요한 소문자 사본들에 대해서는 메츠거, 「사본학」, p. 82 이하 참조.

근래에 와서 본문비평을 위하여 새로운 관심을 가지고 사용되는 것 중에 초기 교회에서 쓰여졌던 성구집(聖句集, Lectionaries)들이 있다. 이 성구집들은 대체로 공적인 사용을 목적으로 만들어졌는데, 성경 본문을 택할 때 간혹 생략하기도 하고 취사선택을 하기도 한다. 그러나 이것들은 매우 보수적인 성향을 띠고 있어 원문과는 다른 새로운 문장이나 새로운 낱말, 새로운 음절, 새로운 어조를 피하고 있다.[8)]

지금까지 알려진 성구집은 1,600여 개로 그 내용에 있어 복음서의 교훈을 담고 있는 성구집들과 사도행전이나 서신을 담고 있는 성구집들로 분류된다. 이것들은 6세기로부터 계속 나타나고 있는데, 그것들 대다수는 대문자 사본과 같은 형태로 기록되어 있다.

## Ⅲ. 고대 번역본들

신약성경 희랍어 본문을 복원하는 데 사용되는 또 하나의 중요한 자료는 초기 교회 시대에 이방선교를 통하여 여러 지역에서 그 지방의 언어로 쓰여진 고대 번역본들이다. 이미 주후 150년경에 시리아어와 라틴어로 성경이 번역되었으며 최초의 이집트어역 성경도 200년경에 이루어졌다. 이들 번역본들은 현재 남아 있는 가장 오래된 대문자 사본보다 150년이나 앞서 쓰여짐으로 그 연구성과에 따라 신약성경 원문을 결정하는 데 중대한 역할을 기대할 수 있다.

### 1. 시리아 역본

시리아의 수도 안디옥은 일찍이 복음이 전파되어 이방선교의 중심지가 되었다. 안디옥에서는 희랍어가 일반적으로 사용되어 별 문제가 없었으나, 복음이 다메섹, 에데싸 등지로 퍼져 나가면서 시리아 변두리 지방과 메소포타미아, 그리고 팔레스타인의 일부에서도 그 지방의 토착어인 시리아어(아람어)로 성경이 번역되게 되었다.

---

8. H.C. 디이슨, 「신약개론」, 권혁봉 역, 생명의 말씀사(1974), p. 92.

### 1) 타티안의 디아테싸론(Diatessaron)

시리아인으로 로마에서 활동하였던 타티안은 그의 금욕주의적 사상으로 인하여 로마 교회에서 추방되어 170년경에 시리아로 돌아왔다. 그가 로마를 떠나기 전이나 혹은 직후에 4복음 조화서를 썼다고 여겨지는데, 그 명칭이 디아테싸론이라는 희랍어로 되어 있는 것으로 보아 본래 희랍어로 쓰여졌을 것이라는 학설이 있다. 그러나 현재 유일하게 남아 있는 아라비아어 번역본이 시리아어로부터 번역된 것이 분명하므로 본래 그것이 시리아어로 쓰여졌다고 봄이 타당하게 여겨진다. 더욱이 디아테싸론이 5세기 동방 시리아 교회에서 계속하여 사용된 것으로 보아 시리아 교회에서의 그 영향을 짐작해 볼 수 있다. 먼저 희랍어로 쓰여진 후 시리아어로 번역되었든지 혹은 처음부터 시리아어로 쓰여졌든지 간에 디아테싸론은 최초의 시리아 역본에 대한 증거자료라는 점에서 중요한 의미를 가진다.[9]

### 2) 고시리아 역본들

4복음서를 포함한 고시리아어 역본이 현재 2종이 남아 있다. 하나는 큐리톤 시리아 역본(Curetonian Syriac, Syr$^{cur}$ 또는 Syr$^{c}$로 표시)으로 1842년에 영국의 큐리톤(W. Cureton)이 이집트 사막에 있는 한 수도원에서 발견하여 1858년에 출판하였다. 다른 하나는 두 자매 수녀들인 루이스(A.S. Lewis)와 깁슨(M.D. Gibson)이 1892년에 시내 산의 성캐더린 수도원에서 발견한 것으로, 복음서를 기록한 파림세스트 사본인데 그 기호는 Syr$^{sin}$으로 표시한다. 이 두 사본은 동일한 기본 본문에서 나온 것으로 보이나 그들 사이에는 차이가 나는 서로 다른 교정본이다. Syr$^{sin}$이 더 오래된 것으로 여겨지는데, 그것을 발견한 편찬자는 2세기 말이나 중엽의 것으로 보지만 대부분의 학자들은 4세기 초의 것으로 본다. Syr$^{c}$는 5세기의 것으로 추정되는데, 이 사본들에 기록된 복음서들의 내용은 디아테싸론의 영향을 받은 것으로 생각된다.

사도행전과 바울서신의 고시리아어 역본이 남아 있는 것은 없지만 시리

---

9. 디아테싸론에 대한 보다 자세한 설명은 이종윤, 「신약개론」, p.136 이하 참조.

아 저자들의 인용문이나 아르메니아어로 번역되어 있는 에브라임(Ephraim Syrus)의 주석서를 통하여 재건될 수 있으리라고 기대된다.

### 3) 페쉬타(Peshitta)

페쉬타라는 말은 10세기 이후에 시리아인들이 그들이 사용하는 성경 번역본에 붙인 이름으로 그 뜻은 평범 혹은 단순을 의미한다. 페쉬타 신약성경은 4개의 공동서신(베드로 후서, 요한 2, 3서, 유다서)과 요한 계시록을 제외한 22권을 포함하고 있다. 1904년에 영국의 사본학자 버킷(Burkitt)은 이 역본을 에데싸의 감독 라불라(Rabbula)가 5세기 초에 만들었다고 발표하였다.

이 역본은 아주 빠르게 디아테싸론과 고시리아어 역본을 대신하여 회중들에 의하여 사용되어졌던 것으로 추정되며, 시리아 교회가 네스토리우스파에 의하여 분리된 후에도 계속하여 두 교회에서 모두 사용하였다. 오늘날 350개 이상의 페쉬타 신약 사본이 알려져 있는데, 그 중 몇 개는 5세기나 6세기에 쓰여진 것이다. 페쉬타의 본문은 아주 성실히 전달되었으므로 이들 사이의 중요한 차이점은 별로 나타나지 않는다.

### 4) 필록세니안과 하클레안역(The Philoxenian-Harklean Syriac)

시리아의 모세(Moses of Aghel, 550—570년경)가 전하는 바에 의하면 유프라테스 강 유역에 있는 맙북(Mabbug)의 감독 필록세누스(Philoxenus)가 폴리갑이라는 인물에게 명하여 507~508년에 희랍어 성경으로부터 시리아어로 번역하게 하였다고 한다. 이 역본을 필록세니안역($Syr^{ph}$)이라고 부르는데 페쉬타보다 희랍어 원문에 더 가깝다고 여겨진다. 필록세니안역에는 요한 계시록과 4개의 공동서신만 남아 있어 페쉬타에 없는 공동서신 부분을 채우는 데 사용되기도 하였다.

후에 맙북의 감독이 된 토마스(Thomas of Harkel, Heraclea)가 616년에 이 사본을 복사하면서 양피지의 여백에 많은 것을 첨가하였다. 그는 훌륭한 희랍어 사본들과 비교하여 작업하였는데, 3개의 공관복음서 사본, 2개의 바울서신 사본, 사도행전과 공동서신 사본 1개를 비교하였다고 전한다. 이 교정본을 하클레안역이라고 부르는데 그 가운데서도 사도행전 부분은 본문비평에 있어 중요한 자료가 되고 있다.

5) **팔레스타인 시리아역**

일찍부터 기독교화된 팔레스타인 지방에서는 희랍어 성경을 사용하였으나 희랍어를 알지 못하거나 충분히 이해하지 못하는 토착민들을 위하여 시리아어로 번역해야 할 필요성이 생겼다. 여기에서 사용된 시리아어는 시리아 동부지역에서 말하는 것과는 상당히 다른 언어로 예수님 당시에 사용되었던 아람어의 팔레스타인 방언이라고 할 수 있다. 5세기에 팔레스타인 북쪽 지방에서 사용되던 방언으로 쓰여진 팔레스타인 시리아역 ($Syr^{pal}$)은 다른 시리아역과는 차이가 나는 독립적 성격을 나타낸다.

몇몇 학자들은 이 역본이 디아테싸론에 의존되어 있음을 보여 주려고 하지만, 최근 사본 연구의 결과는 팔레스타인 시리아 역본이 소위 가이사랴 본문의 중요한 자료가 됨을 밝혀 주고 있다.

## 2. 라틴 역본

복음이 처음으로 로마에 전파될 당시에는 그곳에서도 희랍어가 통용되고 있었다. 그러나 제국의 서방지역과 특히 하층민들에게 기독교가 확장되면서 희랍어 성경을 라틴어로 번역할 필요성이 강하게 요청되었다. 가장 먼저 나타난 라틴어 역본은 2세기 말엽에 북아프리카의 칼타고에서 이루어졌다고 한다. 그후 오래지 않아 이탈리아, 고울(Gaul), 그리고 다른 곳에서도 라틴어로 성경이 번역되었다. 이들 역본의 특징은 직역을 좇아 어색한 스타일을 나타내고 있는 점이다.

1) **고라틴역**(The Old Latin Version)

완전하게 남아 있는 고대 라틴어 성경 사본은 현존하지 않으며, 복음서들은 많은 단편들 외에 약 32개의 절단된 사본들에 나타나고 있다. 사도행전은 약 12개의 사본에 들어 있으며, 4개의 바울서신 사본이 있고 요한계시록은 몇 개의 단편과 함께 하나의 완전한 사본이 남아 있다. 오늘날 알려진 바에 의하면 고라틴어역에는 아프리카 역본과 유럽 역본 두 종류가 있다.

그 중 아프리카역이 더 오래된 것이라고 여겨지는데, 칼타고의 키프리안(Cyprian)의 글에 의하면 아프리카역은 주후 240년경에 이루어졌다고 한다. 그러나 실제로는 그보다 훨씬 이전인 200년 이전에 만들어졌다고 추정된다. 이미 2세기 말에 터툴리안이 라틴어 성경 본문을 알고 있었다는 전승이 그 증거가 될 수 있다. 유럽의 라틴어 역본은 3세기 중반부터 나타났다고 여겨지는데, 아마도 복음서와 바울서신이 제일 먼저 사용되었을 것이며 클레멘트 1서와 허마의 목자서도 일찍이 라틴어로 번역되었다. 유럽 역본은 아프리카 역본의 영향을 받은 것이 사실이나 그 본문은 독립적인 성격을 띠고 있다. 4세기에서 13세기에 이르는 고라틴어 번역본 사본들이 남아 있는 것으로 보아 오랜 동안 이 역본이 사용된 증거라고 하겠다.

2) **벌게이트역**(The Vulgate)

고라틴역 사본들 사이에 나타나는 불일치로 인하여 혼란된 상황에 처한 교황 다마수스(Damasus, 366—384년)는 성경 학자인 제롬(Jerome, 혹은 히에로니무스〈Hieronymus〉라고도 함)에게 성경의 통일적인 번역작업을 위임하였다. 제롬이 후에 구약성경을 번역할 때는 히브리어에서 라틴어로 직접 번역하였지만 먼저 시작한 신약성경 번역에는 다른 방법을 사용하였다. 그가 384년 복음서 번역판을 출판할 때 붙인 서문에 따르면, 그는 복음서들을 위한 기초 대본으로 라틴어 본문을 사용하였고 그 후에 오래된 희랍어 사본들을 참조하여 수정하였다고 한다. 그 외에 다른 신약성경의 부분들에 있어서는 그것이 제롬 자신에 의한 것인지, 그리고 어떤 본문을 기초로 하여 번역한 것인지 분명치 않다.

405년에 히브리어로부터 구약성경의 번역이 완성되므로 제롬의 라틴어 역본은 세상에 빛을 보게 되었으나 예배시에 공식적으로 사용되지 못하고 매우 서서히 퍼져 나갔다. 제롬역의 절대적인 권위는 8세기까지 확립되지 못하였으며, 중세기 말에야 그 우월성이 인정되어 "일반적으로 사용된다."는 뜻의 벌게이트라는 이름이 주어졌다. 그리고 1546년의 트렌트 종교회의에서 벌게이트역이 로마 가톨릭교회의 표준 성경으로 공포되었다.

그러나 제롬의 본문은 순수하게 보존되지 못하고 수세기 동안 고라틴역과 나란히 사용되는 과정에서 벌게이트역 본문과 고라틴역 본문이 서로 침투하게 되어 혼잡을 일으켰다. 현재 남아 있는 8,000개의 벌게이트 사본들은 극도의 다양성과 상이한 형태를 나타내고 있어 제롬의 벌게이트 본문을 재구성하는 데 큰 어려움을 주고 있다. 한편 벌게이트에 대한 활발한 연구활동은 제롬의 본문뿐만 아니라 라틴어와 희랍어 성경 연구에도 많은 유익을 끼치고 있다.

### 3. 콥트어 역본들(The Coptic Version)

콥트어는 고대 이집트어의 마지막 형태로 몇 개의 방언들로 이루어졌다. 상부 이집트라고 불리는 이집트의 남부에서는 사히딕(Sahidic)이라는 방언이 테베로부터 남쪽의 고원지대에서 사용되었다. 하부 이집트로 불려진 이집트의 북부 델타지역에서는 희랍어와 더불어 보하이릭(Bohairic) 방언이 통용되었다. 이 두 부분 사이의 나일 강 유역에는 중간적인 방언이 발전하였는데 주로 파이유믹(Fayyumic)이라고 알려져 있다. 그 외에 멤피틱(Memphitic 혹은 중부 이집트어), 아크미믹(Achmimic), 그리고 하부 아크미믹(Sub-Achmimic) 등이 있었다.

이들 생소한 방언들로 쓰여진 성경 번역본들에 대한 증거자료는 얼마 남아 있지 않으며, 그 중 사히딕과 보하이릭이 초기 성경 번역본 연구에 가장 중요한 것들이라 할 수 있다.

#### 1) 사히딕 역본

주후 200년경부터 점차적으로 만들어진 것 같으며, 신약성경의 전체가 단편으로 보존되어 있다. 가장 오래된 사본은 4세기의 것이 남아 있다. 본문은 주로 $P^{75}$와 B 사본과 일치하는데 간혹 서방 원문의 내용들도 나타나며, 특히 복음서들과 사도행전에서 그러한 경향이 현저하다.

#### 2) 보하이릭 역본

사히딕역보다 조금 후에 이루어진 것으로 이 역본의 사본은 많이 남아 있다. 그러나 그것들 중 대부분은 아주 후기의 것들로, 현존하는 최초의 완전한 복음서 사본은 1174년에 쓰여진 것이다.

보드머(M. Bodmer)가 획득한 보하이릭의 초기 파피루스 사본은 요한복음의 대부분과 창세기의 처음 몇 장을 가지고 있는데, 4세기의 것으로 추정된다. 이 사본에서 흥미로운 점은 본문비평 학자들이 의문시하는 내용(요 5：3—4의 천사가 물을 움직였다는 기사와 7：53—8：11의 간음한 여인의 기사와 같은 것)이 나타나지 않고 있다는 것이다.

### 4. 기타 역본들과 교부들의 인용구들

고대의 신약성경 번역본들은 기독교의 신앙이 전파되는 지역에 따라 각양의 언어로 번역되었다. 어떤 번역본들은 헬라어 본문에서 직접 번역한 것도 있지만 대부분의 경우는 다른 언어의 역본으로부터 재번역되었다. 그러나 그들 중 몇몇은 신약 본문연구에 상당한 기여를 하므로 간략히 언급하는 것이 필요하리라 생각된다.

#### 1) 고오트어 역본(The Gothic Version)

4세기 중에 고오트 족의 사도로 불리는 울필라스(Ulfilas)가 희랍어 성경으로부터 고오트어로 번역하였다. 그는 고딕 알파벳을 만들고 회화체를 서체로 변화시켰는데, 그의 번역본이 게르만 방언으로 된 최초의 문서이다. 현재 남아 있는 제일 긴 단편은 스웨덴의 웁살라(Upsala) 대학에 소장되어 있으며, 그것은 5세기나 6세기에 만들어진 화려한 복사본이다. 거기에는 마태, 요한, 누가, 마가의 소위 서방 순서로 된 4복음의 부분들이 있다.

울필라스의 역본은 아주 원문에 충실하여 간혹 직역적인 성격을 띠기도 한다. 그 대본으로는 초기 코이네 본문 형태에 속하는 것으로 350년경에 비잔티움에서 유행했던 헬라어 본문을 사용한 것으로 여겨진다.

#### 2) 아르메니아 역본(The Armenian Version)

'번역본들의 여왕'이라고 불리는 아르메니아 역본은 초기 성경 번역 중 가장 아름답고 정확하게 되어진 것 중의 하나로 손꼽힌다. 라틴 벌게이트를 제외하고 가장 많은 사본을 가진 이 역본은 1,244개 이상의 사본을 남겨 놓았는데, 이들 중 대부분이 소련내의 도서관들에 산재해 있다.

전승에 의하면 군인으로 후에 선교사가 된 성메스로프(St. Mesrop, 주후 439년에 사망)가 아르메니아어의 알파벳을 만들고 사카크(Catholicus Sakak)의 도움을 받아 희랍어로부터 그 성경을 번역하였다고 한다. 또 다른 전승은 사카크가 그것을 시리아어 역본으로부터 만들었다고도 한다. 최초의 아르메니아어 번역판 복음서는 디아테싸론과 간접적으로 관련이 있는 것으로 보이는데, 현재 남아 있는 가장 오래 된 아르메니아어 역사본은 8세기 이전에 만들어진 개정판이다. 그곳에 포함된 마태복음과 마가복음의 본문은 그 성격상 가이사랴형을 강하게 나타내고 있다.

### 3) 이디오피아어 번역본

이 번역본의 기원에 대하여는 학자들 간에 논쟁이 있는데, 4세기 초의 것이라고 보는 사람도 있고 6세기나 7세기로 보는 사람도 있다. 또 이 역본을 만들 때 희랍어 원문을 사용했는지 시리아어 역본을 대본으로 했는지에 대해서도 의견이 갈린다. 바울서신에서는 종종 $P^{46}$과 일치하고 있지만 그 번역본은 대체로 후기 콥트어와 아랍어의 본문이 혼합된 것으로 여겨진다. 이 번역본의 구약 부분은 철저히 연구되어진 반면에 신약 부분은 보다 자세히 연구되어질 필요가 있다.

이상의 몇 가지 번역본들 외에도 조지아어(Caucasian Georgia), 고대 슬라브어, 아랍어, 누비아어(Nubian), 소그디아어(Sogdian) 등 다양한 언어의 번역본들이 있다. 신약성경의 보다 철저한 본문연구를 위하여 이들에 대한 자세한 연구가 진행되리라고 기대된다.

### 4) 교부들의 인용문들

신약 본문의 재생을 위해 신약성경 사본들 외에 중요한 역할을 하는 또 하나의 자료는 초기 교회 교부들의 문서에 나타나는 신약성경 인용문들이다. 이들 인용문들의 범위는 매우 광범위하여 신약의 사본들이 없다고 해도 이 인용문들만으로도 신약 전부를 재구성하기에 충분할 정도이다. 이들의 중요성은 교부들이 인용하고 있는 성경의 내용을 연구하여 그 당시에 사용하던 본문이 무엇이며, 그것이 어느 지방에서 사용되었는지를 알 수 있다는 점에 있다. 예로서 키프리안(Cyprian, 258년 사망)의 문서들을 통해 3세기 초에 북아프리카 교회가 사용하던 성경 본문이 어떤 것인가를 알아낼 수 있다. 또 하나의 중요한 점은 이른 시기의 교부들의 인용문에는 현존하는 사본들보다 훨씬 앞선 원문의 내용을 담고 있다는 사실이다. 그러나 교부들이 성구를 인용할 때 자유롭게 암송하여 사용하거나 의역하는 경우가 많으며, 교부 문서를 필사하는 사람들이 인용구들을 변형시키는 경우도 있음에 주의해야 할 것이다.

신약성경을 인용한 가장 초기의 문서들로는 클레멘트 1, 2서, 바나바서, 허마의 목자서, 이그나티우스서신들, 디다케(12사도의 교훈) 등이 있다. 그 다음에 신약성경을 빈번히 인용한 중요한 교부들로는 순교자 저스틴, 이레니우스, 알렉산드리아의 클레멘트, 오리겐, 터툴리안, 히폴리투스, 유세비우스 등을 들 수 있다.[10)]

## Ⅳ. 신약성경 인쇄본의 출판과 본문비평의 원리

1437년에 구텐베르크(John Gutenberg)가 인쇄기를 발명함으로써 그 후의 서구 문명뿐만 아니라 기독교에도 지대한 영향을 미쳤으며, 특히 성경 본문연구에는 중대한 전환점을 가져왔다. 이제까지는 한 번에 하나의 사본만을 제작함으로 각 사본들 사이에 상이한 차이가 있었으나, 이제는 한 번에 다량의 동일한 성경을 출판하게 됨으로 어떤 본문을 대본으로 할 것인가가 매우 심각한 문제가 되었다. 거기에다 1453년에 비잔틴제국의 수도 콘스탄티노플이 터어키족에게 함락되므로 희랍의 학자들과 함께 수많은 희랍어 문헌들이 서방 유럽으로 옮겨졌다. 그 결과 희랍의 고전에 대한 관심이 일어나게 되고 그와 더불어 그 때까지 서방에서 라틴어 번역본에 의하여 완전히 밀려나 있던 희랍어 성경도 새로이 주목을 받게 되었다.

---

10. 교부들의 인용문에 대하여 보다 자세한 설명은 메츠거, 「사본학」, p. 109 이하 참조.

## 1. 초기의 인쇄본들

구텐베르크의 인쇄기에 의하여 처음으로 인쇄된 성경은 제롬의 라틴 역본이었다. 희랍어 신약성경은 16세기 초에야 그 인쇄본이 나오게 되었다.

### 1) 콤풀텐시안 폴리글로트(Compultensian Polyglot)

1502년 스페인의 대주교 키메네스(Francisco Ximenes de Cisneros)의 계획 아래 여러 학자들이 참여하여 새로운 성경의 편찬작업이 시작되었다. 그 결과 1514년에 최초의 인쇄본 희랍어 성경이 나오게 되었으며, 1517년에 완성되었을 때는 신약 부분은 희랍어와 라틴어로 구약 부분은 히브리어로 된 웅장한 성경이 되었다. 그 책을 알칼라(Alcalá, 라틴어로는 Compultum이라고 불렀다)의 대학 도서관에서 인쇄하였으므로 그 이름을 콤풀텐시안 폴리글로트(혹은 콤풀텐시스, Compultensis)라고 부르게 되었다. 폴리글로트(Polyglot)라는 말은 다중어(多重語)라는 뜻으로 그 내용이 여러 개의 언어로 되어 있음을 나타낸다.

이 인쇄본은 출판이 완성된 후에도 1520년에 교황 레오 10세의 재가가 나기까지는 공중에게 배포되지 못하였다. 콤풀텐시스 신약 본문을 위하여 어떤 희랍어 사본이 대본으로 쓰였는지는 분명차·않으나, 로마의 바티칸 도서관에서 빌린 사본들을 사용한 것으로 여겨진다.

### 2) 에라스무스(Erasmus)판

콤풀텐시스의 신약이 최초로 인쇄된 희랍어 성경이었으나 최초로 발행되어 판매된 희랍어 신약성경은 네덜란드의 저명한 인문주의 학자였던 에라스무스(1469—1536년)에 의하여 이루어졌다. 그가 1514년 8월에 스위스의 바젤(Basel)을 방문했을 때 그곳의 출판업자인 프로벤(Johann Froben)에게 희랍어 성경을 출판할 것을 의논하였다. 이때 프로벤은 에라스무스의 제의에 호응하지 않았으나, 1515년 4월에 에라스무스가 영국의 케임브리지 대학을 방문하고 있는 동안에 프로벤은 스페인에서 곧 다중어 대조 성경이 나올 것이라는 정보를 접하고 그보다 앞서 희랍어 신약성경을 출판하고자 에라스무스에게 편집을 의뢰하였다. 1515년 10월 2일에 작업을 시작하여 1516년 3월 1일에 출판이 완성된 이 인쇄본은 에라스무스 자신의 말처럼 너무 서둔 나머지 수많은 오식을 갖게 되었다. 에라스무스는 편찬작업을 하는 동안에 완전한 희랍어 성경 사본을 갖지 못하여 신약의 여러 부분에 대해 몇몇의 사본을 사용하였다. 요한 계시록의 본문을 위해서는 12세기에 만들어진 단 한권의 사본밖에 없었는데, 불행하게도 그 사본의 마지막 6절이 상실되어 있었다. 할 수 없이 그는 그 부분을 라틴 벌게이트로부터 희랍어로 번역하여 보충하였는데 그것은 다른 어떤 희랍어 사본에서도 찾아볼 수 없는 생소한 내용이었다. 그런데 그 본문이 후에 희랍어 신약성경의 공인본(Textus Receptus)으로 알려진 인쇄본에 그대로 보존되어졌다.

이 인쇄본은 에라스무스 자신이 직접 번역한 라틴역과 대역으로 출판되었는데 많은 구매자들이 생겨 4판까지 찍어 냈다. 새로 인쇄할 때마다 계속하여 개정하였으나 처음 내용이 크게 변화되지는 않았다. 루터는 이 희랍어 신약성경 인쇄본의 2판을 대본으로 해서 그의 독일어 성경을 번역해 냈다.

16세기 후반의 신약성경 인쇄본들은 에라스무스의 본문을 따랐으며, 그 본문은 콤풀텐시스나 다른 사본들과 비교됨에 따라 많은 수정을 받게 되었다. 그 중에서 특히 주목할 것은 파리의 출판업자인 로베르 스테파누스(Robert Stephanus)가 내놓은 네 개의 판본들이다. 그의 세 번째 판본은 처음으로 본문 여백에 비평난을 설치한 점에서 중요하고, 네 번째 판본은 처음으로 본문에 절 구분을 도입한 점에서 중요한 의미가 있다. 전하는 바에 의하면 그가 여행하는 도중에 절들을 나누어서 부적절한 구분이 생겼다고 말하여진다.

한편 칼빈의 후계자요 뛰어난 고전 학자인 동시에 성경 학자였던 베자(Théodore de' Béza)는 1565년에서 1604년 사이에 9판에 이르는 희랍어 성경을 출판했고 1611년 그의 사후에 10판이 출판되었다. 그러나 그 중 네 판만이 독립판이고 나머지는 재생판들이었다. 베자는 그 자신의 라틴어역과 주석을 덧붙여 이 판들을 발간하였는데, 그는 몇몇의 희랍어 사본들을 비교 정합하였을 뿐만 아니라 시리아역과 아랍어역을 참조하였다. 그런데 한 가지 의아한 것은 그가 소유하였던 가장 뛰어난 사본인 D 사본과 클라로몬타누스(Claromontanus) 사본을 별로 이용하지 않았다는 점이다. 아마도 이 사본들의 내용이 그 당시에 일반적으로 용납되던 본문과는 너무나 차이가 나기 때문이었으리라고 여겨진다.

16세기부터 계속 확대되어 온 신약성경의 본문이 17세기의 인쇄본에서 최종적으로 고정되었는데, 그것을 위해서는 레이든(Leiden)에서 암스테르담으로 이주한 엘제비어(Elzevier) 가문의 인쇄소에서 만든 판본이 지대한 역할을 하였다. 그들이 만든 인쇄본 성경은 특히 정교하고 아름다운 제본으로 되어 있었으며, 그 본문은 베자의 본문과 거의 차이가 없었다. 1633년에 나온 제2판 서문에 "이제는 모든 사람이 인정하는 본문을 가지게 되었으며, 거기에는 바뀐 것이나 틀린 것이 하나도 없다."는 문장을 써 넣었다. 이러한 연유로 스테파누스와 베자, 엘제비어판으로 이루어진 본문은 아무런 오류가 없는 정통적인 성경으로 평가받으면서 공인본(Textus Receptus)으로 불리었다.

## 2. 진보된 희랍어 신약성경 본문

18세기에 들어와서는 신약성경 사본연구가 비교적 활발하게 일어났으나 여전히 공인본(Textus Receptus)의 영향력 아래서 벗어나지 못하였다. 독일의 경건주의자였던 벵겔(Johann Albrecht Bengel, 1687－1752년)이 대학교의 신학생 시절부터 성경 본문연구에 일생을 바치기로 결심함으로 신약본문 비평사에 새로운 계기를 가져다 주었다. 그는 처음으로 사본들을 숫자로 계산하지 않고 그 성격에 따라 그룹들로 분류하였다. 즉 그는 사본들을 두 큰 그룹으로 구분하여 콘스탄티노플과 그 근처에서 만들어진 보다 근래의 사본들을 포함하는 아시아 그룹과, 알렉산드리아 사본과 고라틴어 사본으로 세분되는 아프리카 그룹으로 나누었다. 이러한 그의 분류방법은 이후의 모든 본문비평에 중요한 기초가 되었다. 1734년에 벵겔은 4절판으로 된 아름다운 희랍어 신약성경을 튀빙겐에서 출판하였는데, 그의 개인적인 판단에 따라 전통적인 공인본을 감히 교정하려고는 하지 않았다. 그러나 그는 본문의 가장자리에 여러 가지 이문(異文)의 상대적 가치에 대한 그의 의견을 표시함으로써 많은 사람의 비난을 받기도 하였다.

신약 본문비평에 대하여 일찍부터 흥미를 나타낸 또 하나의 인물은 바젤(Basel)의 베트슈타인(Johann Jacob Wettstein, 1693-1754년)이었다. 그는 22세에 목사 안수를 받을 때 신약 사본들에 나타나는 본문의 차이점들에 대하여 강연을 하였다. 그러나 그의 진취적인 본문연구로 인하여 이단으로 의심을 받게 된 그는 목사직에서 물러나 네덜란드의 암스테르담에 가서 계속하여 신약성경 본문을 연구하였다. 1751~1752년에 40년간의 연구 결과로 희랍어 성경을 출판했을 때 그는 자기의 본문 가운데서 수정되어야 할 부분들을 지적해 놓았다. 그는 특히 대문자 사본들과 소문자 사본들에 대하여 오늘날까지도 여전히 일반적으로 사용되고 있는 아라비아 숫자의 기호를 도입하였다.

18세기 후반에 독일의 그리스바하(Johann Jacob Griesbach, 1747-1812년)는 희랍어 신약 본문연구를 위한 기초작업을 완성하였다. 그는 사본들을 비교 대조하기 위하여 영국, 네덜란드, 프랑스 등지를 여행하였으며 희랍 교부들의 인용문이나 고오트어, 아르메니아어, 필록세니안(Philoxenian), 시리아어와 같은 이전에 별로 연구되지 아니한 신약의 몇몇 번역본에 특별한 주의를 기울였다. 그는 벵겔의 그룹별 사본 분류법을 발전시켰으며, 본문비평을 위하여 짧은 본문을 따르는 경우와 긴 본문을 따르는 경우 등 15개의 원칙을 만들었다.

### 1) 라하만(Lachmann)의 시도

공인본(Textus Receptus)을 본격적으로 수정하려고 한 첫 번째 인물은 베를린의 저명한 고전(古典) 및 문헌 학자였던 라하만(Karl Lachmann, 1793-1851년)이었다. 그는 사본들을 비교하여 잃어버린 사본들의 원형과 그 상태가 어떠하였는지를 추정하였다. 신약성경의 개정을 위하여는 공인본에서 시작해서는 안 되며 약 380년경에 널리 인정되었던 본문으로부터 시작해야 한다고 하였다. 라하만은 그 본문이 가장 오래된 희랍어 사본들과 라틴어 번역본들, 그리고 몇몇 교부들의 인용문을 기초로 해서 재건될 수 있다고 생각했다. 그러한 원리를 따라 매우 훌륭한 신약성경의 비평적인 본문을 출판했으나, 그의 약점은 빈약한 사본들에만 근거하여 그의 비판본을 만들었다는 점이다.

**2) 티센도르프**(Tischendorf)**의 비평본**

현대 신약성경 본문비평학에 가장 큰 공헌을 한 인물로 티센도르프(Lobegott Friedrich Constantin von Tischendorf, 1815-1874년)를 들지 않을 수 없는데, 그는 수많은 사본들을 찾아냈으며 다른 어떤 학자보다도 더 많은 희랍어 성경 비평본을 출판해 냈다. 자신의 모든 풍부한 비평자료를 사용하여 그는 1841년에서 1872년 사이에 8판에 이르는 희랍어 성경을 출판했는데, 마지막 여덟째 판은 중요한 가치를 지니는 것으로 인정된다. 비록 그 여덟째 판의 본문이 얼마 전에 새로이 발견된 시내 산 사본(א)에 과도하게 의존함으로 제 7판의 내용을 지나치게 수정했다는 비난을 받기도 하였지만 거기에 첨가된 그의 자료모음집은 귀중한 가치를 제공한다. 따라서 이 책이 담고 있는 풍부한 비평적 지식은 오늘날까지도 신약성경 본문의 비평작업에 있어 필수불가결한 도구가 되고 있다.

**3) 트레겔레스**(Tregelles) **비평본**

영국에서 19세기 중엽에 공인본을 비평하기 시작한 사람은 트레겔레스(Samuel Prideaux Tregelles, 1813-1875년)였다. 그는 소년 시절부터 고대 언어에 특별한 재능과 호기심을 나타내었다. 20대 초에 그는 신약성경의 새로운 비평본을 낼 계획을 세우고 이전의 비평 학자들의 연구를 조사하였다. 그후 그는 희랍어 사본의 비교 대조를 목적으로 유럽을 광범위하게 여행하면서 많은 대문자 사본과 중요한 몇몇 소문자 사본들을 주의 깊게 조사하였다.

티센도르프와는 달리 트레겔레스는 그의 성숙한 판단을 결집하여 1857년에서 1872년 사이에 단 하나의 신약성경 비평본을 출판했다. 그는 자기도 모르는 사이에 라하만과 매우 유사한 비평 원칙을 발전시켰는데, 그의 비평본은 방법론상으로는 티센도르프의 것보다 더 우수한 점이 있었지만 비평자료가 빈약한 데다 시내 산 사본(א)을 사용치 못하고 B사본도 충실히 사용치 못한 점에서 티센도르프의 비평본보다 덜 인정을 받았다.

**4) 웨스트코트-호트**(Westcott-Hort) **비평본**

케임브리지 대학의 교수였던 웨스트코트(B.F. Westcott)와 호트(F.J.A.

Hort)는 28년간의 공동연구 끝에 엄격한 방법론상의 원칙에 따른 최초의 희랍어 신약성경을 출판하였다. 1881년에 발행한 그들의 신약성경(The New Testament in the Original Greek)은 두 권으로 되어 있는데, 제 1권에는 희랍어 본문이 있고, 제 2권에는 서론, 부록과 함께 그들의 비평 원리가 자세히 설명되어 있다. 제 2권 가운데서 호트는 먼저 본문에 대한 내적 증거를 논의하고 있다. 그는 두 가지의 내적 증거에 대하여 말하고 있는데 그 둘은 서로 밀접한 연관관계를 가지는 것으로, 하나는 원저자의 입장에서서 근본적으로 가능한 것을 추정하는 것이고 다른 하나는 필사자의 입장에서 일어날 수 있는 오류들을 연구하는 것이다. 그 다음으로 본문에 대한 많은 증거들을 상호 비교연구함으로 사본의 족보를 그룹별로 분류할 수 있다고 보았다. 그들의 방법론에 따라 그는 자료들의 내적 증거와 족보적 연구를 종합하여 시리아, 서방, 알렉산드리아, 중립 원문의 4개의 그룹으로 사본들을 분류하였다. 그것을 보여 주기 위하여 다음과 같은 도표를 그릴 수 있다.[11]

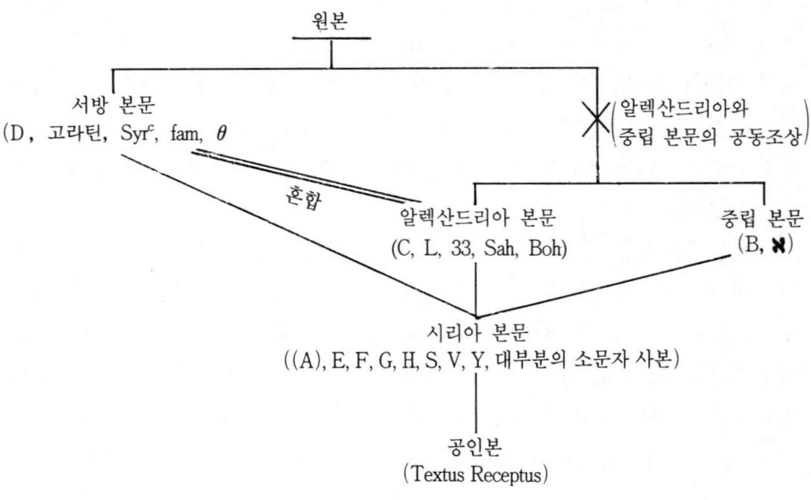


11. 도표는 상게서 p. 166에서 전재한 것임.

① 알렉산드리아 본문

이것은 여러 개의 대문자 사본들(예로서 C, L 등)과 콥트어역 가운데 남아 있으나 원문으로부터는 많이 변형된 것으로 본다. 이 본문은 300년경에 보다 더 오래된 사본 형태에 더욱 가깝게 일치하도록 하기 위하여 문법과 문장이 조정된 것으로 추정된다.

② 서방 본문

이것은 D사본과 몇 개의 소문자 사본들, 고라틴역과 고시리아 역본들 및 고대 서방 교부들의 인용문에서 나타나고 있다. 이 본문의 근원지는 시리아로 추정되나 웨스트코트와 호트는 '서방 본문'이라고 불렀다. 그 이유는 그것의 독특성이 서방에서 전해진 사본들 가운데서 주로 나타나기 때문이다. 그 특징은 완곡한 의역적 표현과 명백한 설명을 위한 보충어 및 수식어, 그리고 공관복음서의 문장을 서로 조화시키려는 것이다. 이른 시기(2세기)에 형성된 것임에도 불구하고 원본이 손상된 것으로 여겨져 웨스트코트와 호트는 이 본문을 중요하게 여기지 않았다.

③ 시리아 본문

이것은 현존하는 대부분의 대문자 사본들과 소문자 사본들 및 300년 이후에 기록된 번역본들과 4세기 말부터 다량으로 쓰여진 교부들의 인용문에서 나타나는 것으로, 후에 공인본(Textus Receptus)의 기초적인 대본이 되었다. 이 본문은 앞의 도표에 나타나는 것처럼 4개의 사본 그룹 가운데 가장 후기의 것으로, 3세기 말에 안디옥의 장로 루키안(Lucian)이 여러 종류의 사본들을 혼합하여 만든 개정판이다.

시리아 본문은 원본에서 가장 멀리 떨어진 것으로 모든 본문 가운데 신빙도가 가장 낮다고 할 수 있다. 이 본문의 편집인은 문체를 고치기도 하고 혹은 모호한 부분이나 다른 부분과 조화되지 않는 내용은 생략하기도 하여 교육받은 사람들이 읽기에 좋은 본문을 만들었다. 그러나 웨스트코트와 호트는 그 가치를 별로 인정하지 않았다.

④ 중립 본문

알렉산드리아 본문과 유사한 점이 있으면서도 그것보다는 심하게 변경되지 않은 형태로 서방 본문과 비교할 때도 크게 치우침이 없다는 뜻에서 중립 본문이라는 이름이 주어졌다. 이 본문은 주로 B사본과 א사본으로 대표되며, 2차적인 증거들로 여러 개의 대문자 사본들(C, L, P, Q, R, T, Δ, θ 등)과 몇 개의 소문자 사본들 및 알렉산드리아 교부들의 인용문들을 들 수 있다.

이 본문의 가장 중요한 자료는 B사본이며 ℵ사본은 약간 변형된 것으로 본다. 이 두 사본이 원문을 가장 충실히 반영한다고 생각한 웨스트코트와 호트는 이것들을 기초로 하여 그들의 희랍어 신약성경을 출판하였다. 이 성경이 나오자 많은 사람이 크게 환영했으나 영국과 같은 곳에서는 공인본을 지지하는 자들에 의하여 크게 반발을 받기도 하였다. 그들의 시리아 본문에 대한 비평은 매우 정확한 것이었지만 중립 본문을 지나치게 애호하고 서방 본문을 소홀히 여긴 것은 보완 수정되어야 할 점으로 남게 되었다.[12)]

### 5) 네슬(Nestle)의 희랍어 신약성경

근래에 가장 큰 권위를 인정받고 널리 사용되고 있는 희랍어 신약성경은 1898년에 네슬(Eberhard Nestle, 1851－1913년)이 독일의 뷔르템베르크(Württemberg) 성서협회를 통하여 출판한 비평본에 기초한 것이다. 네슬은 티센도르프, 웨스트코트와 호트, 바이스(B. Weiss) 등이 편찬한 본문을 비교 연구하였으며, 이들 세 판본 중 둘만이 일치할 경우에는 본문을 대치할 가능성이 있는 이문(異文)으로 제시하였다. 즉 그는 19세기에 제시된 비평적 내용을 충분히 검토하여 보다 완전한 본문을 제시하고자 노력하였다.

1927년에는 그의 아들 어윈 네슬(Erwin Nestle)에 의하여 개정본이 나왔는데, 거기에는 그 때까지의 사본에 대한 비평학적 자료가 풍부하게 실려졌다. 계속하여 개정판이 나오는 가운데 1960년에는 알란트(Kurt Aland)와 협력하여 네슬－알란트(Nestle-Aland)판이 24판으로 나왔다. 현재에는 26판까지 나와 있는데 25판에 비하여 약간의 차이점이 나타나고 있다.

성경 번역자들과 신약 원전을 공부하는 학생들에게 보다 편리하게 사용될 수 있도록 1966년에 연합성서공회(The United Bible Society)의 후원 아래

12. 서방 본문의 가치에 대한 보다 자세한 논의는 큄멜, p. 554 이하 참조.

알란트를 비롯한 블랙(Matthew Black), 메츠거(Bruce M. Metzger), 위크그렌(Allen Wikgren) 등의 학자들이 합동으로 편집한 희랍어 신약성경이 출판되었다. 본문 해석에 중요한 영향을 미칠 만한 사본들의 변이를 각주에 달고 사본의 신빙도를 그 등급에 따라 표시하고 있다. 그러나 그 본문에 있어서는 네슬판과 크게 차이나는 점이 별로 없다.

여기에서 주목할 것은, 현대의 비평적 판본들 사이에 일치되는 점은 놀라울 정도로 많은 반면에 서로가 상치되거나 의문시되는 것은 극소수에 지나지 않는다는 것이다. 이러한 사실은 현재 우리가 가지고 있는 성경의 본문이 원래의 본문에 매우 가까이 접근해 있음을 보여 주는 것이라고 하겠다. 그러나 아직까지 어구 및 단어나 문장의 순서 등에서 확정하지 못하고 있는 본문들을 위하여 계속하여 사본연구와 본문비평이 수행되어야 할 것이다. 그럴지라도 그 연구의 결과들이 현재의 전체적인 본문에 어떤 중대한 변화를 가져오리라고는 생각되지 않는다.

## 3. 신약 본문비평의 원리

지금까지 남아 있는 수많은 사본들은 신약성경의 본문이 오늘날 우리에게 전해지기까지 얼마나 많은 와전과 변형을 겪어 왔는지를 보여 주기에 충분하다. 이같이 광대한 자료들을 앞에 놓고 그것을 어떻게 정리하고 해석할 것인가 하는 것은 일개인의 능력으로는 감당하기 어려운 과제이다. 그러나 이들의 연구를 통하여 우리가 읽고 있는 성경의 본문이 결정되었음을 감안할 때, 이들을 해석하고 판단하는 기본적인 원리를 이해함은 성경의 본문을 공부하는 데 유익이 되리라고 생각한다.

### 1) 사본의 분류

신약성경의 사본들을 그룹별로 분류하는 방법이 웨스트코트와 호트에 의하여 제시된 후 여러 학자들에 의하여 보다 세밀한 분류 원칙이 발전되었다. 그 중 가장 주목할 만한 이론을 세운 인물은 영국의 신약성경 학자인 스트리터(B.H. Streeter)이다. 그는 4복음서에 관한 연구서[13]에서 고대 기독교의 중심지들에서 통용되었던 본문 형태의 분류의 중요성을 강조하였다. 스트리터의 특징적인 방법은 초대교회 교부들의 인용문에 나타나는 증거물들을 통하여 고대 기독교의 중요한 지역에서 발전된 본문의 형태를 구별하거나 동일시하는 것이다. 그에 의하면 주후 200년경에 각 지방 특유의 본문의 분산이 절정에 이르렀으며, 그 분산된 본문들이 최초의 시리아, 라틴, 콥틱 번역본에 반영되었다고 한다. 그리고 이 세 번역본의 대본들은 안디옥, 로마, 알렉산드리아에서 통용된 희랍어 본문에서 각각 유래된 것으로 본다.

이 세 본문의 형태 외에 코리데티 사본(Koridethi, θ)과 오리겐과 유세비우스의 인용문들을 분석함으로 스트리터는 소위 말하는 가이사랴 본문의 존재를 가정하였다. 또 그는 웨스트코트와 호트가 중립 본문과 알렉산드리아 본문으로 구분하였던 증거물들을 알렉산드리아 그룹 아래 결합시켰다. 스트리터는 시리아 본문이 4세기 초에 안디옥의 루키안(Lucian)에 의하여 형성되었음을 인정하였으며, 그것이 380년경에 콘스탄티노플에서 채용되었다는 점에서 비잔틴 본문(Byzantine Text)이라고 다시 이름지어 불렀다. 이 본문은 희랍어를 말하는 지역에 널리 퍼져 가장 유력한 신약 형태가 되었으며, 후에는 공인본(Textus Receptus)의 기초가 되었다.

알렉산드리아와 가이사랴, 안디옥, 이탈리아와 고울(Gaul) 및 아프리카의 칼타고 등 다섯 교회에서 사용된 각 지방 특유의 본문들을 동방 지중해 연안의 지리적 관계에 따라 배열하고 있다. 스트리터는 지방적 특징에 따른 사본들의 분류를 다음과 같은 도표로 표시한다.[14)]

이러한 스티리터의 지방 특유의 신약 본문설에 대하여 이탈리아의 고전학자 파스콰리(Giorgio Pasquali)는 언어학적인 관점에서 고대의 방언 형태에 따라 사본 분류를 보완할 것을 제시하였다. 다른 한편 원문 저자의 문체를 연구함으로 사본상의 변형을 추적하고자 하는 노력도 중요한 영향을 미치게 되었다.

---

13. B.H. Streeter, *The Four Gospels : A study of Christian Origin. New York : Macmillan*, 1926.
14. 상게서 p. 26에서 전재.

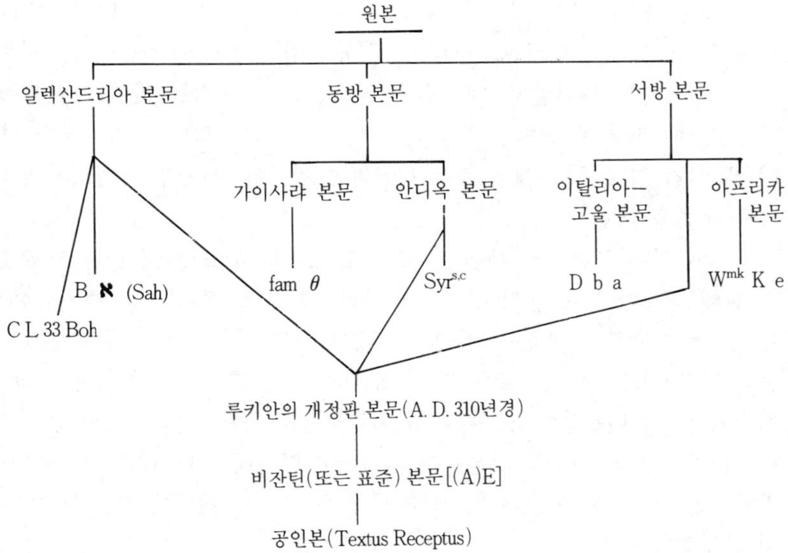


### 2) 본문 결정의 원칙 및 실례들

수많은 사본이나 번역본 등을 비교 검토하여 원문을 재생시킨다는 것은 결코 쉬운 일이 아니며 때로는 절대적으로 완전하다고 확신할 수 있는 일도 아니다. 그러나 본문비평가들은 수많은 노력과 연구를 통하여 원문을 결정하는 데 거의 확실한 원칙들을 이루어 놓았다. 다음은 그 중 중요한 몇 가지 원칙들과 함께 그것들이 어떻게 적용되는지 살펴보고자 한다. 본문비평상의 실례들은 한글 개역판 성경에 나타나는 난외주에서 밝히고 있는 사본상의 문제들에서 택하였다.

첫 번째 원칙은 여러 가지 본문의 읽기(reading)들 가운데 보다 짧은 것을 원문에 가까운 것으로 택하는 것이다. 사본을 베끼는 필사자들은 원문에 있는 단어나 문구를 삭제하기보다는 덧붙이는 경향이 있기 때문이다. 즉 설명을 위해 혹은 의미를 좀더 뚜렷이 드러나게 하기 위하여 원문에다가 무엇인가를 더 부가하게 된다.

예로서 마가복음 10 : 24에 "예수께서 다시 대답하여 가라사대 얘들아 하나님의 나라에 들어가기가 어떻게 어려운지" 하는 본문이 있다. 이 본문 가운데 누가 하나님의 나라에 들어가기가 어려운지 그 주어가 나타나 있지 않다. 거기에 대하여 C, D와 같은 중요한 사본들과 가이사랴 본문에서는 하나님의 나라 앞에 '재물을 의지하는 자는'이라는 말이 덧붙여 있다. 반면에 W사본에는 좀더 간단한 '부자가'라는 말이 첨가되어 있다. 이 세 가지 읽기 중에 짧은 것을 택하라는 원칙에 따라 현재 성경에 나타나는 본문을 택한 것이다.

또 하나의 예로는 누가복음 9 : 55에 보면, 예수님을 거절한 사마리아의 한 촌에 대하여 불이 내려 멸망되게 하리이까 하고 묻는 야고보와 요한을 예수께서 책망하신 내용이 나온다. 그런데 어떤 사본들에는 이 본문에 덧붙여 "가라사대 너희는 무슨 정신으로 말하는지 모르는구나." 하는 말이 계속된다. 이 덧붙임이 D, $\theta$, 말시온의 정경에 나오고 있는 반면에 $P^{45}$와 대부분의 중요한 대문자 사본들과 시리아어 역본에는 현재의 성경 본문과 같이 그것이 나타나지 않는다. 따라서 짧은 본문을 택함이 타당하다는 것이 분명하다.

이 원칙을 적용할 수 있는 또 하나의 예는 누가복음 23 : 17이다. 현재의 본문에는 누가복음 23 : 17이 없는데 어떤 사본들(א, 비잔틴 본문 및 라틴어 사본들)에는 "명절을 당하면 반드시 한 사람을 놓아 주더라."는 내용이 나타난다. 반면에 D사본과 시리아 역본에는 19절 뒤에 그와 똑같은 내용이 덧붙여진다. $P^{75}$와 B, A, L 및 다른 많은 사본들에서는 현재의 본문 그대로 나타나고 있는데, 이 경우에서도 역시 긴 읽기는 설명을 위하여 덧붙여진 것이라고 볼 때 짧은 읽기가 원본에 더 가깝다고 여겨진다.

두 번째 원칙은 서로 다른 읽기들 중에서 좀더 읽기가 어렵거나 교리적으로 잘 사용하지 않거나 이해하기 어려운 것이 원문에 더 가깝다고 본다. 필사자들은 쉬운 본문을 어렵게 만들기보다는 어려운 읽기를 이해하기 쉽도록 의역하거나 설명하는 경향이 있으며, 교리적으로 문제가 된다고 느껴지는 것은 보다 합리적인 단어나 문구로 고치는 경우가 많이 있다.

예로서 요한복음 1 : 18의 "본래 하나님을 본 사람이 없으되 아버지 품속에 있는 독생하신 하나님이 나타내셨느니라." 하는 본문에서 '독생하신 하나님'이라는 문구에 대하여 사본상 많은 읽기가 나타나고 있다. 가이사랴 본문과 $\theta$사본 및 여러 사본들에는 '독생하신 아들'로 나타나며, 또 어떤 사본들에는 '독생하신 하나님'이라는 말 앞에 정관사가 붙거나 '하나님의 독생자'라고 된 것도 있다. 반면에 $P^{66}$과 가장 중요한 대문자 사본들과 시리아 역본 및 여러 교부들의 인용문에는 현재의 본문과 같이 나타난다. 따라서 '독생하신 하나님'이라는 이해하기 어려운 문구를 쉽게 하기 위하여 여러 가지 변형된 읽기가 나왔다고 생각할 수 있다.

이와 관련된 예로서 요한 계시록의 마지막 절인 요한 계시록 22 : 21의 '모든 자들'이라는 문구를 들 수 있다. "주 예수의 은혜가 모든 자들에게 있을지어다." 하는 축원에서 '모든 자들' 대신에 '성도들', '모든 성도들', '너희 성도들' 등 상이한 읽기가 여러 사본에서 나타난다. 그리스도의 은혜가 구별 없이 모든 자들에게 있기를 축원한다는 것은 종말론적 관점에서는 합당치 않게 느껴졌을 것이며, 따라서 성도들에게 제한하는 것이 정당하다고 많은 필사자들은 생각했을 것이다. 그러므로 A사본과 라틴 벌게이트의 일부 사본에서만 나타나고 있지만, 일반적인 인식으로는 받아들이기가 더 어려운 '모든 자들'이라는 읽기를 원문에 더 가까운 것으로 결정하게 된다.

세 번째 원칙은 다른 본문과 일치되는 것보다는 일치되지 않는 것을 택하라는 것이다. 필사자들은 유사한 문구나 관련된 내용에서의 단어 사용에 있어 동일하게 일치시키고자 하는 경향이 있다. 특별히 복음서들의 사본에는 동일한 내용을 담고 있는 부분들을 일치시키고자 하는 노력이 뚜렷하게 나타나는 경우가 많이 있다.

한 예를 든다면, 마태복음 17 : 21에 해당되는 부분을 마가복음 9 : 29과 비교해 볼 수 있다. 간질병이 든 소년을 고치신 후에 예수께서 제자들의 질문에 답하시면서 마지막에 하신 말씀이 B, ℵ 사본 등 중요한 대문자 사본들과 시리아 역본에서는 마태복음 17 : 20로 끝나고 있는데, C, D 사본 및 비잔틴 본문과 많은 라틴어 사본에는 "기도와 금식이 아니면 이런 유가 나가지 아니하느니라." 하는 21절이 덧붙여져 있다. 그런데 마가복음 9 : 29에는 동일한 상황에서 하신 예수의 말씀으로 "기도 외에 다른 것으로는 이런 유가 나갈 수 없느니라."는 구절이 있다. 여기에서 마태복음 17 : 21의 부분과 마가복음 9 : 29은 어떤 연관관계가 있음을 알 수 있으며, 더 나아가서 마가복음 9：29의 본문 가운데 많은 사본들에서는 기도 다음에 금식이라는 단어가 덧붙여져 나타난다. 반면에 B와 ℵ사본으로 대표되는 몇몇 사본에서는 금식이라는 단어가 보이지 않는다. 여기에서 주목해 볼 필요가 있는 것은 마태복음 17：21이 나타나지 않는 사본들로 B와 ℵ사본이 대표적이며, 동시에 마가복음 9：29의 본문에 있어서도 '금식'이라는 단어가 나타나지 않는 것은 B, ℵ사본이라는 것을 알 수 있다. 여기에서는 이 두 사본이 원문에 보다 충실하다고 생각할 수 있는데, 그 이유는 마가복음 9：29의 금식이라는 단어는 후에 필사자들에 의하여 덧붙여진 것이며 마태복음 17：21은 마가복음 9：29과 일치시키기 위하여 첨가된 것이라고 여겨지기 때문이다.

또 하나 흥미있는 예로서 마태복음 19：29과 마가복음 10：29을 들 수 있다. 예수께서 자기를 따르는 제자들에게 약속하신 말씀 가운데 "내 이름을 위하여 집이나 형제나 자매나 부모나 자식이나 전토를 버린 자마다 여러 배를 받고 또 영생을 상속하리라."(마 19：29)는 구절이 있다. 그런데 ℵ, C, $\theta$사본 및 비잔틴 본문과 여러 사본들에는 부모나(원문은 어미나 아비나로 되어 있는데 한글 성경에서는 부모나로 줄임) 다음에 '아내나'라는 말이 삽입되어 있으나 B, D사본 및 소수의 사본들과 이레니우스와 오리겐의 인용문에는 '아내나'라는 말이 없이 현재의 본문과 같이 되어 있다. 한편 같은 내용으로 되어 있는 마가복음 10：29에서도 C사본과 비잔틴 본문 및 기타 많은 사본들에서 아비나 자식이나 사이에 '아내나'라는 말이 들어 있으나, 현재의 본문에는 '아내나'를 빼고 있다. 따라서 '아내나'라는 문구는 후에 필사자들에 의하여 마태나 마가복음 어느 한 쪽에 먼저 첨가되었으며, 그 후에 다시금 필사자들에 의하여 양쪽을 일치시키고자 하는 노력이 있었던 것으로 보인다(눅 14：26과 비교해 볼 것).

네 번째 원칙은 여러 가지의 읽기들 중 다른 것의 원인이나 발전 과정을 보다 더 잘 설명해 줄 수 있는 것이 원본에 가깝다고 할 수 있다. 이 원칙은 앞의 원칙들과 밀접한 관계를 가지는 것으로 짧은 읽기를 길게 하거나 서로 동화 혹은 보충하거나 이해하기 어려운 것을 쉽게 설명한 사실들을 검토하여 이루어지는 것이다.

예로서 사도행전 20：28에 나타나는 사본상의 문제점을 살펴볼 수 있다. "너희는 자기를 위하여 또는 온 양떼를 위하여 삼가라. 성령이 저들 가운데 너희로 감독자를 삼고 하나님이 자기 피로 사신 교회를 치게 하셨느니라." 하는 본문 가운데 '하나님이 자기 피로 사신 교회'라는 문구가 문제를 제기한다. 이에 대하여 $P^{74}$, A, C, D, E 사본 및 많은 소문자 사본들과 여러 교부 인용문들은 '하나님이' 대신에 '주께서'라는 말을 사용하고 있다. 또 어떤 사본들에서는 '하나님과 주님이' 혹은 '주님과 하나님이' 또는 '하나님의 주님이', '그리스도께서', 심지어는 '예수 그리스도께서'라고 나타난다. 현재 우리가 사용하고 있는 본문과 같이 '하나님이'라고 되어 있는 것은 ℵ, B 사본과 많은 소문자 사본들과 교부의 인용문들에서 나타난다. 여기에서 다른 읽기들이 나온 이유를 '하나님이'라는 말에서 찾을 수 있다. '하나님이 자기 피로 사신 교회'는 일반적으로 쉽게 쓰는 말이 아니다. 따라서 '하나님' 대신에 '주님'이라는 단어가 사용될 수 있으며, 그 외에는 이 두 읽기의 변형에서 파생된 것으로 마침내는 '주님'이 '예수 그리스도'로 분명하게 해석되어진 것이라고 할 수 있다.[15)]

다섯 번째 원칙은 수사적으로 잘 다듬어진 문장보다는 거치른 문장이 원문에 가까운 것이며, 전후 문맥이 무리 없이 일치하는 것보다는 전후 문맥 사이에 차이가 있을 경우 그것이 보다 더 바른 읽기라고 할 수 있다. 필사자들은 원문이 문법상 결함이 있거나 문체가 잘 다듬어지지 않았을 때 그것을 바르고 유연하게 고치고자 하는 유혹을 강하게 받는다. 또한 본문을 읽는 사람들이 무리나 오해 없이 읽을 수 있도록 문장을 합리적이고 수사학적으로 다듬는 데 주의를 기울이는 경우가 많이 있다.

한 예로서 베드로 전서 3：18의 "그리스도께서도 한 번 죄를 위하여 죽으사 의인으로서 불의한 자를 대신하셨으니…" 하는 본문을 들 수 있다. B 사본과 비잔틴 본문 및 많은 사본들과 바이스(B. Weiss)의 비평본에는 '죽으사'라는 말 대신에 '고난을 받으사'라고 되어 있다. 이 두 읽기 중에 '고난을 받으사'가 전후 문맥상으로 볼 때 보다 더 수사학적으로 적당한 표현임을 알 수 있다. 앞의 17절에 "선을 행함으로 고난받는 것이 하

15. 이 본문과 관련된 교리적인 문제와 보다 자세한 사본 해석상의 설명은 메츠거, 「사본학」, p. 290 이하 참조.

나님의 뜻일진대 악을 행함으로 고난받는 것보다 나으니라."는 구절에 이어 '그리스도께서 죽으사' 하는 것보다는 '그리스도께서 고난을 받으사' 하는 것이 문맥의 흐름상 더 합리적인 표현이다. 또한 수사학적으로 볼 때, 18절 후반에 죽음에 대한 표현이 나오므로 '죽는다'는 말을 중복하여 사용하는 것은 적절치 않게 여겨질 수도 있다.

또 하나 주목할 것은 베드로 전서 2:21에 "그리스도도 너희를 위하여 고난을 받으사" 하는 표현이 나온다는 점이다. 그런데 어떤 사본들(א와 시리아 역본 등)에서는 이 본문 중 '고난을 받으사' 하는 말이 '죽으사'로 바뀌어져 있다. 따라서 이 두 본문 사이에는 사본상 동화작용이 있었음을 짐작할 수 있다. 아무튼 베드로 전서 3:18에서 '죽으사'가 '고난을 받으사'보다는 덜 수사학적인 어구라는 점이 현재의 본문에서 받아들여지고 있다.

이상에서 든 예들 외에도 신약 본문의 비평상에는 수많은 문제들이 나타나고 있다. 그 중에 가장 크고 중요한 본문비평의 문제로는 마가복음 16장 마지막 부분과 요한복음 7:53~8:11에 관련된 것들이 있다. 그러한 문제들은 각론 부분의 해당되는 난에서 설명하고자 한다.

# 제 2 부

## 각 론

제1편 복음서와 사도행전
제2편 바울서신
제3편 히브리서 · 공동서신 · 계시록

# 제 1 편

# 복음서와 사도행전

1. 복음서의 성격
2. 공관복음서의 문제
3. 마가복음
4. 마태복음
5. 누가복음
6. 사도행전
7. 요한복음

# 제 1 장

# 복음서의 성격

## 1. 복음의 의미

'복음'이라는 용어는 주로 신약성경의 처음에 나오는 네 책을 지칭하는 데 사용되고 있다. 그러나 사실에 있어서 이것은 그 용어의 의미가 확대되어진 것 중의 하나이다. 초기 교회 문서 중 어떤 것에 '복음'이라는 이름을 붙인 것은 2세기 후반을 통해서야 교회에서 보편화 되었다. 복음(유앙겔리온)의 원래적 의미는 '좋은 소식을 갖고 온 사람에게 부여하는 상급' 혹은 '좋은 소식' 자체를 의미하였다. 그것이 발전하여 '기쁜 소식을 선포하는 것'이라는 뜻을 가지게 되었는데, 1세기 희랍어 단어로서의 그 용어는 제의적(祭儀的) 의미를 가졌었다. 즉 그것은 황제 예배(가이사를 숭배하는 희랍-로마의 이교적 종교의식)에서 한 황제-신(神)의 탄생을 지시하는 데 사용되었던 것이다.[1]

1. K. F. Nickle, *The Synoptic Gospels. An Introduction* (Atlanta: John Knox Press, 1980), p. 51.

그러나 초기 기독교에서 그 용어를 사용하는 데 보다 더 중요한 의미를 발견한 것은 유대 경전, 즉 구약성경으로부터였다. "좋은 소식을 가져온다."는 것은 유대 경전에서는 왕의 이름을 명명하거나(왕상 1 : 42), 한 아들의 출생(렘 20 : 15)이나 또는 전쟁에서의 승리(삼상 31 : 8–10)를 언급하는 데 사용되었다. 이사야서의 종의 노래는 구원과 새 시대의 도래, 즉 하나님의 통치의 회복에 대한 '기쁜 소식을 선포할' 하나님의 종이 오리라는 예고를 경축하는 것이었다(사 40 : 1–5, 52 : 7–10).

이러한 배경과 함께 초기 그리스도인들이 '복음'이라는 용어를 사용하였을 때는 거기에 매우 깊고 광범위한 의미가 담겨져 있었다. "요한이 잡힌 후 예수께서 갈릴리에 오셔서 하나님의 복음을 전파하여 가라사대 때가 찼고 하나님 나라가 가까웠으니 회개하고 복음을 믿으라 하시더라." (막 1 : 14–15) 하는 이 본문에서 '복음'은 하나의 책을 의미하지 않으며 또한 예수의 생애와 죽음과 부활을 의미하는 것도 아니다. 그것은 하나님의 통치가 이루어지는 새 시대가 도래하였음을 선포하는 것이다.

부활의 신앙에 대한 확신에서 그리스도인들이 예수께서 새 시대를 세우도록 하나님께 보냄 받은 중보자라고 선포하였을 때, 그들은 '복음'이라는 말로써 예수의 죽음과 부활을 지시하게 되었다. 더 나아가서 죽음에서 일으켜진 예수에 대한 메시지는 '복음'이었으며, 살아 계신 구원자로서 예수에 관한 말들도 '복음'이었다. 복음을 전한다는 것은 하나님께서 예수를 죽음 가운데서 살리신 것을 선포하며 그를 통하여 구원의 사역을 계속하시는 메시야임을 증거하는 것을 의미하였다. 예수의 죽음과 부활 안에서 하나님의 통치의 새로운 시대가 이미 시작되었다는 것이 '기쁜 소식'이었다.

초기 교회의 복음은 근본적으로 예수의 죽음과 부활의 선포에 초점을 맞추었다. 그것은 듣는 자로 하여금 하나님의 구원의 선포를 믿도록 강권하였다. 만일 듣는 자가 그것을 믿고 신실하게 받아들이면 그에게서 구원이 이루어진다. 이것이 바울이 '복음'이라는 용어를 사용하였을 때 염두에 둔 중요한 의미로, 그러한 것이 바울서신 가운데 약 60회 정도 나온다(특별히 롬 1 : 1–5, 16, 고전 1 : 17–24, 15 : 1–5). 이러한 복음의 의미는 이후의 그리스도인 저술가들에게 강한 영향을 미쳤다(막 13 : 10, 14 : 9을 참조).

그러나 마가는 또한, '복음'이라는 용어를 다른 방법으로도 사용한다. 그는 그의 복음의 서두를 "하나님의 아들 예수 그리스도 복음의 시작이라."는 말로 시작한다. 이 경우에 있어 그는 반드시 예수의 죽음과 부활을 지시하기 위해서가 아니라 수난 사건으로서 절정에 이르는 예수의 공생애 전체의 사역을 지시하기 위하여 그 용어를 사용하고 있다.

마가는 십자가 사건이 부활 신앙의 중심점이라고 하는 바울의 확신을 지지하였다. 그가 '복음'이라는 말로써 그의 저술 전체를 지시할 때 그것은 그리스도의 지상사역이 수난 사건에 종속된다는 입장에서 이해되어져야 할 것이다. 마가는 '복음'이라는 용어를 부활 선포의 핵심적 내용과 분리시키지 않았지만 더 나아가서 그 의미를 포괄적으로 확대시켰다. 그러한 확대된 의미의 영향으로 마태복음에 나타나는 '하늘나라의 복음'(마 4 : 23, 24 : 14)이라는 어구는 근본적으로 지상에서의 예수의 가르침을 의미하는 것으로 이해된다.

어떤 책을 지칭하는 의미로 '복음'이 사용된 것은 2세기에서 3세기로 바뀔 때에 처음으로 나타난다(알렉산드리아의 클레멘트, Stromata Ⅰ. 136. 1). 하나의 문학 형태를 지칭하는 전문적 용어로서 그것을 사용한 데 대한 다른 증거로는 2세기와 3세기, 4세기에 산출된 수많은 외경적(apocryphal : 문자적으로는 '감추어진'이라는 뜻이나, 후에는 '비경전적'이라는 말이 되었다.) 복음서들을 들 수 있다. 소수의 예만 든다 해도 도마복음서, 베드로복음서, 빌립복음서, 애굽인의 복음서, 열두 제자의 복음서 등이 여기에 포함된다.

각각의 정경의 복음서들이 쓰여졌을 때 그 저자는 자신의 저술이 다른 복음서들과는 관계없이 그 자체만으로써 독립적으로 사용되어지기를 기대했음이 틀림없다. 그러나 2세기의 초기 교회 역사의 과정을 통하여 정경으로서의 4복음서가 형성되고, '복음'이라는 용어는 초기 교회 문서 중 독특한 양식을 가지는 책들을 지칭하는 데 사용하게 되었다.

## 2. 복음서의 저술 동기

예수 그리스도의 공생애와 부활 사건 이후 초기 교회에서 문서적인 증언들이 나타나기까지에는 상당한 기간이 지났다고 여겨진다. 그 이유로는 그리스도의 직접적인 목격자였던 사도들이 구두로 증언하는 이상 간접적인 문서의 증거가 별로 요구되지 않았을 것이며, 또 하나는 그리스도의 임박한 재림에 대한 기대가 글을 써서 남겨야 할 필요성을 느끼게 하지 않았을 것이기 때문이다. 더 나아가서 동양적인 전통에서는 경험자에 의하여 구술되어지는 말이 기록된 문헌보다 더 권위를 가졌던 까닭에 초기 교회에서도 한동안 기록된 글보다 입으로 전하는 구전(口傳)의 형태를 선호하였다고 볼 수 있다.

그런데 왜 복음서와 같은 기록된 문헌들이 나타나게 되었는가? 물론 복음서들이 기록되기 이전에 초기 교회에서 서신들이 나타났으며, 또 그리스도의 교훈이나 수난에 대한 증언들이 기록되었다고 여겨진다.[2] 누가복음 1：1~4의 서문에서 누가는 그의 복음서가 쓰여지기 이전에 그리스도에 관한 많은 문헌들이 기록되었음을 지시하고 있다. 그러나 복음서와 같은 문서들이 쓰여진 데에는 뚜렷하고 독특한 동기들이 작용하였다고 여겨진다. 물론 복음서들 각각이 가지고 있는 독자적 기록 목적이 있는바 그것들은 각 복음서를 다루는 데서 언급할 것이며, 여기에서는 일반적으로 복음서들이 쓰여진 동기를 생각해 보겠다.

첫째로는 그리스도의 공생애와 부활에 대한 직접 목격자인 사도적 증인들이 순교나 노쇠함으로 점차 세상에서 떠나게 될 때 그들의 증언을 계속 보존하기 위하여는 기록의 필요성이 생기게 되었다. 따라서 복음서에는 그들의 증언이 포함되어 있다고 보아야 할 것이다.

둘째로는 이방선교와 더불어 예수 그리스도에 대하여 잘 알지 못하는 수많은 초신자들이 교회에 들어옴으로써 그들에 대한 교육이 필요하게 되었다. 이들을 가르치기 위한 교리문답적인 문헌의 필요성을 복음서가 채워 주었다고 생각된다. 또한 기독교의 신앙을 받아들이지 않고 비난과 공격을 하는 이방인들에게 확고한 기독교 신앙의 변호를 위하여 복음서와 같은 기록된 문서들이 필요하였다.

셋째로는 예배적인 동기가 복음서를 기록하는 데 중요한 역할을 하였다

2. 이 과정에 대해서는 H. 헨드릭스, 「예수에게서 복음서까지」, 이미림 역, 분도출판사(1985), pp. 25~45에 간단명료하게 잘 설명되어 있다.

고 할 수 있다. 초기 교회의 예배에서 그리스도의 생애와 교훈, 죽음과 부활이 회상되고 말해졌다. 구전으로 그것을 전할 수 있는 사람들이 점차 사라질 때 필요할 때마다 예배에서 사용할 수 있는 문서가 요구된 것은 당연한 일이다.

이상에서 본 바와 같이 정경에 포함된 복음서들은 우연한 동기에서 자발적으로 쓰여진 문서가 아니라, 초기 교회의 특별한 상황 가운데 선교와 신앙의 요구에 부응하여 이루어진 것이다. 이에 비하여 외경적 복음서들은 대부분 정경의 복음서들에 나타나지 않는 주변적이며 흥미를 유발시키는 이야기들에 관심을 기울이므로 교회의 신앙적 필요에 사용되지 못하고 정경에서 제외되게 되었던 것이다.

## 3. 복음서의 문학적 형식

복음서는 그 때까지 나타난 모든 문학 형태 가운데서 그 모형을 찾아볼 수 없는 전혀 새로운 저술 형식이었다. 그것은 결코 헬레니즘적인 전기(傳記)와 같은 작품이 아니다. 복음서에는 영웅의 전기에서처럼 주인공의 내적 역사 및 외적 역사라는 관념이 나타나지 않으며, 성격 형성이나 연대기적 순서 및 그 시대의 상황이 결여되어 있다. 또한 복음서는 위대한 인물의 생애로부터 수집한 어록들을 단순히 배열해 놓은 회고록도 아니며, 고대의 기적을 행하는 자들을 찬양하기 위하여 쓰여진 기적설화집과 같은 것도 아니다.

그런데 많은 사람들은 복음서를 예수에 대한 하나의 역사적 기록으로만 생각하여 4복음서와 기타 경외전적 복음서들을 참조하여 역사적으로 신빙성이 있는 예수전(傳)을 써 보려고 시도했었다. 그러나 복음서에 대한 주의 깊은 연구의 결과로 오늘날에 와서는 복음서를 토대로 명백한 역사적 예수의 전기를 쓸 수 있다고 생각하는 사람이 많지 않게 되었다.[3] 그 동안의 복음서 연구의 결과로 복음서는 결코 역사적 목적을 가지고 역사적 사실들을 역사적으로 정확히 기록하려고 쓰여진 책이 아니라는 것이 밝혀지고 있다. 따라서 복음서의 주요 관심사는 예수의 말씀과 행적을 회상하거나 그의 기적을 찬양하는 데 있는 것이 아니라, 그것을 읽는 사람의 신앙을 일깨우고 강화시키는 데 있었다. 다시 말해서 복음서는 본래 역사적인 기록을 목적으로 한 것이 아니라 초대교회의 신앙가들인 복음서 저자들이 예수 그리스도에 대한 그들의 신앙을 증거하고 구원의 확신을 선포하는, 그들의 신앙고백에 기초한 일종의 전도 문서라고 할 수 있다.[4)]

이 같은 사실은 신약성경에 복음서가 네 개씩이나 포함된 사실로도 알 수 있다. 만약 복음서가 역사나 전기를 목적으로 한 것이었다면 한 인물에 대하여 굳이 네 권이나 쓸 필요는 없었을 것이다. 그러나 네 복음서에 나타나는 예수님의 모습은 똑같지 않고 각각 독특한 모습을 띠고 나타난다는 데 중요한 의미가 있다. 왜냐하면 예수에 대한 서로 다른 이해와 다양한 증언은 예수 그리스도의 인격과 그의 구원활동을 보다 넓고 깊게 이해하고 전파하는 데 큰 유익을 가져다 주기 때문이다. 요한복음 20 : 31의 "오직 이것을 기록함은 너희로 예수께서 하나님의 아들 그리스도이심을 믿게 하려 함이요, 또 너희로 믿고 그 이름을 힘입어 생명을 얻게 하려 함이니라."는 말씀처럼 요한복음뿐 아니라 모든 복음서는 오직 예수께서 하나님의 아들 그리스도이심을 믿게 하며 그로 말미암아 구원을 얻게 하려는 목적에서 기록되었다.

한편 복음서가 역사적 사실과는 아무 관련이 없다고 하거나 혹은 복음서가 역사적 기록이 아닌 순수한 창작물이라고 보아서는 안 된다. 복음서 가운데는 예수의 생애와 말씀에 대한 실제적 자료와 기록들이 담겨져 있다. 사실 복음서 외에 예수에 관한 역사적 자료를 발견할 수 있는 것은 거의 없다. 그러나 복음서의 일차적인 목적은 결코 역사적인 사실을 전하려는 데 있지 않고, 오히려 읽는 사람으로 하여금 예수 그리스도에 대한 신앙을 가지게 하며 확신하게 하는 데 있다. 그런 점에서 복음서는 신앙고백적이며 선포 형식의 책이라고 할 수 있다.

---

3. 이러한 논의의 중심을 이루는 것이 소위 '역사적 예수'의 문제이다. 이에 대한 간략한 해설은 N. B. 스토운하우스, 「공관복음서의 기원」, 성광문화사(1982), p. 209 이하 참조. 보다 근본적인 연구를 위해서는 A. 슈바이처, 「예수의 생애 연구사」, 허혁 역, 대한기독교출판사(1986) 및 그에 대한 비평서로 박형용, 「복음비평사」, 성광문화사(1985)를 참조할 수 있다.
4. 김득중, 「신약성서개론」, 컨콜디아사(1986), p. 49.

# 제 2 장

# 공관복음서의 문제

## 1. 공관복음서 연구와 문제점

초기 교회로부터 복음서들 사이의 관련성과 그들간의 조화성(調和性)에 대한 관심이 나타났는데, 그 대표적인 예로 타티안(Tatian)의 4복음서 조화서인 디아테싸론(Diatessaron)을 들 수 있다. 복음서들 사이의 문학적 관계에 대하여 적극적인 해석을 시도한 사람은 어거스틴이었다. 그는 '복음서들의 일치성에 대하여'라는 논술에서, 복음서들이 정경에 나타나는 순서대로 기록되었으며 나중에 쓰여진 복음서는 먼저 기록된 복음서를 참조하여 쓰여졌다고 하였다. 즉 그는 마가복음은 마태복음을 축소한 것이며 누가복음은 다시 마가복음을 참조하여 쓰여졌다고 생각했다. 이러한 어거스틴의 해석은 오랫동안 복음서를 이해하는 데 중대한 영향을 미쳤다.

복음서들 가운데 특별히 앞의 세 복음서(즉 마태, 마가, 누가복음)에 대한 보다 학문적이고 체계적인 연구가 18세기 후반부터 활발하게 진행되기 시작하였다. 그 중에 독일의 신약성경 학자인 그리스바하(J. J. Griesbach, 1745—1812년)는 그 세 복음서 사이의 공통점과 차이점을 비교 연구하기 위하여 세 복음서의 대조서(Synopsis)를 만들어 발표하였다. 여기에서 '공관복음서'(Synoptic Gospels)라는 말이 생기게 되었다. 그 뜻은 '공관'(Synoptic)이라는 말이 나타내는 바와 같이 그 세 복음서는 나란히 놓고 서로 비교하여 '함께 관찰'되어져야 함을 의미하는 것이다.

공관복음을 자세히 비교하여 연구할 때 거기에서는 놀라울 정도로 유사한 점과 함께 매우 상이한 차이점들이 드러난다. 예로서 이 세 복음서의 전체적인 구조는 예수의 공생애의 출발로부터 십자가의 죽음까지는 매우 일치하고 있다. 즉 세례 요한의 출현으로부터 예수의 세례받으심, 시험, 갈릴리 활동, 예루살렘으로 가서 고난받고 십자가에 죽으심으로 이루어져 있다. 예수의 공생애에 대한 공관복음서의 공통성은 요한복음과 비교할 때 분명히 드러난다. 그러나 세부적인 내용에 있어서는 한 곳에는 빠져 있는데 두 복음서에만 나타난다든지, 혹은 한 복음서에만 있고 두 복음서에는 전혀 없거나 매우 다르게 기록된 경우도 있으며, 때로는 전후 문맥에 있어서 서로 다르게 나타나는 경우도 있다.

좀더 구체적인 예를 제시한다면, 먼저 세 복음서의 내용 중 유사한 항목을 다음과 같이 들 수 있다.

중풍병자의 치료(마 9 : 1—8, 막 2 : 1—12, 눅 5 : 17—26)

금식 문제(마 9 : 14—17, 막 2 : 18—22, 눅 5 : 33—39)

안식일 준수의 문제(마 12 : 1—14, 막 2 : 23—3 : 6, 눅 6 : 1—11)

겨자씨 비유(마 13 : 31—32, 막 4 : 30—32, 눅 13 : 18—19)

부자 청년(마 19 : 16—22, 막 10 : 17—22, 눅 18 : 18—23)

바디매오를 고치심(마 20 : 29—34, 막 10 : 46—52, 눅 18 : 35—43)

세금 문제(마 22 : 15—22, 막 12 : 13—17, 눅 20 : 20—26)

베드로의 부인(마 26 : 69—75, 막 14 : 66—72, 눅 22 : 56—62)

그보다도 더 문체와 언어의 세밀한 점에서까지 거의 일치하는 부분은 다음과 같은 것들이다.

예수의 권위에 대한 도전(마 21 : 23—27, 막 11 : 27—33, 눅 20 : 1—8)

나병환자를 고치심(마 8 : 1—4, 막 1 : 40—45, 눅 5 : 12—16)

종말에 대한 교훈(마 24 : 4 이하, 15 이하, 막 13 : 5 이하, 14 이하, 눅 21 : 8 이하, 20 이하)

십자가를 짐에 대한 교훈(마 16 : 24－25, 막 8 : 34－35, 눅 9 : 23－24)
어린아이들을 축복하심(마 19 : 13－14, 막 10 : 13－14, 눅 18 : 15－16)

이상과 같이 공관복음 사이에 매우 일치하는 면이 있는 반면에 다음과 같은 차이점들도 있다. 마태복음과 누가복음에 있는 예수의 탄생설화와 족보는 근본적으로 서로 다르며, 마가복음에는 탄생설화와 족보가 전혀 나타나지 않는다. 같은 사건과 내용이라도 순서와 배열이 다른 경우가 많다. 예로서 마가복음 5 : 22 이하에 나타나는 야이로의 딸을 일으키신 사건은 누가복음 8 : 40 이하에서와 같이 거라사 광인을 고친 후에 바로 연결되어 나온다. 반면에 마태복음 9 : 18 이하의 본문과 8 : 28～34의 광인을 고친 기록 사이에는 중풍병자 고침과 세리 마태를 부르심과 금식에 대한 질문이 삽입되어 있다. 또한 부활하신 예수께서 마가복음에는 갈릴리에서 제자들을 만나신 것으로 되어 있는데, 누가복음에서는 예루살렘에서 나타나신 것만을 전하고, 마태복음은 예루살렘과 갈릴리 양쪽에서 모두 나타나신 것으로 기록하고 있다.

다른 한편, 공관복음서의 내용 가운데는 한 복음서에는 나타나지 않는데 다른 두 복음서에는 매우 일치하게 나타나는 부분들이 상당히 많이 있다. 때로는 한 복음서에만 기록되어 있고 다른 복음서에는 전혀 나타나지 않는 내용들도 많이 있음을 발견하게 된다. 이와 같이 세 복음서 사이에 매우 일치하는 부분들이 많이 있는 반면에 어떤 경우에는 매우 상이한 차이점을 나타내는 이 사실을 '공관복음서의 문제'라고 한다. 이 문제를 설명하기 위하여 많은 학자들이 오랫동안 연구해 왔고 여러 가지 학설들을 제시하였다. 다음에서 그 연구 내용들을 간략히 정리해 보고자 한다.

## 2. 문제의 해결을 위한 시도들

### 1) 원복음서설(原福音書說)

공관복음서의 문제를 처음으로 진지하게 다룬 인물은 독일의 신약 학자

1. *Neue Hypothese über die Evangelisten als bloss menschliche Geschichtsschreiber*, 1778.

레싱(G. E. Lessing)이었다. 그는 역사학적으로 복음서를 연구한 저술[1]에서 복음서의 처음 세 책들이 쓰여지기 전에 아람어로 된 '나사렛 사람의 복음'이라는 원복음(Ur-evangelium)이 있었음을 주장하였다. 후에 세 복음서의 저자들이 그것을 서로 다르게 번역하거나 발췌함으로 현재의 복음서들이 되었다고 보는 것이다. 아이히호른(J. G. Eichhorn)은 이러한 전제를 더욱 복잡하고 정교하게 발전시켜, 본래 아람어 원본으로부터 아홉 편의 상이한 복음서들이 유래하였는데 그 중 세 개의 남아 있던 것들을 토대로 현재의 세 복음서가 쓰여졌다고 설명하였다.

이 가설을 받아들이기 어렵게 하는 중요한 이유는 아람어로 된 원복음에 대한 증거가 전혀 없다는 점이다. 또한 세 복음서에 있어서 사건의 순서와 내용의 유사성에 대해서는 설명이 될 수 있으나, 세 복음서 사이의 다양한 차이점에 대해서는 충분히 설명할 수 없는 약점을 드러낸다.

2) **단편가설**(斷片假說, The Fragmentary Theory)

원복음설에 의한 설명이 충분치 못함에 대한 대안(代案)으로 쉴라이에르마허(F. Schleiermacher)는 새로운 관점에서의 해결을 제시하였다.[2] 이 학설에 의하면 처음에 그리스도께서 말씀하시고 행하신 사건에 대한 기록들이 분리되어 독립된 형태로 보존되었다는 것이다. 때로는 그 독립된 단편들이 전달되는 과정에서 수정, 보충되기는 하였지만 여전히 개별적인 단위로 형성되었다고 본다. 복음서 저자들은 이 분리된 단편적 자료들을 각각 나름대로 수집하여 그들의 복음서를 기록하였으며, 누가복음의 서문의 내용은 이러한 사실을 지지해 준다고 쉴라이에르마허는 생각했다.

이 이론은 각 복음서 사이의 차이를 설명하는 데는 유용하나, 세 복음서 사이의 단어나 순서 및 사건의 내용에 명백히 나타나는 유사성을 설명하기에는 매우 무력하다. 더욱이 초기의 기록된 단편들의 존재를 추적한다는 것은 매우 어려운 일이다. 그러나 후에 양식비평이 나타남으로써 이 가설은 새로운 의미를 가지게 되었다.

---

2. *A Critical Essay on the Gospel of St. Luke*, 1825(영역본).

3) **전승(傳承)가설**(The Oral Tradition Theory)

구전설(口傳說)이라고도 불리는 이 이론은 예수 그리스도에 관한 전승이 복음서가 기록되기 이전에 상당 기간 동안 구전으로 전하여졌다는 데 근거한 것이다. 신약성경에 대한 과학적인 연구가 주창된 18세기 말에 헤르더(G. Herder)는 처음으로 공관복음서의 자료와 관련하여 구전의 개념을 제시하였다. 그를 이어 1818년에 기젤러(J. K. L. Gieseler)는 소위 구두전설(口頭傳說)의 원형이라는 것을 발표하였다. 그는 사도들의 설교가 일종의 기초적인 구전복음서를 형성하는 전승이 되었다고 주장하였다. 이 전승은 본래 아람어로 전하여졌으나, 이방인 전도의 필요성에 따라 희랍어로 번역되어졌다. 나중에 본래의 아람어 전승과 희랍어로 번역된 것을 토대로 세 복음서 저자는 각자의 다양한 설명을 첨가하여 복음서들을 저술하였다는 것이다. 즉 마태는 순수한 팔레스타인적 복음서를 만들어 냈고, 마가는 그것을 수정하여 다시 썼으며, 누가는 바울의 사상에 따른 복음서를 기록했다고 보았다.

이러한 전승설을 지지하는 학자들[3]은 다음과 같은 증거들을 제시한다.

① 복음서에 나타나는 예수님의 언행은 구두전승에 의하여 보존된 것을 지시하며, 사도 시대에 기록된 문서가 거의 없고 초기 그리스도인들의 신앙생활의 단순성으로 보아 복음서와 같은 기록이 일찍이 기록되기 어려웠을 것이다.

② 초기 기독교의 문화적 배경인 유대적 전통에서는 구두전승을 매우 강조한 점으로 보아 초기 교회에서도 구전의 방법이 우선적으로 사용되었다고 본다.

③ 누가복음의 서문에서 누가는, 그리스도의 생애에 대한 내력을 쓰려고 붓을 든 사람들이 직접 목격한 사람들의 전하는 말을 근거로 기록하였음을 밝힘으로 복음의 근원이 구전에 의한 것임을 지시하고 있다.

④ 파피아스(Papias)와 같은 속사도 교부들의 증거에 의할 때, 그들은 복음서의 기원에 대하여 구전설을 지지하고 있다는 것이다.

---

3. 그 대표적인 인물로 웨스트코트를 들 수 있다. B. F. Westcott, *An Introduction to the Study of the Gospels*, 1851.

이러한 전승가설이 어느 정도 실제적인 사실을 설명하고 있는 것은 인정하나 공관복음서의 문제에 대한 충분한 설명이라고는 볼 수 없다. 즉 그리스도의 생애와 교훈에 대한 내용이 처음에는 입으로 전하는 말에 의하여 유포된 것이 분명하지만, 그러한 구전의 단계에서 바로 복음서가 기록되었다고 보기는 어려운 것이다. 이 가설이 세 복음서에 나타나는 공통적인 부분에 대해서는 어느 정도 설명이 가능하나, 세 복음서 중 두 복음서나 단지 한 복음서에만 나타나는 부분에 대해서는 설명하기가 어렵다. 또한 세 복음서 사이의 문장의 순서, 내용, 단어 하나하나까지 완전히 일치함은 기록된 문서에 의하지 않고 단순히 암기된 구전에 의해서는 이해하기 어려운 것이다.

### 3. 상호의존설(The Interdependence Theory)

공관복음서 사이의 관계성을 설명하는 데 있어서, 원복음서와 같은 외부의 어떤 자료에 의하여 간접적인 관계가 이루어진 것이 아니라 문서상으로 서로 직접 의존하여 기록하였다는 새로운 각도에서의 이론이 제기되었다. 첫 번째로 그리스바하(J. J. Griesbach)는 어거스틴의 제안을 따라 마태복음이 먼저 쓰여져 마가복음에 사용되었다고 보고, 누가복음도 마가복음보다 먼저 기록되어 함께 참고되었다고 생각했다. 그러나 이 이론은 다른 복음서들에 있는 중요한 많은 내용들이 마가복음에서 제외된 이유를 충분히 설명할 수 없다. 그에 반하여 라하만(C. Lachmann)은 1835년에 발표한 그의 논문에서 그리스바하의 주장을 뒤집어 놓은 것과 같은 이론을 제시하였다. 즉 마태복음과 누가복음에 나타나는 공통된 내용이 마가의 것과 같다는 사실에서 두 복음서는 마가복음을 중심으로 쓰여졌다고 보았던 것이다. 양편의 이론을 간략히 도식으로 표시하면 다음과 같이 표현할 수 있다.

라하만의 주장에 근거하여 제시된 마가복음의 우선성(the Priority of Mark over Matthew and Luke)이 오늘날 공관복음서를 연구하는 데 중요한 기초가 되고 있다.

(그리스바하) (라하만)

### 1) 마가복음의 우선성

마태, 마가, 누가복음의 내용을 자세히 비교해 보면, 그 세 복음 사이에는 놀라울 정도로 많은 부분에서 일치함을 발견하게 된다. 구체적으로 말해서 마가복음의 내용 중 90퍼센트가 마태복음에 나오며, 반 정도가 누가복음에 나온다. 마태복음과 누가복음을 합해서 볼 때에 마가복음 전체의 609절 가운데 30절 정도만이 나타나지 않는다. 이러한 수치는 마가복음이 마태와 누가복음의 자료로 사용되었음을 보여 주는 것이라 할 수 있다. 그보다 더 주목할 것은 세 복음서의 전체적인 구조가 마가복음을 중심으로 매우 유사한 순서를 따라 쓰여졌다는 점이다. 즉 마태, 마가, 누가복음이 같은 순서를 따라 진행되다가 그 중에 마태는 독자적으로 이탈하여 다른 내용을 기록할 때에 마가와 누가복음은 공통된 순서를 유지하며, 다시금 마태, 마가, 누가복음이 동일한 순서를 따르다 중간에서 누가복음이 다른 사건을 언급할 때 마태복음과 마가복음은 같은 순서를 따라 기술하고 있는 것이다. 이에 대한 예로서 마가복음 2~3장과 그 병행구절들을 살펴볼 수 있다. 처음에 세 복음서는 같이 진행하다가(막 2 : 1－22, 마 9 : 1－17, 눅 5 : 17－39) 마태복음만이 따로 9 : 18 이하에서 몇 개의 치유기사와 전도에 관한 설교(9 : 35－10 : 42), 그리고 예수와 세례 요한, 저주, 감사, 구원에 관한 짧은 설화들(11 : 2－30)을 첨가하고 있다. 이 내용들을 누가는 다른 곳에서 기록한다. 다시금 마가복음 2 : 23~3 : 6, 마태복음 12 : 1~14, 누가복음 6 : 1~11에서 기본적으로 일치하다가 누가복음이 평지설교(6 : 20－49)와 7 : 1~8 : 3의 부분에서 마가복음 3 : 7~35과 마태복음 12 : 15~50의 공통된 순서에서 벗어나고 있다. 누가복음은 8 : 4에서 마태와 마가복음과 일치하는 순서로 돌아온다. 세 복음서의 내용의 순서가 마가복음을 중심으로 진행되고 있다는 것은 다른 두 복음서가 마가를 토대로 쓰여졌음을 보여 주는 증거라고 할 수 있다.[4)]

마가복음에 사용되고 있는 언어와 문체들도 마가복음이 보다 본원적인 것임을 보여 주고 있다. 마가복음에는 마태나 누가복음에 나타나지 않는 매우 구체적인 표현이 간혹 나타난다. 예로서 '저물어 해질 때'(1 : 32, 마 8 : 16과 비교), '푸른 잔디'(6 : 39, 마 14 : 19, 눅 9 : 14과 비교), '삼백 데나리온'(14 : 15, 마 26 : 9과 비교) 등을 들 수 있다. 또한 문체상으로 볼 때 마가복음의 잘 다듬어지지 않은 문장이나 생소한 말들이 마태와 누가복음에서는 수정되거나 제거되고 있다. 특별히 마가복음에서는 아람어가 여러 번 사용된 데 반해 마태복음에서는 소수가 나타나고 누가복음에는 전혀 나오지 않는데, 이것은 마가가 다른 복음서들에 없는 것을 나중에 추가했다고 하기보다는 처음부터 아람어의 기존자료를 사용했다고 봄이 더욱 타당하다.

그런데 마태와 누가복음이 자료로 사용했던 것은 현존하는 마가복음이 아니라 그 이전에 있었던 문서를 사용했다는 이론이 제시되었다. 그 이유는 세 복음서가 공통된 부분에서도 마가복음과 완전히 일치하지 못한다는 점 때문이다. 그래서 라하만과 홀쯔만(H. J. Holzmann)은 마태와 마가가 마가복음의 기초가 되는 초본을 사용하여 그들의 복음서를 썼다고 보았으며, 더 나아가서 초본 마가복음을 마태와 누가가 서로 다른 형태로 사용하였다는 주장이 나왔다. 이러한 학설을 소위 원마가(proto-Mark)설이라고 부른다. 그러나 원마가와 같은 문서가 있었다는 증거는 전혀 없으며, 그러한 논리는 인위적으로 세분화한 것으로 별로 설득력을 가지지 못한다. 따라서 현재의 마가복음이 마태와 누가복음이 기록될 때 그들의 기본적인 자료로 사용되었다고 함이 가장 타당한 설명으로 받아들여진다.

### 2) 두 자료설(The Two Documents Theory)

마태복음과 누가복음에는 마가복음과 공통되는 부분들이 있는 반면에 이 두 복음서에는 마가복음에 나타나지 않는 많은 내용들이 발견된다. 그

---

4. 이 예는 큄멜, 「신약정경개론」, p. 59에서 인용한 것임.

가운데 상당히 많은 부분은 두 복음서에 있어서 매우 유사하거나 거의 일치하고 있다. 이 부분에 대하여 많은 학자들은 마태복음과 누가복음이 동일한 자료를 사용하였을 것이라고 추정하게 되었다.

독일의 성경 학자 아이히호른(Eichhorn)은 처음으로 마태복음과 누가복음의 공통자료를 가정했고, 쉴라이에르마허(Schleiermacher)는 파피아스(Papias)의 전승에 의거하여 그것은 예수의 어록이었을 것이라고 추측하였다. 마가복음과 더불어 마태복음과 누가복음의 공통자료로 여겨지는 이 가정적인 문서를 흔히 Q(독일어 Quelle—'원천', '자료'라는 뜻—의 머리글자임)자료라고 부른다. 또한 이 자료는 주로 예수의 담화적(談話的) 교훈들로 이루어졌다는 점에서 로기아(Logia)라고도 부른다. 이러한 Q 자료를 추정하게 되는 이유는 다음과 같이 정리될 수 있다.

첫째, 마태와 누가복음에만 공통으로 나타나는 내용(250절 정도) 가운데 어떤 부분은 단어 하나하나가 일치하는 동일성을 보이며 어떤 곳에서는 정확하게 일치하지는 않지만 거의 유사한 면을 보인다. 이러한 사실은 단순히 구전전승만으로는 설명할 수 없으며, 동일한 문서적 자료를 가정하지 않을 수 없다.

둘째, 마태복음과 누가복음에서 마가복음에 나타나는 기본 구조를 빼고 나면 거기에는 많은 예수의 교훈의 말씀들이 남게 되는데, 그 내용이 마태와 누가복음에서 거의 동일한 순서를 따라 나타나고 있다. 이는 이미 예수의 교훈을 기록한 자료를 기본적으로 사용하였음을 보여 주는 것이라 할 수 있다.

셋째, 마태복음과 누가복음에는 중복 본문 및 이중 전승이 여러 곳에 나타나고 있다는 점이다. 즉, 중복 본문은 한 복음서에 동일한 내용이 두 번 나타나는 것을 말하고, 이중 전승은 두 복음서에 다 나타나고 있지만 형태가 조금씩 다른 두 가지의 내용을 보여 주는 것이다. 그 예들로, 누가복음 9장과 10장에 나타나는 제자파송은 각각 마가복음 6:7~13과 마태복음 10장과 병행하는 이중 전승을 보여 준다. 마태복음 13:12, 마가복음 4:25, 누가복음 8:18 / 마태복음 25:29, 누가복음 19:26은 "무릇 있는 자는 받아 넉넉하게 되리라."는 중복 본문이고, 마태복음 16:24 이하, 마가복음 8:34 이하, 누가복음 9:23 이하 / 마태복음 10:38 이하,

누가복음 14 : 27, 17 : 33은 "아무든지 나를 따라오려거든 자기를 부인해야 한다."는 중복 본문을 보여 준다.

공관복음 중 마태와 누가복음에만 공통적으로 나타나는 내용을 정리하면 아래와 같은 도표로 작성할 수 있다. 도표에서 각 번호에 동그라미 한 본문들은 마태복음과 누가복음에서 같은 순서를 따르는 것을 나타낸다.[5)]

| | 누가복음 | | 마태복음 | |
|---|---|---|---|---|
| ① | 3 : 7~9, 16f | 세례 요한의 설교 | 3 : 7~12 | ① |
| ② | 4 : 2~13 | 예수의 시험 | 4 : 2~11 | ② |
| ③ | 6 : 20~23, 27~30, 32~36 | 평지설교 Ⅰ | 5 : 3~6, 11f, 39~42, 45~48 | ③ |
| ④ | 6 : 37f, 41~49 | 평지설교 Ⅱ | 7 : 1~5, 16~21 | ⑦ |
| ⑤ | 7 : 1~10 | 가버나움의 백부장 | 8 : 5~13 | ⑨ |
| ⑥ | 7 : 18~35 | 세례 요한의 질문 | 11 : 2~19 | ⑬ |
| 7 | 9 : 57~60 | 제자직에 대한 말씀 | 8 : 18~22 | 10 |
| 8 | 10 : 1~12 | 전도에 대한 교훈 | 9 : 37~10 : 15 | 11 |
| ⑨ | 10 : 13~15, 21f | 경고와 감사의 말씀 | 11 : 21~23, 25f | ⑭ |
| 10 | 11 : 1~4 | 주기도문 | 6 : 9~13 | 5 |
| 11 | 11 : 9~13 | 기도에 대하여 | 7 : 7~11 | 8 |
| ⑫ | 11 : 14~23 | 바알세불 논쟁 | 12 : 22~30 | ⑮ |
| ⑬ | 11 : 24~26 | 더러운 귀신에 대하여 | 12 : 43~45 | ⑰ |
| 14 | 11 : 29~32 | 요나의 표적 | 12 : 38~42 | 16 |
| 15 | 11 : 33~35 | 빛에 대하여 | 5 : 15, 6 : 22f | 4 |
| ⑯ | 11 : 39~52 | 바리새인에 대한 책망 | 23 : 4, 23~25, 29~36 | ⑲ |
| 17 | 12 : 2~10 | 주님을 시인하라 | 10 : 26~33 | 12 |
| 18 | 12 : 22~34 | 세상 염려에 대하여 | 6 : 25~34, 19~21 | 6 |

5. 이 도표는 상게서 p. 68 이하에서 전재한 것임.

| | | | | |
|---|---|---|---|---|
| 19 | 12 : 39~46 | 깨어 있으라. | 24 : 43~51 | 22 |
| 20 | 13 : 18~21 | 겨자씨와 누룩 | 13 : 31~33 | 18 |
| ㉑ | 13 : 34f | 예루살렘에 대한 예언 | 23 : 37~39 | ⑳ |
| ㉒ | 17 : 22~37 | 재림에 대한 교훈 | 24 : 26~28, 37~41 | ㉑ |
| ㉓ | 19 : 11~28 | 달란트 비유 | 25 : 14~30 | ㉓ |

위의 전체적인 순서뿐만 아니라 각각의 세부적인 내용을 비교할 때도 거기에 뚜렷한 일치성이 드러나는 것을 볼 수 있다. 이에 대하여 테일러(V. Taylor)는 그러한 일치는 결코 우연이 아니며, 그 배후에는 반드시 어떤 공통의 문헌자료가 있음을 입증하는 것이라고 주장하였다. 여기에서 공관복음 연구의 기초가 되는 두 자료설이 나오게 되었다. 즉 마태복음과 누가복음이 기록될 때 마가복음과 Q 자료를 기본적인 자료로 사용하였다는 것이다.

Q 자료에 대한 보다 세밀한 연구는 이 자료가 언어학적인 성격으로 보아 처음부터 희랍어로 쓰여진 것임을 밝혀 준다. 그러나 거기에 나타나는 예수의 어록들 중에는 분명한 아람어의 어법이나 번역상의 차이가 드러나고 있어 아람어로부터 희랍어로 번역된 것임을 추정케 한다. 아람어로 기록된 문서에서 번역된 것인지 구전의 단계에서 아람어로부터 희랍어로 변천되었는지는 학자에 따라 의견이 나누인다. 더 나아가서 Q 자료의 형성 과정에 대하여 여러 가지 이론들이 제시되며 계속하여 활발한 연구가 진행되고 있다.[6)]

### 3) 네 자료설(The Four Documents Theory)

공관복음의 내용을 연구함에 있어 두 자료설을 따라 마태와 누가복음에

6. Q 자료 연구에 대한 보다 자세한 내용은 상게서 p. 71 이하 ; D. 거쓰리, 「신약개론」, 나용화, 박영호 공역, 기독교문서선교회(1988), p. 154 이하 ; 이종윤, 「신약개론」, p. 202 이하 참조.

서 마가복음과 Q에 해당되는 부분을 제외시킬 때 거기에는 여전히 상당한 분량의 내용이 남게 된다. 이 부분에 대하여 처음으로 설명을 시도한 인물이 영국의 신약 학자 스트리터(B. H. Streeter)이다.[7] 그는 두 자료설에 근거하여 마가복음과 Q자료가 공관복음서 형성의 기초자료가 됨을 인정하고, 그 외에 마태복음에는 거기에만 나타나는 특수자료—S(M)으로 표시—가 있으며 누가복음에도 누가가 독자적으로 수집한 특수자료—S(L)—가 있다고 보았다. 그것을 도표로 표시하면 다음과 같다.

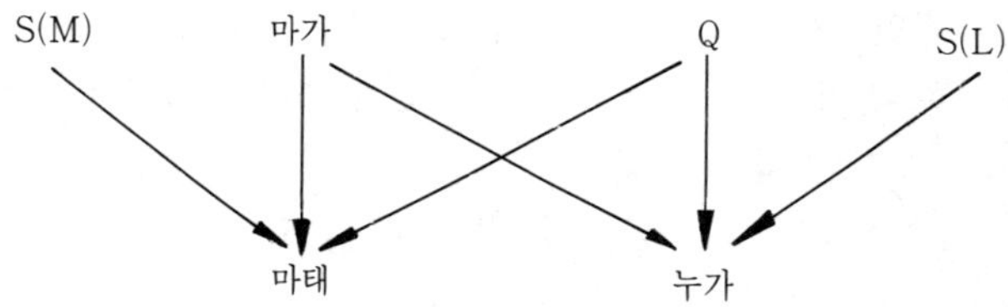


이러한 설명을 네 자료설이라고 부르는데, 각 복음에 나타나는 특수자료에 의하여 마태와 누가복음의 특성이 이루어진다고 볼 수 있다. M자료는 수집된 말씀, 증거 구문(구약의 인용구들), 탄생기사, 그 밖의 이야기들로 구성되어 있으며, L자료는 주로 누가복음에만 들어 있는 14개의 비유 이야기와 예수의 탄생설화와 관계된 내용으로 이루어진다.

이상의 네 자료설을 이루는 중요 내용을 정리해 보면, 첫째 마가복음이 마태와 누가복음의 기본자료가 되며, 둘째 마가복음 외에 예수의 어록자료인 Q가 마태와 누가복음에 공통으로 사용되었고, 셋째 마태복음과 누가복음에는 각각 특수한 자료들이 독립적으로 사용되었다는 것이다. 이와 같은 이론은 아직까지 충분히 설명되지 못하거나 분명한 증거자료가 제시되지 못한 점들이 있으나, 여전히 공관복음을 이해하는 데는 가장 합리적이며 실제적인 사실을 말해 주는 것으로 받아들여지고 있다.

## 4. 자료비평 이후의 공관복음 연구

공관복음서의 문제를 해결하기 위하여 제시되어 온 여러 가지 이론들은 주론 복음서를 기록함에 있어 사용된 자료들을 설명하는 데 집중되었다. 두 자료설과 네 자료설로 대표되는 이러한 연구방법을 일반적으로 자료비평(Source criticism)이라고 한다. 마가복음의 우선성과 Q 자료의 존재가 제시되면서 학자들의 관심은 마가복음서의 초기 양식과 Q 자료의 기원에로 옮아 갔다. 이 문제에 대해서 더 이상 자료비평법으로는 대답할 수 없게 되자 양식비평(Form criticism)이라는 새로운 연구방법이 대두되었다.

**1) 양식비평**

1919년 독일의 신약 학자 디벨리우스(M. Dibelius)가 처음으로 양식사(Formgeschichte, Form history)라는 말을 사용한 데서부터 온 말이다. 양식비평의 관심은 복음서가 기록되기 이전의 구전(口傳)의 단계에 주어진다. 즉 예수에 관한 이야기들과 그의 말씀에 대한 전승들이 최초로 복음서가 쓰여지기 전에 적어도 한 세대 동안 구전의 형태로 전해졌다고 본다. 따라서 본래의 예수에 대한 사실들과 그의 교훈들이 구전의 과정을 통하여 어떻게 복음서에 정착하게 되었는가를 밝히려는 것이 양식비평의 주요 과제가 된다.

'양식비평'이라는 말은 입에서 입으로 전해지는 과정에서 구전설화가 취하였던 여러 가지 모양의 문학 형태를 구별하는 것을 가리킨다. 이러한 형태들을 세밀히 연구한 결과 처음에는 서로 관계성을 가지지 않는 독립된 단편적 이야기들, 일화, 금언, 설교, 우화 등의 구전적 형식으로 이루어졌음을 밝혀냈다. 각각의 구전들 하나하나는 그것이 전해진 역사적 배경을 가지는데, 그것을 양식비평 학자들은 '삶의 자리' 또는 '생의 정황'(Sitz im Leben)이라고 한다.

복음서에 나타나는 예수의 생애를 밝혀내는 것보다는 구전이 전해진 '삶의 자리'를 밝히는 데 관심을 기울이므로 예수의 역사성을 부정하는 경향에까지 이른 것은 양식비평이 품고 있는 심각한 문제이다.[8] 그러나

7. Streeter, *The Four Gospels*, pp. 149-360.
8. 양식비평에 대한 보다 자세한 이해를 위해서는 G. 레드, 「신약과 비평」, 김만우 역, 개혁주의신행협회(1978), p. 165 이하 ; S. J. 키스터메이커, 「현대의 복음서 연구」, 도서출판 엠마오(1985), p. 60 이하 참조.

복음서가 기록되기 이전에, 또는 기록된 전승들이 나타나기 이전에 구전의 단계가 있었음을 보다 분명히 밝혀 주고 그 구전의 형성 과정을 통하여 초대교회의 복음의 메시지(kerygma, 케리그마)를 보다 깊이 이해할 수 있게 해준 것은 양식비평의 중요한 공헌이라고 할 수 있다.

### 2) 편집사비평

제2차 세계대전 이후 독일의 신약 학계에서는 새로운 연구방법이 대두되었다. 공관복음서의 형성에 관한 문제를 해결하는 데 양식비평이 가지는 한계성을 인식한 신진 학자들은 좀더 다른 각도에서 복음서를 이해하고자 했다. 그 결과 편집사비평(Redactionsgeschichte, redaction criticism)이라는 새로운 방법론이 제기되었다.

양식사비평 학자들은 독립된 자료들의 양식에 초점을 맞추다 보니 복음서 저자들의 중요성에 관심을 가지지 않고 그들이 다만 단편적 전승들을 모아 놓는 역할만 한 것으로 이해하였다. 즉 그들은 복음서 전체를 보는 것을 도외시한 채 개별적인 전승의 단위들에 대한 연구에 치중함으로 나무는 보았지만 숲을 보지 못하는 오류에 빠지게 되었다. 거기에 반하여 편집사비평 학자들은 복음서 저자들의 역할에 중요한 관심을 두었다. 세 복음서들을 서로 병행시켜 비교할 때 각 복음서 저자들의 독특한 특징과 역할들을 발견하게 된다. 즉 복음서 저자들은 개별적인 신학적 관심과 목적을 가지고 자료들을 선택하고 조직함으로 각각 다른 복음서를 기술하는 창의적인 작업을 수행하였다고 보는 것이다.

편집사비평은 자료비평과 양식비평을 토대로 하여 발전한 것으로, 각 복음서를 보다 종합적으로 이해하려는 노력과 함께 각 복음서의 중심적 메시지를 파악하는 데 많은 도움을 주고 있다.[9] 한 가지 주의할 것은 복음서의 저자를 하나의 정해진 신학적 틀 속에서 이해하고자 할 때 복음서의 메시지에 해석자 자신의 신학적 관념을 주입시키는 경우가 있다고 하는 점이다.

---

9. 편집사비평에 의한 저작으로서 대표적인 것으로 G. 보른캄의 「나사렛 예수」(강한표 역, 기독교서회, 1973)를 들 수 있다.

# 제 3 장

# 마 가 복 음

## 1. 주제 및 내용 개요

1) **주제** : 때가 차서 인간을 구원하러 오신 수난의 종 예수. "나사렛 예수는 그리스도시요 하나님의 아들이시다."

2) **내용 개요**

① 공생애 활동 준비(1 : 1－13)－예수와 세례 요한

② 갈릴리 지방의 전도(1 : 14－8 : 26)

a . 갈릴리 바다 인근의 활동(1 : 14－5 : 43)

| | |
|---|---|
| 1 : 14～20 | 복음선포와 첫 제자들을 부르심 |
| 1 : 21～38 | 가버나움에서의 하루－귀신들린 자와 베드로의 장모, 그 외 다른 사람들을 고치심 |
| 1 : 39 | 전도와 귀신 쫓으심 |
| 1 : 40～45 | 문둥병자를 고치심 |
| 2 : 1～3 : 6 | 병자를 고침과 적대자들의 적개심 |

3 : 7~19 병자 고침과 열 두 제자를 택하심
3 : 20~35 바알세불 논쟁
3 : 31~35 예수의 참된 가족
4 : 1~34 비유로 가르치심—씨뿌리는 비유, 은밀히 자라는 씨앗, 겨자씨
4 : 35~5 : 43 기적들을 행하심—풍랑을 잠잠케 하심, 거라사의 광인을 고침, 혈루병을 앓는 여인을 고침과 야이로의 딸을 살리심

b. 갈릴리 주변지역에서의 활동(6 : 1—8 : 26)

6 : 1~6 나사렛에서 배척받음
6 : 1~13 열두 제자 파송
6 : 14~29 헤롯과 예수, 세례 요한의 죽음
6 : 30~56 오천 명을 먹이심과 물 위로 걸으심
7 : 1~23 서기관과 바리새인들과의 논쟁
7 : 24~8 : 26 기적들—수로보니게 여인의 딸과 귀먹고 벙어리된 자를 고치심, 사천 명을 먹이심, 바리새인들과의 논쟁, 벳새다에서 소경을 고치심

③ 메시야되심과 수난에 대한 전망(8 : 27—9 : 50)

a. 베드로의 고백(8 : 27—30)

b. 수난의 예고(8 : 31—9 : 32)

8 : 31~33 첫 번째 수난예고
8 : 34~9 : 1 제자들이 받을 고난과 하나님 나라의 임함
9 : 2~13 변화산 사건
9 : 14~29 간질병 앓는 소년을 고치심
9 : 30~32 두 번째 수난예고

c. 제자직에 대한 교훈(9 : 33—50)

④ 예루살렘으로 가는 길에서(10 : 1—52)

10 : 1~31 이혼에 대한 교훈, 어린아이들 축복, 재물과 제자됨에 대한 교훈
10 : 32~45 세 번째 수난예고, 큰 자와 작은 자에 대한 교훈

10 : 46~52 여리고의 소경 바디매오를 고치심

⑤ 예루살렘에서의 활동(11－13장)

a. 승리의 입성(11 : 1－11)

b. 성내에서의 사역(11 : 12－12 : 44)

11 : 12~14 베다니로 돌아오심과 무화과나무를 저주하심

11 : 15~19 성전을 정결케 하심

11 : 20~26 무화과나무에 대한 설명

11 : 27~12 : 44 논쟁과 교훈적인 대화

c. 종말에 대한 교훈(13 : 1－37)

⑥ 예수의 수난(14 : 1－15 : 47)

a. 죽음의 준비(14 : 1~42)

14 : 1~2 예수에 대한 음모

14 : 3~9 베다니에서의 향유 부음

14 : 10~25 유다의 배반과 최후의 만찬

14 : 26~42 겟세마네 동산에서

b. 십자가의 고난(14 : 43－15 : 47)

14 : 43~72 체포와 심문, 베드로의 부인

15 : 1~20 빌라도의 재판

15 : 21~47 십자가에 달리심과 장사지냄

⑦ 예수의 사후(16 : 1－8, 9－20)

a. 빈 무덤의 세 여인(16 : 1－8)

b. 마가복음의 긴 마침(16 : 9－20)

## 2. 마가복음의 구조

처음으로 복음서를 기록한 마가가 그의 복음서를 어떤 방식으로 썼는가에 대하여 많은 학자들은 여러 가지 모양으로 설명하고자 한다.[1] 양식비평 학자들은 마가가 구전과 단편적 전승들을 어떤 뚜렷한 원리 없이 필요

1. 요약된 설명은 거쓰리, 「신약개론」, p. 72 이하 참조.

에 따라 짜맞춤으로써 확실한 뼈대를 찾아보기 어렵다고 주장했다. 그러나 마가복음 전체를 주의 깊게 관찰할 때, 각 부분들이 느슨하거나 유연성이 부족하게 연결되는 경우도 있지만 그 전체는 하나의 분명한 방향으로 진행되고 있음을 볼 수 있다.

그 구조를 간략히 정리해 보면 1 : 1~13에 서두가 나오고, 1 : 14~5 : 43에서는 갈릴리 바다를 중심한 지역에서의 활동을 묘사하고, 6 : 1~8 : 26에서는 갈릴리 주변지역에서의 활동이 기록되어 있다. 그리고 8 : 27~10 : 52에서는 수난의 예고 및 예루살렘으로의 여행이 나오고, 9 : 1~16 : 8 (20)에는 수난과 부활의 과정이 기록되어 있다. 이것을 다시금 크게 두 부분으로 나눌 수 있는데, 전반부(1–8장)의 갈릴리 활동과 후반부(9–16장)의 수난설화로 이루어진다. 전반부의 갈릴리 활동을 통하여는 이적설화를 중심으로 예수의 하나님 아들되심을 증거하는 데 관심을 기울이며, 후반부의 수난설화를 통하여는 고난당하시는 하나님의 아들로서의 예수를 증거하고자 한다.

이 두 부분을 나누는 전환점으로서의 역할을 하는 것이 8 : 27~29에 나오는 베드로의 신앙고백이다. 갈릴리의 활동을 마무리 짓기 위하여 갈릴리 지방을 떠나 가이사랴 빌립보로 가는 길에 예수께서는 제자들에게 "너희는 나를 누구라 하느냐?" 하고 물어 보셨다. 제자들은 오랫동안 예수와 함께 다니며 기적을 행하심을 보고 그의 교훈을 들으면서도 깨닫지 못하였으나 베드로가 "당신은 그리스도이십니다." 하고 고백함으로 갈릴리의 활동은 종결을 짓게 된 것이다. 그 때로부터 예수께서는 제자들에게 자신이 당할 고난을 명백히 말씀하심으로 예루살렘을 향하여 수난의 길을 가게 되었다.

전반부와 후반부를 자세히 살펴보면, 그 내용을 서술함에 있어 상당한 차이가 있음을 느낄 수 있다. 전반부의 갈릴리 활동에 대하여는 매우 함축적이며 단편적인 내용들로 되어 있음을 볼 수 있다. 이러한 내용들을 연결시키기 위하여 '그리고'(*κάι*), '다시'(*πάλιν*), '거기서'(*ἐκεῖθεν*), '그 날에'(*ἐν ἐκείναις ταῖς ἡμέραις*), '(거기에서) 나와'(*ἐζελθών*) 등을 자주 사용하는데, 그러한 접속어들은 때와 장소를 명확히 밝히지 않고 서술을 연속적으로 진행시키게 한다. 반면에 후반부의 수난에 관한 과정은 상당히 세밀하게 서술되고 있으며, 그 내용이 일관적으로 전개되고 있다. 이러한 점에서 마가복음은 본래 수난설화를 중심으로 기록되었으며, 갈릴리 활동은 수난의 전 단계로 서술되었다고 이해된다. 갈릴리 활동과 수난과 부활의 과정으로 이루어진 마가복음의 구조는 마태복음과 누가복음에도 그대로 나타나고 있어 우리는 이것을 공관복음서의 기본구조(Synoptic framework)라고 부른다.

## 3. 신학적 특징

마가복음의 핵심적인 개념은 '복음'(유앙겔리온)이라는 말에서 찾아볼 수 있다. "하나님의 아들 예수 그리스도 복음의 시작이라."(1:1)는 서두에서 밝히는 것처럼 마가는 예수의 생애의 사건을 순서적으로 자세히 기록하려는 데 목적을 두고 있는 것이 아니라 복음을 증거하려는 데 관심을 두고 있다. 마가는 복음과 예수 그리스도를 일치시키는데, 그것은 복음의 내용이 곧 예수임을 나타내는 것이다. 즉 복음 가운데 예수는 현존하며 복음은 바로 예수 그리스도를 보여 주고 있다. 이런 관점에서 과거의 사실을 현재형으로 서술하는 마가의 '역사적 현재'의 문구들을 이해할 수 있다.[2)]

마가복음서는 본질적으로 예수의 공생애를 매우 간명하게 기술하고 있다. 다른 복음서들에 비하여 예수의 교훈의 내용을 훨씬 적게 담고 있는 반면에 마가복음은 예수의 활동에 관심을 기울이고 있다. 그런 점에서 복잡하고 다양한 신학적 문제들은 별로 나타나고 있지 않지만, 마가복음에는 몇 가지 중요한 신학적 특징들이 내포되어 있다.

### 1) 이방선교적 경향

여러 개의 아람어를 사용하고 있음에도 불구하고 마가복음은 마태복음과는 달리 유대 그리스도교적인 흔적이 거의 나타나지 않는다. 주후 60년

---

2. 마가의 '역사적 현재' 용법에 대하여 메릴 C. 테니, 「신약개설」, p. 161 참조.

대에는 이미 이방선교가 상당히 진척된 상황에서 이방 교회와 예루살렘을 중심으로 한 유대 그리스도인들 사이에는 심각한 갈등이 있었다. 즉 유대 그리스도인들은 이방의 그리스도인들에게도 율법과 유대 전통을 강요하려고 했던 것이다. 거기에다 초기 교회와 유대교 사이의 대립은 더이상 유대인들을 대상으로 복음을 전파하기에 어렵게 만들었다. 따라서 선교의 방향은 이방인들에게로 향할 수밖에 없었고, 이방선교는 점점 더 중요한 관심의 대상이 되었다. 이러한 시기에 처음으로 쓰여진 마가복음은 이방인의 개종에 대한 예수의 교훈을 적극적으로 기술하고 있다. 예로서 이방 지역에 사는 수로보니게 여인의 뛰어난 믿음으로 인하여 예수께서 그 여인의 딸을 구원한 사실을 기록하며(7：24-30), 악한 포도원 농부의 비유에서는 유대인들이 주인의 아들인 예수를 죽였으므로 다른 사람들인 이방인에게 복음이 주어질 것을 말하고 있다(12：9-11). 또 예수께서 "복음이 먼저 모든 민족에게 전파되어야 한다."(13：10)고 하신 말씀이나, 인자의 임함에 대하여 "그때 그는 천사들을 보내어 땅 끝에서 하늘 끝까지 사방에서 하나님이 택하신 사람들을 모을 것이며"(13：27), "온 세계 어디서든지 복음이 전파될 것이라."(14：9)고 기록함으로 이방인의 구원을 강조한다. 그리고 마가는 예수께서 십자가에 운명하실 때 이것을 보고 저가 하나님의 아들이라고 고백한 사람이 이방인인 백부장이었음을 밝히고 있다(15：39). 이러한 점에서 마가복음은 유대인 그리스도인과 더불어 이방인을 향하여 기록된 것이라고 볼 수 있다.[3]

### 2) 메시야 비밀(Messianic secret)

예수의 공생애에 있어 마가복음에 일관되게 나타나는 하나의 특징은 모든 사람에게 예수의 메시야(혹은 하나님의 아들)되심이 가려져 있다는 것이다. 예수 자신이 그것을 드러내지 못하게 하였으며, 베드로의 신앙고백 이후에도 제자들은 명백하게 그 의미를 깨닫지 못한다. 마태복음과 누가복음에도 이러한 개념이 나타나기는 하지만 시종일관하게 철저히 지켜지지는 않는다.

---

3. 마가복음의 독자에 대한 논의는 거쓰리, 전게서, p. 64 이하 참조.

마가복음에 나타나는 이러한 특별한 개념을 독일의 신약 학자 브레데(Wrede)는 메시야 비밀(Messiasgeheimnis)이라고 지칭했다. 이 비밀의 동기는 세 가지 형식으로 나타나는데, 첫째는 침묵의 명령이다. 귀신들에게(1:34, 3:12), 제자들에게(8:30, 9:9), 그리고 병고침을 받은 자들에게 한 명령(5:43, 7:36) 등이 그것이다. 둘째는 제자들이 예수에 대하여 깨닫지 못함을 강조한 것이다(4:40−41, 6:52, 8:16 이하, 9:10, 32). 셋째는 비유를 사용한 이유로, 보통 사람들에게는 비밀을 깨닫지 못하게 하고, 오직 제자들에게만 알게 하기 위하여 비유로 말씀하신다는 것이다(4:10−12, 4:33−34). 이러한 메시야 비밀의 개념에 대하여 여러 가지 해석들이 제시되어 왔다.[4] 그것을 간략히 정리해 보면, 먼저 브레데의 설명을 들 수 있다. 브레데는 부활 이후의 초기 교회가 가진 메시야 신앙과 예수의 공생애 동안에 이해되지 못했던 비메시야성과의 차이를 연결시키기 위하여 마가가 메시야 비밀이라는 개념을 구성하였다고 한다. 이에 대해서 큄멜(Kümmel)은 이방인에게 유대인들의 불신앙의 이유와 그들에게 주어진 은총을 설명하기 위함이라고 말한다. 한편 보다 실제적인 배경을 고려하고자 하는 사람들은 공생애 동안에 예수께서 자신을 메시야로 나타낼 경우 유대인들이 그를 정치적 메시야로 오해할 것을 방지하기 위함이었다고 말하기도 한다. 여기에서 분명한 것은 메시야 비밀의 개념이 부활 후의 그리스도에 대한 신앙과 공생애 동안에 예수 안에 감추어졌던 메시야성이 일치함을 나타내기 위하여 사용되었다는 것이다.

### 3) 갈릴리 중심

마가복음에 의하면 예수의 공생애의 활동 중심은 갈릴리 지방으로 제한되어 있다. 6:1~9:50에 나오는 두로, 시돈, 가이사랴 빌립보까지도 갈릴리의 주변지역으로 취급된다. 10:1에서야 비로소 예루살렘으로의 여행이 시작되는데, 과연 예수께서 공생애 동안에 단 한번만 예루살렘에 가셨는가 하는 것은 중대한 문제이다(특별히 요한복음과 비교할 때). 몇몇 학자

---

4. 자세한 내용은 R. H. 풀러, 「현대신약학의 주류」, 황성규 역, 한국신학연구소(1977), p. 107 이하 참조.

들은 마태복음 23 : 37, 누가복음 13 : 4, 34 외에 마가복음에도 여러 곳에 예수께서 이미 예루살렘에 가셨던 흔적이 암시된다고 주장한다.[5] 이러한 사실로 예수의 활동 영역이 갈릴리에 국한된 것은 마가의 특별한 관심에 의한 것임을 느끼게 한다. 예수는 갈릴리 출신으로 그 곳에서 선교활동을 시작했고, 거기서 제자들을 불렀으며 많은 무리가 그를 따랐다. 그 곳에서 예수는 자신의 수난을 예고했고 부활 후에 다시금 갈릴리로 돌아올 것을 약속하였다(14 : 28). 또한 갈릴리는 예수의 종말론적 계시의 장소였던 것과 마찬가지로 그 곳은 또한 이방선교의 출발점이었다. 이에 반하여 예루살렘은 예수의 처형 장소요, 그를 대적하는 근거지였다. 예루살렘의 유대인들이 예수를 영접치 않는 불신앙을 보여 준 것과 대조적으로 갈릴리의 사람들은 예수를 환영하므로 복음이 그들에게 선포되었고, 나아가서 그 곳으로부터 이방선교의 문이 열리게 되었음을 마가는 강조한다.[6]

예루살렘과 갈릴리를 양분하여 선교의 중심을 갈릴리에 두는 마가의 사상은 누가복음과 사도행전에 나타나는 예루살렘 중심의 사상과 매우 대조를 이룬다. 마가의 이러한 갈릴리 중심의 사상은 초기 그리스도교에서 중요한 역할을 하였던 갈릴리 교회의 전승과 밀접한 관계가 있다고 여겨진다.[7] 마가복음의 편집비평 학자인 막센(W. Marxen)은 마가복음이 갈릴리에서 쓰여졌다고 주장했으나, 여러 가지 다른 증거들로 보아서는 마가가 갈릴리 교회에 속하였다고 생각하기는 어렵다. 이 점에 대하여는 다음에 저자와 저작 장소를 다루면서 좀 더 살펴보고자 한다.

## 4. 저자 및 저작 장소와 시기

### 1) 저 자

마가복음 자체 내에서는 그 복음서를 쓴 사람이 누구인지 밝혀 주지 않

---

5. 김철손, 박창환, 안병무 공저, 「신약성서개론」, 대한기독교서회(1972), p. 45
6. 큄멜, 「신약정경개론」, p. 91.
7. 갈릴리 교회에 대해서는 전경연, 「원시기독교와 바울」, 대한기독교출판사(1982), p. 25 이하 참조.

고 있다. 마가가 이 복음서의 저자임을 지시하는 가장 오래된 증거는 히에라폴리스의 감독이었던 파피아스(Papias)의 전승에서 찾아볼 수 있다.[8] 그가 전하는 바에 의하면 마가는 베드로의 통역자로서 베드로가 말한 주님의 교훈과 활동을 비록 순서대로는 아니지만 기억을 따라 충실하게 기록하였다는 것이다. 파피아스가 말하는 마가는 사도행전에서 여러 번 언급되고 있는 요한 마가라고 생각된다(행 12 : 12, 13 : 5, 15 : 39). 그의 어머니는 예루살렘의 제자들에게 집회 장소로 그의 다락방을 제공하였던 마리아였으며, 마가는 바울의 처음 동역자였던 바나바와는 조카와 삼촌관계였다. 바나바와 바울이 헌금을 전달한 후 예루살렘에서 안디옥으로 갈 때 그를 데리고 갔다(행 12 : 25). 그리고 그들은 첫 번째 전도여행에 마가를 데리고 갔다(행 13 : 5). 그런데 마가는 중도에서 돌아왔고 다시 2차 전도여행에 바나바가 그를 데리고 가려고 했으나 바울이 거부하여 그들은 갈라져서 바나바는 마가를 데리고 구브로로 갔다(행 15 : 37 이하). 그러나 후에 마가는 다시 바울의 선교 동역자로서 인정을 받게 된다(몬 1 : 24, 골 4 : 10). 디모데 후서 4 : 11에 의하면 디모데가 마가를 로마에 데려간 것으로 나타나며, 베드로 전서 5 : 13로 보아 마가가 로마에 체류하였다고 해석된다. '바벨론'(로마로 해석됨)에 있는 교회에서 편지를 보내며 베드로가 '내 아들 마가'라고 말한 것으로 보아 마가는 로마에서 베드로와 밀접한 관계를 맺고 있었다고 여겨진다. 다른 한편 바울과의 긴밀한 교류의 결과 마가복음에는 이방선교에 대한 적극적인 관심과 함께 바울사상의 영향이 발견된다.[9]

어떤 학자들은 마가복음에 나타나는 팔레스타인 지방에 대한 지리적 오류와 친이방적이며 유대인에 대한 강한 비판의 태도를 들어 예루살렘 출신인 마가를 이 복음서의 저자로 인정하려 하지 않는다. 그러나 마가가 그 저자임을 지지하는 증거들이 훨씬 더 강한 점에서, 초기 교회의 전승

---

8. 유세비우스, 「교회사」 Ⅲ. 39.15에 파피아스의 전승이 기록되어 있으며 파피아스 단편집의 우리말 번역을 이형의 편역, 「초대교회의 신앙문서」, p. 287 이하에서 참조할 수 있음.
9. 예로서 마가복음 10 : 45에서 예수의 죽음을 '대속의 죽음'으로 나타낸 것은 바울의 사상과 매우 밀접하다고 생각된다.

을 받아들여 대다수의 학자들은 마가라 하는 요한이 마가복음의 저자임을 인정한다.

### 2) 저작 장소와 시기

파피아스가 마가복음이 기록된 장소로 로마를 지시하는 것은 다만 간접적인 암시에 의한 것뿐이다. 그러나 초대교회의 교부들인 알렉산드리아의 클레멘트와 이레니우스는 마가복음이 로마에서 기록되었다고 분명하게 말한다. 오늘날 많은 학자들이 이 전승을 지지하며, 거기에 대한 근거로 마가복음에 나타나는 많은 로마적 용어들을 제시한다. 예로서 레기온(군대), 데나리온, 렙돈, 고드란트(화폐단위), 켄튀리온(백부장), 브라이도리온 등이 그것이다. 그리고 여자의 이혼권을 인정한 것(10：12)은 유대적이 아니라 로마의 법률에 따른 것이다. 그러나 이러한 이유들만으로 이 복음서가 로마에서 쓰여졌다고 보기는 어렵다는 학자들의 지적이 있다. 왜냐하면 로마제국의 지배 아래 있는 지역에서는 어디에서나 로마말과 법률적 관습이 통용될 수 있었기 때문이다. 따라서 마가복음에 나타나는 아람어적 요소와 갈릴리 중심적 성격으로 보아 갈릴리에서 또는 시리아 지방에서 기록되었을 것으로 보는 견해도 있다.[10] 그러나 여전히 로마가 그 기록 장소로 가장 유력하게 여겨지고 있다.

마가가 그의 복음서를 쓴 시기를 결정하는 것은 어려운 일이다. 어떤 학자들은 주후 60년 이전으로 보며 심지어는 40년까지 그 시기를 올려 잡기도 하나 그것은 거의 생각하기 어려운 시기이다. 왜냐하면 복음서가 쓰여지기까지는 적어도 한 세대의 구전적 시기가 있었다고 보기 때문이다. 마가복음 13장의 내용으로 보아 유대전쟁(66—70년)이 임박했던 시기를 나타낸다고 할 수 있다. 따라서 유대전쟁 이전인 64년에서 예루살렘 함락(70년) 이전인 69년 사이에 이 복음서가 기록되었다는 것이 많은 학자들의 견해이다. 마가복음 13장이 유대전쟁 이후의 견해를 반영하는 것이라고 말하는 사람도 있지만 그것은 크게 신빙성이 있는 주장이라고 할 수 없다.

---

10. 큄멜, 전게서, p. 101 각주 63.

## 5. 끝 구절에 대한 본문비평상의 문제

마가복음의 끝부분은 현재 남아 있는 사본들에서 세 가지 형태의 본문으로 나타난다. 그 중 가장 권위 있고 오래된 사본들인 시내 산 사본과 바티칸 사본 등에는 16 : 8로 끝나고 있으며, 그 외 많은 사본들에는 16 : 9~20의 본문이 추가되어 있다. 이 부분이 한글 개역 성경에는 큰 괄호 안에 첨부되어 나타난다. 여기에 해당되는 본문을 마가복음의 '긴 마침' 이라고 하는데, 어떤 사본에서는 16 : 9, 10만을 기록한 것이 있어 그것을 '짧은 마침' 이라고 부른다.

많은 연구자들은 본문상의 전후 문맥과 사본상의 근거를 들어 마가복음은 원래 16 : 8에서 끝나 있었고 16 : 9~22은 후에 추가된 것이라고 결정짓고 있다. 그리고 그 외의 짧은 마침 역시 본문비평상 인정키 어렵다고 본다. 16 : 8에서 끝났다고 보는 중요한 이유로는 첫째, 외적인 사본상의 증거를 들 수 있다. 가장 권위 있는 사본인 B 사본과 ℵ 사본뿐 아니라 고대 라틴어 아프리가 역본과 시리아 역본 및 다른 고대 사본들에서 16 : 9~20이 빠져 있을 뿐만 아니라 알렉산드리아의 클레멘트와 오리겐과 같은 고대 교회의 교부들도 이 부분을 알지 못하였다. 둘째, 내적인 증거로는 6 : 8까지의 문체와 9절 이하의 문체가 차이가 난다는 것이 지적되고 있으며, 8절에서는 부활하신 예수의 시체를 보지 못하므로 여인들이 놀라며 두려워하는 것으로 나타나는데 9절 이하에서는 부활하신 예수께서 막달라 마리아에게 나타나시며 다른 사람들과도 만난 것이 기록되어 있다. 16 : 9 이하의 부활 후의 사건은 대체로 요한복음과 누가복음 및 마태복음의 내용을 참조하여 종합한 것으로 느껴진다.[11]

마가복음이 16 : 8에서 끝났다고 하는 주장에 대하여 그 본문이 접속사 '왜냐하면' (γάρ)이라는 말로 끝맺고 있어 그것이 본래의 마가복음의 결말이 되기 어렵다는 이의가 제기된다. 그러나 최근에 고대의 희랍 문헌 중에 그 문장이 접속사로 끝나는 경우가 발견되어 문학적으로는 충분히 그 가능성이 입증되었다고 할 수 있다. 아무튼 마가복음이 본래 16 : 8로 끝

---

11. 거쓰리, 전게서, p. 87 각주 92.

났든지, 혹은 그 마지막 부분이 우연한 기회에 상실되었든지, 또는 마가가 어떤 이유로 끝맺음을 맺지 못했든지 간에 현재의 끝부분은 후에 첨가되었다는 것이 일반적으로 이해되는 사실이다. 그러나 16：9~20의 본문이 이미 이레니우스 시대(2세기 말)에 마가복음의 일부분으로 인정되고 있었으며, 경전화 시기에 그 끝부분을 포함한 마가복음 전체가 정경으로 받아들여지게 되었으므로 오늘날 마가복음의 긴 끝 구절을 그 복음을 완전케 하는 본문으로 받아들이는 것은 타당하다고 여겨진다.

# 제 4 장

# 마 태 복 음

## 1. 주제 및 내용 개요

1) **주제** : 예수는 예언된 메시야이시며, 그의 교회는 새 이스라엘이고, 그의 교훈은 새 율법이다.

2) **내용 개요**

① 서설(1 : 1－4 : 11)

a. 전사(前史, 1 : 1－2 : 23)－예수의 탄생, 계보, 유년 시절

b. 수세와 시험(3 : 1－4 : 11)

3 : 1～17　세례 요한의 전도와 예수께서 세례받으심

4 : 1～11　시험받으심

② 갈릴리에서의 활동(4 : 12－13 : 58)

a. 선교의 시작과 제자 소명(4 : 12－25)

b. 제 1 강화－산상수훈(5－7장)

c. 병고침과 가르치심(8 : 1－9 : 38)

8 : 1~17 문둥병자, 백부장의 하인, 베드로의 장모와 다른 사람들을 고치심
8 : 18~27 주를 따름에 대한 교훈과 풍랑을 잠잠케 하심
8 : 28~9 : 8 귀신들린 자와 중풍병자를 고치심
9 : 9~17 마태를 부르심과 금식에 대한 교훈
9 : 18~34 여러 병자들을 고치심
9 : 35~38 복음전파의 필요성

d. 제 2 강화—제자파송과 그에 대한 주의(10장)

e. 불신앙과 적대자들의 출현(11—12장)

11 : 1~30 세례 요한의 질문과 예수의 사명
12 : 1~50 예수께 대한 바리새인의 비판과 참된 주의 가족에 대하여

f. 제 3 강화—하늘나라의 비유(13장)

13 : 1 ~9 씨뿌리는 자와 밭
13 : 10~15 비유로 말씀하시는 이유
13 : 16, 17 제자들의 복
13 : 18~23 첫 번째 비유의 해석
13 : 24~30 가라지 비유
13 : 31~33 겨자씨와 누룩
13 : 34, 35 비유 사용에 대한 구약적 근거
13 : 36~43 가라지 비유에 대한 해석
13 : 44~51 감추인 보화, 값진 진주와 물고기 낚는 그물
13 : 52 천국의 제자된 서기관

③ 전도여행(13 : 53—16 : 28)—유랑(exile)의 기간

a. 나사렛에서 배척받으심(13 : 53—58)

b. 예수와 헤롯, 세례 요한의 죽음(14 : 1—12)

c. 이적 행하심과 병고침과 교훈(14 : 13—16 : 28)

14 : 13~36 오천 명을 먹이심, 물 위를 걸으심과 게네사렛에서의 치유
15 : 1~20 장로들의 유전

15 : 21~39 또 다른 이적들
16 : 1~4 바리새인들이 표적을 요구함
16 : 5~12 누룩에 대한 교훈
16 : 13~28 베드로의 신앙고백과 수난에 대한 예고

④ 메시야되심(17-20장)

a. 변화산 사건(17장)
17 : 1~21 변형과 간질병 걸린 소년을 고치심
17 : 22~27 수난에 대한 두 번째 예고와 성전세에 대한 논의

b. 제 4 강화-제자직에 대하여(18장)
18 : 1~10 어린아이에 대한 교훈
18 : 11~35 잃은 양 비유, 교회내의 불의한 자에 대한 교훈, 용서에 대한 교훈

c. 예루살렘으로 가는 길에서의 사건들과 교훈(19-20장)
19 : 1~15 이혼에 대한 교훈과 어린아이를 축복하심
19 : 16~30 부자 청년의 이야기와 예수를 따름에 대한 보상
20 : 1~16 포도원 일꾼의 비유
20 : 17~28 세 번째 수난예고와 세베대의 아들들의 청원
20 : 29~34 여리고의 두 소경을 고치심

⑤ 예루살렘에서의 마지막 주간(21 : 1-26 : 16)

a. 메시야적 활동과 교훈(21-22장)
21 : 1~17 예루살렘 입성과 성전을 깨끗케 하심
21 : 18~22 : 46 무화과나무에 대한 저주와 성전에서의 논쟁

b. 서기관과 바리새인들에 대한 꾸짖음(23장)
23 : 1~36 바리새인들에 대한 재앙선포
23 : 37~39 예루살렘에 대한 애곡

c. 제 5 강화-종말에 대한 교훈(24-25장)

⑥ 수난(26-27장)

a. 죽음의 준비(26 : 1-46)
26 : 1~19 수난의 예비

26 : 20~29 배반의 예고와 최후의 만찬

26 : 30~46 제자들의 부인에 대한 예고와 겟세마네 동산에서

b. 십자가의 고난

26 : 47~27 : 56 체포, 심문과 십자가에 못박히심

27 : 57~66 장사지냄

⑦ 후사(後史, 28장)

a. 부활 보도(28 : 1－15)

b. 세계선교의 위임(28 : 16－20)

## 2. 마태복음의 구조

전체적인 내용을 볼 때에 마태복음에는 마가복음에 없는 많은 부분들이 나타나고 있음을 볼 수 있다. 그러나 그 구조를 주의 깊게 살펴보면, 예수의 공생애의 과정을 갈릴리에서의 활동과 예루살렘에서의 수난으로 나누고 있음은 마가복음과 동일하다는 것을 쉽게 발견케 된다. 다만 공생애 이전의 전사(前史) 부분으로 예수의 족보와 탄생, 유아기의 사건을 첨부하며, 부활 후의 사건을 후사(後史)로 추가함으로 마가복음의 구조를 확대시키고 있다.

그러나 마가복음에 비하여 마태복음의 구조를 독특하게 만드는 것은 예수의 설교로 이루어진 다섯 개의 강화(講話)를 포함시키고 있다는 점이다. 그것들을 정리해 보면 5~7장의 산상수훈, 10장의 선교시의 제자들에 대한 교훈, 13장의 하늘나라 비유, 18장의 제자직에 대한 교훈, 24~25장의 종말에 대한 교훈이다. 이 다섯 개의 강화는 모두 "예수께서 이 말씀을 마치시매…"라는 공통적인 문구로 끝나고 있는데(7 : 28, 11 : 1, 13 : 53, 19 : 1, 26 : 1),[1] 이것은 마태가 의도적으로 이 다섯 개의 설교모음을 그의 복음서의 기본구조에 사용하기 위하여 조직한 것임을 보여 주는 것이라고 할 수 있다. 이 다섯 개의 강화들은 본래 한꺼번에 설교되어진 것이라기

1. 김득중, 「신약성서개론」, p. 81.

보다는 여러 개의 설교들을 유사하거나 관련된 성격을 가지는 것들끼리 하나로 묶어 놓은 것이라고 봄이 타당할 것이다. 예로서 13장의 비유들은 유사한 의미를 가지는 하늘나라에 대한 비유들을 연속적으로 모아 놓은 비유의 집성임을 알 수 있다.

이러한 다섯 개의 강화를 모세의 율법의 오경적 구조와 비유하여 설명하려는 견해도 있으나 그것은 추측을 토대로 한 시도이지 확실한 밑받침이 될 수 있는 증거는 없다.[2] 분명한 것은 마태가 마가복음에 나타나지 않는 교훈의 말씀들을 다섯 개의 강화로 묶어 그의 복음서를 확대하였다는 점이다. 마태는 이 강화들을 사용할 때에 매우 세심한 주의를 기울여서 서술 부분과 교차하여 기록하고 있다. 즉 1~4장에서 메시야의 출현에 대해 서술하고 그 다음에 산상수훈을 첨부하며, 8~9장에 다시금 열 개의 이적들에 대한 내용을 기록한 다음에 제자들의 선교활동에 대한 교훈이 나온다. 11~12장에 유대인들의 배척에 대한 설명이 나오고, 13장에서 천국 비유들이 제시된다. 14~17장에는 예수께 대한 신앙고백을 중심으로 한 사건들이 기록되어 있고, 18장에서 그리스도인 공동체에 대한 일련의 교훈들이 나온다. 다시 19~22장은 예루살렘에 이르는 사이에 되어진 일들이 기록되고, 23~25장에 걸쳐서는 종말에 대한 교훈이 나오며, 마지막 26~28장에서 수난과 부활사화로 종결된다.

이상과 같은 구조로 마태복음은 마가복음과는 매우 다른 성격의 복음서로 느껴지게 된다. 마가는 예수의 활동에 중심을 두고 기록했다면, 마태는 예수의 교훈에 보다 더 큰 관심을 가지고 그의 복음서를 기록했다고 할 수 있다.

## 3. 주요 특징들

### 1) 유대적 경향

마태복음에는 다른 복음서들에 비하여 다양한 유대적 요소들이 드러나고 있어 일반적으로 유대인을 위한 복음서라고 불린다. 그것을 구분해 살

2. 거쓰리, 「신약개론」, p. 38.

펴보면 다음과 같이 말할 수 있다.

① 빈번한 구약성경의 인용 : 100회 이상 구약의 구절들을 직접 혹은 간접적으로 인용하고 있는 마태복음은 특별히 예수의 생애에 나타나는 사건들이 구약의 예언의 성취임을 강조한다. "이에 선지자로 말씀하신 바가 이루어졌느니라." 또는 "이 모든 일의 된 것은 주께서 선지자로 하신 말씀을 이루려 하심이라."는 문구를 반복적으로 사용함으로(1 : 22, 2 : 15. 17, 23, 4 : 14, 8 : 17, 12 : 17, 13 : 35, 21 : 4, 27 : 9 등) 예수께서 유대인이 대망하는 자 곧 하나님께서 보내기로 약속하신 메시야임을 증거하고자 한다. 다른 복음서들에서도 예수에 대한 증빙구로서 구약성경을 인용하고 있지만 마태복음에서 더욱 많은 구약의 구절들을 인용함은 유대인들을 향한 호소력을 더욱 강화시키기 위함이라고 생각된다.

② 유대 전통에 대한 긍정적 태도 : 초기 교회와 유대주의 사이의 갈등이 현저하였던 데 반해 마태복음에는 유대적 전통이 독특한 모습으로 수용되고 있다. "율법의 일점 일획이라도 반드시 없어지지 아니하고 다 이루리라"(5 : 18). 서기관들과 바리새인들은 모세의 자리에 앉아 있으며 그들의 말하는 바를 지켜야 한다(23 : 2 이하). 예수께서는 계명을 수행하라고 말씀하시며(19 : 17 이하, 23 : 23), 성전세를 납부하신다(17 : 24 이하). 그리고 제자들은 유대의 전통을 따라 금식하고 안식일을 지키며 예물을 제단에 드린다(6 : 16 이하, 24 : 20). 예수의 계보는 랍비적 방식으로 아브라함으로부터 14대씩 나누어져 기록되고 있다. 또 한 가지 주목할 것은 신약성경의 다른 곳에서는 일반적으로 '하나님의 나라'(kingdom of God)라는 용어가 사용되는 데 비해 마태복음에서는 '하늘나라'(kingdom of Heaven)라는 말이 주로 사용된다. 그 이유는 경건한 유대인들이 '하나님'이라는 칭호를 사용하는 것을 피하기 위하여 '하늘'이라는 말을 대신 쓰던 관습을 따른 것이라고 생각된다. '하늘 아버지'(5 : 45, 48 등)라는 용어도 같은 이유에서 나온 말이며, '아브라함의 자손', '다윗의 자손', '오실 이', '임마누엘' 등도 유대적인 명칭이다. 보다 유대적인 성격을 뚜렷이 드러내는 것으로는 "이방인의 길로도 가지 말고 사마리아인의 고을에도 들어가지 말고 차라리 이스라엘 집의 잃어버린 양에게로 가라."(10 : 5, 6, 15 : 24)고 하신 예수 님의 말씀에서 볼 수 있다. 이 말씀들은 이스라엘의 선민의식을 강하게

드러내는 것이다.

그러나 마태는 유대의 전통을 있는 그대로 받아들인 것은 아니다. 새로운 관점에서 재해석하여 유대주의를 극복한 것이다. 즉, 예수 그리스도 안에서 율법과 유대 전통이 온전하여진다는 의미이다. 예수께서는 율법을 폐하러 오신 것이 아니라 완전케 하러 오신 분이기 때문이다(5 : 17). 그러므로 그리스도인은 서기관과 바리새인보다 더 의로워야 하며(5 : 20), 그 착한 행실로 하늘에 계신 아버지께 영광을 돌려야 한다(5 : 16). 따라서 마태는 예수님의 교훈을 '새 율법'이라는 관점에서 이해한다. 특히 그러한 개념이 산상수훈에서 뚜렷이 보여진다.[3] 산 위에 올라가신 예수께서 제자들에게 말씀을 주심은 모세가 시내 산에서 계명을 받았음을 암시하는 것이라 이해된다. 산상수훈이 율법적 성격을 띠고 있음을 뚜렷이 보여 주는 것은 그 결말 부분에서 나타난다. 즉, 그 말씀을 듣고 지키지 않는 자는 모래 위에 지은 집이 홍수가 나면 크게 무너짐과 같이 심판 때에 멸망당할 것이요, 그 말씀을 듣고 지키는 자는 반석 위에 지은 집이 바람이 불고 홍수가 나도 무너지지 않음과 같이 어떤 환난과 시련 가운데서도 구원받을 것을 선포하고 있다. 이는 행위가 수반된 믿음으로 구원받는다고 하는 히브리적 의(義) 개념을 반영하는 것이라고 할 수 있다. 그러나 산상수훈의 의는 율법적 의가 아니라 사랑으로 이루어지는 의이다. 사랑을 실천함으로써 하나님께서 온전하심 같이 온전해지는 의인 것이다(5 : 48).

### 2) 이방인에 대한 개방성

마태는 유대적 관점에서 예수 그리스도를 증거하며, 이스라엘에 그의 관심을 집중하고 있다. 그러나 그가 생각하는 이스라엘은 종래의 이스라엘이 아니라 예수의 말씀에 의하여 새롭게 형성된 '새 이스라엘'이다. 이 새로운 이스라엘은 유대인뿐만 아니라 예수를 그리스도로 영접하는 모든 이방인들에 의하여 이루어지는 것이다.

따라서 마태는 유대인의 이방인에 대한 제한된 태도와는 달리 그리스도

---

3. 산상수훈에 대한 '새 율법적 해석'은 김철손 외, 「신약성서개론」, p. 60 참조.

의 복음과 하나님의 구원을 이방인들에게 완전히 개방하고 있다. 예수께서 탄생하셨을 때 찾아와 경배한 사람들은 멀리 이방에서 온 동방박사들이었으며, 아기 예수께서 헤롯의 위험에 처하여 피신한 곳 역시 이방인의 땅 애굽이었다(2 : 1 이하). 더욱이 가버나움의 백부장에 대한 부분에서 "이스라엘 중 아무에게서도 이만한 믿음을 만나 보지 못하였노라."(8 : 10)는 예수님의 칭찬의 말씀에 덧붙여 마태는 "마지막 때에 동서 사방에서 수많은 사람들이 와서 아브라함과 이삭과 야곱과 함께 잔치에 참여할 때에 나라의 본 자손들은 바깥 어두운 데 쫓겨나 거기서 울며 이를 갈리라."고 하여 유대인의 불신앙과는 대조적으로 이방인들이 믿음으로 구원받을 것을 강조하고 있다. 역시 21장의 포도원 비유에서도 예수를 배척한 유대인과 그리스도를 받아들이는 이방인을 대비하여 하나님의 나라가 새로운 이스라엘인 이방의 그리스도인들에게 주어졌음을 지적하고 있다. 이는 불신앙의 유대인들에 대한 경고인 동시에 이방인에 대한 선교가 하나님의 뜻임을 증거하고자 하는 것이다. 이방인을 지향한 이러한 특징은 마태복음의 마지막에 기록된 예수님의 선교명령에서 뚜렷이 드러난다. "하늘과 땅의 모든 권세를 내게 주셨으니 그러므로 너희는 가서 모든 족속으로 제자를 삼아 아버지와 아들과 성령의 이름으로 세례를 주라"(28 : 18, 19). 이러한 점에서 마태복음이 기록된 중요한 목적 중의 하나는 유대 그리스도인들로 하여금 이방선교의 당위성과 그에 대한 사명을 깨닫게 하는 것이었음을 알 수 있다.

### 3) 교회에 대한 관심

마태복음의 중요한 관심이 예수의 교훈에 주어지고 있다는 것을 이미 앞에서 살펴보았거니와, 그 교훈은 그리스도인의 신앙공동체인 교회의 삶을 위하여 주어지는 것으로 마태는 기록한다. 먼저 주목할 것은 '교회'(에클레시아)라는 단어가 복음서들 중 오직 마태복음에만 두 번(16 : 18, 18 : 17) 나타나고 있다는 사실이다. 여기에서 마태는 예수님의 말씀을 과거에 주어진 말씀이 아니라 현재 교회 가운데서 신앙생활을 하는 그리스도인들에게 주시는 살아 있는 말씀으로 기록하고자 하는 것이다.

16 : 18의 말씀은 베드로의 신앙고백에 대하여 "내가 이 반석 위에 내

교회를 세우리니 음부의 권세가 이기지 못하리라."는 주의 약속을 덧붙인 것이다. 마태는 베드로와 같이 예수를 그리스도로 고백하는 신앙이 교회의 터가 되며, 그러한 터 위에 세워진 교회는 어떠한 시련이나 박해에도 결코 쓰러지지 않을 것을 모든 그리스도인들에게 확신시키기 위하여 이 말씀을 기록한 것이다.

18 : 17은 실제적인 교회생활에 대한 교훈 가운데 기록된 말씀이다. 신앙공동체에 속한 사람 중 하나가 범죄했을 경우 어떻게 대할 것인가를 지시하는 중에 먼저는 개인적으로 찾아가 권면하고 듣지 않으면 두세 사람의 증인을 데리고 가서 잘못을 확인시키고 그래도 듣지 않으면 교회의 권위로 그를 치리하라는 내용이다. 이 본문은 초대교회의 삶을 구체적으로 보여 주는 매우 중요한 말씀이다. 마태는 그가 처한 교회의 상황 가운데서 주님이 주시는 말씀으로 이 본문을 기록한 것이다.

그러나 마태는 교회가 곧 구원이 현존(現存)하는 장소이거나 하나님의 나라와 일치한다고 보지는 않는다. 왜냐하면 교회 안에는 언제나 알곡과 가라지에 속한 자들이 함께 있기 때문이다(13 : 25-30). 교회는 마지막 구원을 향하여 나가는 종말적 공동체로 예수님의 말씀을 실현하는 장소이다.[4)]

### 4) 종말론적 관심

마가복음에 비하여 마태복음에 더 길게 확대된 내용 중의 하나가 종말에 대한 교훈 부분이다. 마가복음에서는 13장에 종말에 일어날 사건들을 지시하는 말씀이 기록되어 있는데, 마태복음은 24장에 마가복음 13장의 내용을 그대로 기록한 후에 25장에서는 종말에 관한 비유들을 덧붙이고 있다. 마가복음은 임박한 재림에 관심을 집중시키고 있는 데 대하여 마태복음은 지연되고 있는 재림으로 인하여 발생되는 문제에 관심을 기울인다.

마태복음 25장에 기록된 열 처녀의 비유와 달란트 비유의 공통된 특징은 신랑이나 주인이 더디 오거나 아주 오지 않는다고 생각할 때 갑자기

4. 상게서, p. 61.

온다는 것이다. 그 때에 준비된 자와 준비되지 않은 자의 차이를 강조한다. 이것은 그리스도인들에게 종말적 관심을 고취시키기 위한 마태의 목적을 명백히 보여 주는 실례라고 할 수 있다. 사실 마태복음에 기록되어 있는 예수의 교훈은 모두 종말론적 성격을 띠고 있으며, 특별히 13장의 천국 비유들은 마지막 때의 종말을 전제로 하지 않고서는 이해하기 어렵다.

## 4. 저자에 대한 문제

본서가 매우 일찍부터(주후 125년경) '마태에 의한 복음'으로 알려져 왔는데, 그에 대한 확실한 증거로는 주후 4세기에 유세비우스(Eusebius)가 쓴 그의 교회사 가운데에 남아 있는 파피아스(Papias)의 단편을 든다. 그 단편에 따르면 "마태는 그 말씀들을 히브리어로 편찬하였으며, 각 사람은 그가 할 수 있는 대로 그것들을 번역하였다."고 한다.[5] 오랫동안 이 전승이 아무런 이의 없이 받아들여져 왔으나 19세기 초 쉴라이에르마허 이후에야 파피아스가 말한 것이 현재의 마태복음을 가리킨 것인가 하는 질문이 제기되었다. 파피아스는 그것이 본래 히브리어(아람어라고 생각됨)로 기록되었다고 전하는데, 오늘날의 많은 학자들은 지금 우리가 가지고 있는 마태복음은 히브리어로부터 희랍어로 번역된 것이 아니라 처음부터 마가복음을 토대로 희랍어로 기록되었다고 여긴다. 유세비우스가 파피아스의 글을 인용하였을 때 그는 파피아스가 마태복음에 대하여 언급하고 있다고 생각했음이 명백하다. 그러나 현대의 여러 학자들은 파피아스의 글 가운데서 그 복음서 자체보다는 그 복음서와 관련된 하나의 자료에 대하여 밝히고자 노력한다.[6]

"마태는 히브리어로 그 말씀들을 편찬하였다."는 파피아스의 글에서 '말씀들'은 희랍어로 로기아(τὰ λογία)라는 단어로 쓰여졌다. 파피아스

---

5. 유세비우스, 「교회사」 Ⅲ. 39, 16 ; 이형의 편역, 「초대교회의 신앙문서」, p. 290 참조.
6. 마태복음의 기원에 대한 보다 자세한 설명은 N. B. 스토운하우스, 「공관복음서의 기원」, 한의신 역, 성광문화사(1982), p. 31 이하 참조.

의 진술을 정확히 파악하기 위해서는 로기아가 무엇을 의미하는지를 이해하는 것이 매우 중요하다.[7] 이 단어는 통상적으로 예언적인 말을 가리키며, 그러한 의미에서 신약성경에서는 주로 구약의 말씀들을 지칭하는 데 사용된다(롬 3 : 2, 히 5 : 12 등). 그러나 파피아스의 경우에는 단순히 예언적 말씀이나 구약의 인용구들을 가리킨다고 보기는 어렵다. 오히려 예수의 교훈을 모아 놓은 말씀의 집성(集成)이라고 보는 견해가 많으며, 더 나아가서는 마태복음과 누가복음의 공통자료로 사용되었다고 추정되는 Q 자료가 이에 해당한다고 생각하는 학자들도 있다. 이러한 견해는 상당한 관심을 끌기에 충분하나 그것을 지지할 만한 확실한 증거가 결여되어 여전히 하나의 추측으로 남아 있을 뿐이다.

파피아스의 전승이 마태복음의 저자를 직접적으로 증거하지 못한다는 점과 더불어 마태복음 자체에서도 그 저자에 대하여 아무런 지시를 하지 않는다는 점이 문제를 좀더 어렵게 만든다. 마태복음의 저자가 과연 열두 제자 중의 하나였던 세리 마태라고 할 경우 직접적인 목격자로서 예수의 생애와 교훈을 기록하는 데, 먼저 쓰여진 마가복음이나 다른 자료에 의존할 필요가 있었겠는가 하는 반문이 제기된다. 또한 예수의 생애를 기록함에 있어 그와 같이 의도적인 구조에 따라 사실적인 순서를 변경하며, 후기의 교회적 상황을 반영시키기도 한다는 것은 초기 사도의 글이라고 보기 어렵다. 게다가 처음부터 희랍어로 복음서를 기록한다는 것은 갈릴리 출신의 인물에게서 기대하기 어려운 일이다.

이 복음서의 저자를 마태로 보지 않는다면 그는 아마도 주후 1세기 말경에 살았던 익명의 유대계 그리스도인이었을 것이다. 그는 랍비적 전통에 익숙한 동시에 이방인 그리스도인들과도 긴밀한 관계를 가진 인물이었을 것이다.[8] 물론 그가 독자적인 입장에서 그 복음서를 썼다고 보여지지는 않으며, 초기 교회의 전승들과 함께 마태에게로 소급되는 전승을 기본적인 주요자료로 사용했다고 봄이 타당한 해석이라고 여겨진다.

---

7. 이에 대한 여러 가지 해석은 거쓰리, 「신약개론」, p. 41 이하 참조.
8. 큄멜, 「신약정경개론」, p. 124.

## 5. 저작 장소와 시기

마태복음이 기록된 장소에 대하여 밝혀 주는 외적인 증거는 전혀 알려진 바가 없다. 어떤 이들은 분명한 유대적 성격을 들어 팔레스타인에서 쓰여졌을 것이라고 주장하기도 하나, 그것이 희랍어로 기록된 점과 이방인을 매우 긍정적으로 평가하는 경향으로 보아 받아들이기 어려운 이론이다. 간혹 알렉산드리아로 추측하는 사람도 있지만 대부분의 학자들은 마태복음이 안디옥이나 더 넓게는 시리아 지방내의 어느 곳에서 쓰여졌을 것이라고 생각한다. 이 이론을 지지하는 중요한 증거로는 2세기 초의 안디옥의 감독이었던 이그나티우스(Ignatius)가 이미 마태복음을 알고 있었다는 사실을 들 수 있다. 더욱이 안디옥을 중심으로 한 시리아 지방에는 일찍부터 유대계 그리스도인들이 거주하였으며, 안디옥 교회가 초기 이방선교의 중심지였음은 잘 알려진 사실이다. 따라서 안디옥 지방이 마태복음이 쓰여질 수 있었던 가장 적합한 장소라고 충분히 생각할 수 있다.

마태복음이 기록된 시기를 정확히 밝히는 것도 결코 쉬운 일이 아니다. 마태가 먼저 쓰여진 마가복음을 참작하였음을 전제로 할 때, 그 시기는 주후 70년 이후임이 확실하다. 또한 마태복음의 내용 가운데는(예로서 22：6-7, 23：38) 예루살렘과 그 성전이 파괴된 사실을 암시하고 있는 것으로 여겨지는데, 그 사건은 유대전쟁기인 주후 70년에 발생하였다. 한편 교회내에서의 범죄한 사람에 대한 치리 문제(18：15-17)와 거짓 선지자들(7：15 이하)에 대한 언급은 1세기 말경의 교회의 상황을 반영하는 것으로 이해된다. 이상과 같은 내용들을 고려할 때 마태복음의 저작 연대는 일반적으로 주후 80년에서 100년 사이로 추정되며, 좀더 폭을 좁혀 85~90년경으로 추산하기도 한다.

# 제 5 장

# 누 가 복 음

## 1. 주제 및 내용 개요

1) **주제**: 가난한 자, 눌린 자, 잃어버린 자를 찾으러 오신 구주 예수 그리스도

2) **내용 개요**

① 서문(1:1-4)

② 전사(1:5-4:13)

a. 탄생과 소년기(1:5-2:52)

| | |
|---|---|
| 1:5~25 | 세례 요한의 탄생에 대한 예언 |
| 1:26~56 | 수태고지, 마리아가 엘리사벳을 방문함 |
| 1:57~80 | 세례 요한의 탄생 |
| 2:1~40 | 예수의 탄생과 할례받음 |
| 2:41~52 | 열두 살 때 예수께서 예루살렘에 가심 |

b. 세례 요한의 활동(3:1-20)

c. 예수의 수세, 계보, 시험받음(3:21-4:13)

| | |
|---|---|
| 3:21~22 | 예수의 세례받으심 |
| 3:23~38 | 예수의 계보 |
| 4:1~13 | 시험받으심 |

③ 갈릴리에서의 활동(4:14-9:50)

a. 나사렛과 가버나움 등지에서 제자를 부르심과 병고치심(4:14-6:16)

| | |
|---|---|
| 4:14~44 | 나사렛 선언과, 가버나움과 갈릴리 전도 |
| 5:1~11 | 어부를 부르심 |
| 5:12~6:11 | 바리새인과 율법사와의 논쟁(중풍병자 치유, 금식과 안식일에 대한 논쟁) |
| 6:12~16 | 열두 제자를 택하심 |

b. 평지의 설교(6:17-49)

c. 이적, 교훈, 비유들(7:1-9:17)

| | |
|---|---|
| 7:1~17 | 백부장의 하인을 고치시고 나인성 과부의 아들을 살리심 |
| 7:18~35 | 예수에 대한 세례 요한의 질문과 그에 대한 답변 |
| 7:36~50 | 예수께 기름부음 |
| 8:1~3 | 예수를 섬긴 여성 제자들 |
| 8:4~18 | 씨뿌리는 비유와 다른 교훈 |
| 8:19~21 | 예수님의 참 가족 |
| 8:22~56 | 일련의 기적들(폭풍을 잠잠케 하심, 거라사 광인 치유, 야이로의 딸을 살리심) |
| 9:1~17 | 제자파송과 오천 명을 먹이심 |

d. 고난의 선언-베드로의 신앙고백, 변화산 사건, 교훈들(9:18-50)

④ 예루살렘으로 가는 길에서(9:51-19:27)

a. 70인 제자훈련과 기도에 대한 교훈(9:51-11:13)

| | |
|---|---|
| 9:51~62 | 예수의 일행을 영접하지 않은 사마리아의 한 |

촌과 제자직에 대한 교훈

10 : 1~24　　70인의 선교
10 : 25~37　　선한 사마리아인의 비유
10 : 38~42　　마리아와 마르다
11 : 1~13　　기도에 대한 교훈

b. 예수와 바리새인들(11 : 14−54)

11 : 14~26　　바알세불 논쟁과 돌아온 더러운 귀신 비유
11 : 27~54　　요나의 표적과 바리새인과 율법사들에 대한 비난

c. 제자 및 백성들에 대한 교훈(12 : 1−13 : 35)

12 : 1~53　　제자들에게 주는 경고의 말씀
12 : 54~13 : 35 회개의 촉구

d. 식탁에서의 말씀과 비유(14 : 1−16 : 31)

14 : 1~24　　겸손에 대한 교훈과 큰 잔치의 비유
14 : 25~35　　제자됨에 대한 교훈
15 : 1~16 : 13 잃어버린 것들에 대한 비유와 불의한 청지기
16 : 14~31　　바리새인의 외식에 대한 경고와 부자와 나사로

e. 바른 제자의 도(17 : 1−18 : 14)

17 : 1~10　　실족케 함과 용서, 믿음, 종의 자세에 대한 교훈
17 : 11~19　　열 명의 문둥병자를 고치심
17 : 20~37　　말세에 대한 가르침
18 : 1~14　　불의한 재판관과 바리새인, 세리의 비유들

f. 영생의 길과 고난예고, 맹인 치료와 삭개오(18 : 15~19 : 27)

18 : 15~34　　어린아이들을 축복하심과 부자 청년, 세 번째 수난예고
18 : 35~19 : 27 여리고의 사건들(소경 고침과 삭개오의 영접)

⑤ 예루살렘에서의 예수(19 : 28−23 : 56)

a. 마지막 활동(19 : 28−21 : 38)

19 : 28~48 승리의 입성과 성전 청결
20 : 1~47 종교 지도자들과의 논쟁
21 : 1~4 과부의 헌금
21 : 5~38 종말에 대한 교훈

b. 수난(22 : 1-23 : 56)

22 : 1~38 최후의 만찬
22 : 39~53 겟세마네에서의 체포
22 : 54~23 : 25 예수에 대한 심문
23 : 26~56 십자가에 못박히심과 장사지냄

⑥ 부활과 승천(24 : 1-53)

a. 부활 후 제자들에게 나타나심(24 : 1-49)
b. 제자들과의 고별과 승천(24 : 50-53)

## 2. 누가복음의 구조

누가복음의 전체적인 구조는 대체로 마가복음을 토대로 하여 이루어졌음을 보여 준다. 물론 누가복음에는 마가복음에 나타나지 않는 내용들이 많이 포함되어 있다. 첫째로 예수의 탄생과 소년 시절의 일화와 예수의 계보는 누가의 독특한 자료에 속한다. 이러한 독특한 자료들을 가지고 예수의 공생애 이전의 사실들을 기록한 전사(前史)가 이루어진다. 그 다음의 공생애의 전체적 과정은 마가복음과 동일한 순서를 따른다. 그러나 내용에 있어서는 마가복음에 없는 많은 내용들을 첨가하고 있어 그 구조적 형태는 매우 달라진 모습으로 나타난다. 마가복음에서는 예수의 공생애가 전반부의 공생애와 후반부의 수난의 과정으로 양분되고 있으나, 누가복음에서는 갈릴리 활동(4 : 14-9 : 50)과 수난의 과정(19 : 29-23 : 49) 사이에 갈릴리에서 예루살렘까지의 여행 과정이 길게 확대되어 있다(9 : 51-19 : 28). 이 부분을 보통 '여행설화'(the travel narrative)라고 부르며, 따라서 누가복음의 공생애를 나타내는 내용은 크게 세 부분으로 나누어진다. 누가가 이 가운데 부분을 크게 확대하여 기록한 이유를 뒤에서 다시 살펴보기로 하겠다.

누가복음이 마가복음과 눈에 띄게 차이가 나는 부분은 수난사화 가운데 예수에 대한 심문과 십자가에 못박힘을 기록한 내용으로서 누가복음 22 : 54~23 : 49은 마가복음 14 : 53~15 : 41과 근본적으로 다른 순서를 취하고 있다.[1] 이 점에서 누가는 수난과 부활을 기록함에 있어 마가복음과는 다른 전승을 따르고 있다고 생각된다. 누가복음과 마가복음의 차이점을 강조함으로 마가복음을 자료로 사용하여 현재의 누가복음이 기록되기 이전에 그 기초가 되는 복음서가 이미 형성되어 있었다고 하는 원누가(the proto Luke)설이 제기되기도 한다. 그러나 누가복음이 쓰여지기 이전에 누가에 의하여 또 하나의 복음이 먼저 쓰여졌다는 사실을 증거할 만한 명확한 자료들이 없으며, 따라서 대부분의 학자들은 그러한 가설을 부적절한 것으로 평가한다.[2]

누가복음에서는 맨 앞부분의 전사(前史)와 더불어 맨 끝부분인 부활 후의 사건에 관한 내용이 가장 독자적인 성격을 띠고 있다. 부활하신 예수께서 엠마오로 가는 두 제자에게 보이심(24 : 13-35)과 예루살렘에 있는 제자들에게 나타나심(24 : 36-49)을 통하여 부활주의 현현(顯現)을 예루살렘 지역에 국한시키고 있다. 또한 제자들과의 고별과 승천(24 : 50-53)의 기록은 누가복음의 종결로서가 아니라 누가의 제 2부 저서인 사도행전과의 연결을 위하여 쓰여진 것임을 느낄 수 있다. 따라서 누가복음의 구조는 마가복음에 영향받은 바가 컸지만, 누가복음과의 연작(連作)인 사도행전을 전제로 하므로 누가 자신의 독자적인 의도에 따라 복음서의 구조가 형성되었다고 말할 수 있다.

## 3. 서문에 나타나는 의미

복음서들 중 유일하게 누가복음은 그 당시의 문학적 관습에 따라 서문을 기록하고 있다. 누가는 그의 서문에서 그가 사용한 자료의 출처와 이

1. 큄멜, 「신약정경개론」, p. 133.
2. 원누가설의 대표적 학자는 스트리터(B. H. Streeter)이며, 그 가설에 대한 설명과 비평은 큄멜, p. 134 이하와 김득중, 「신약성서개론」, p. 98 이하 참조.

글을 쓰게 된 이유와 목적을 밝히고 있다. 그의 서문은 훌륭한 희랍어로 이루어진 전형적인 희랍어 문학의 서문에 속한다고 할 수 있다. 이와 동일한 성격의 서문이 사도행전에도 나타나는 것으로 보아 누가복음과 사도행전의 저자가 동일인물임을 느낄 수 있는 동시에, 사도행전은 누가복음을 전제로 하여 기록되었음이 분명히 드러난다.

이 서문에는 누가가 복음서를 집필한 과정과 목적에 대하여 지시하는 중요한 의미들이 담겨져 있다. 그것을 정리하면 다음과 같이 말할 수 있다. '우리 중에 이루어진 사실'(1:1)은 초기 그리스도인들에게 분명히 알려진 그리스도의 사건을 의미한다고 볼 수 있다. '이루어진'이라는 말은 특별한 예언적인 성경구절의 성취라는 의미로 해석하기보다는 실현된 구원사적 의미를 가지는 것으로 생각해야 할 것이다.[3] 누가는 많은 사람이 '처음부터 말씀의 목격자요 일꾼된 자들'의 전승에 의거하여 저술하였음을 밝히고 있다. '처음부터' 목격자 되었다는 것은 예수의 탄생으로부터 시작되는 모든 사건을 목격하였다는 의미는 아니다. 그것은 분명히 예수의 공생애의 출발점으로부터의 의미에서 말한 것이다. 이 점을 보다 명확히 해주는 구절로 사도행전 1:21~22을 생각해 볼 수 있다. "이러하므로 요한의 세례로부터 우리 가운데서 올리워 가신 날까지 주 예수께서 우리 가운데 출입하실 때에 항상 우리와 함께 다니던 사람 중에 하나를 세워 우리로 더불어 예수의 부활하심을 증거할 사람이 되게 하여야 하리라." 이 본문에서 볼 때 누가는 예수의 공생애가 세례 요한에게 세례를 받음으로부터 시작되었다고 여겼으며, 그리스도의 일차적 증인인 사도는 그 때로부터의 사실들에 대한 목격자이어야 한다고 밝히고 있다.

누가와 그보다 먼저 기록했던 자들이 전하는 내용은 바로 이들 목격자들이 선포한 것에 근거한 것이었다. 누가는 이 전승이 구전으로 전해졌는지 또는 문서의 형태로 전해졌는지에 대하여는 밝히지 않고 있다. 그러나 사도에 의하여 직접 이루어진 어떤 복음서가 있었음을 암시하지는 않는다. '말씀의 목격자'들의 전승과 그것을 기술한 복음적 문서들을 구분하고 있는 데서 그러한 사실을 느낄 수 있다.

---

3. 해리슨, 「신약개론」, p. 204.

누가는 자기보다 앞서 그 전승을 기록한 사람이 많음을 알았다. '많은 사람들'이라는 표현은 정확한 수를 밝히지 않고 기정 사실을 강조하기 위한 어투라고 이해된다. 그는 먼저 기록된 문서들에 예수의 삶과 죽음, 그리고 부활과 관련된 사실들이 포함되어 있음을 알았다. 그러나 그는 그것들에서 충분치 못함을 발견하고 그 모든 사실을 역사적인 순서를 따라 다시금 써야 할 필요성을 느꼈다. 그는 이미 알려진 그리스도의 사건을 근원부터 다시금 살펴서 완전하고 정확한 정보를 수집하고자 모든 노력을 기울였으며, 그 결과를 기술함으로 이미 예수 그리스도에 대하여 듣고 믿는 자들에게 신앙의 확신을 주며 더 나아가서 그리스도교의 정당성을 변호하고자 하였다.

이 복음서가 데오빌로라는 인물에게 헌정되고 있음은 희랍 문학의 특성을 반영하는 것이다. '데오빌로'(θέοφιλος)라는 말은 '하나님의 사랑을 받은 자' 또는 '하나님을 사랑하는 자'라는 뜻으로 생각할 수 있는데, 그것은 기독교적인 이름일 수도 있고 이방적인 이름일 수도 있다. 이방인들도 신을 경외하는 경건성을 가질 수 있었기 때문이다. 아무튼 데오빌로는 한 개인일 수도 있고 넓은 독자층을 대표하는 가상적인 인물일 수도 있다고 생각된다. '각하'(κράτιστος)라는 칭호를 쓰고 있는 것으로 보아 개인일 가능성이 큰데, 각하라는 말은 고위 공직자를 지칭하는 것일 수도 있지만, 다른 한편으로는 상대방을 높이는 정중한 표현 양식일 수도 있다.[4] 또한 데오빌로라는 인물이 신실한 기독교인이었는지 단지 예수와 기독교에 대하여 어느 정도 알고 관심을 가지고 있었던 인물이었는지에 대하여는 확실히 알 수 없지만 전체적인 분위기는 그가 기독교에 속하였음을 느끼게 한다.

본서의 서문에서 저자는 자신이 예수에 대한 전승을 이어받은 세 번째 단계에 속해 있음을 밝히고 있다. 즉, 첫 번째 단계는 예수의 직접 목격자들이고, 두 번째 단계는 그들이 전한 것을 기술한 자들이고, 자신은 그 모든 것을 미루어 살펴 보다 자세하게 순서대로 기록하고자 한다고 말한다. 그런데 사실에 있어서는 누가복음의 내용이 연대적인 순서를 무시하

4. 큄멜, p. 132, 각주 9 참조.

고 기록되는 경우가 있다. "차례대로 써 보낸다."는 말은 역사적인 전후 순서를 맞추어 쓴다는 뜻보다는 그가 찾아내고 깨달은 사실을 질서정연하게 서술하고자 한다는 그의 뜻을 나타내는 말이라고 이해해야 할 것이다.

## 4. 주요 특징들

공관복음서 중 누가복음은 다른 두 복음서들에 비해 특이한 면을 많이 가지고 있는데, 그 이유는 누가가 다른 복음서의 내용들과는 상이한 자료들을 많이 사용하고 있는 점에도 있지만 저자 자신이 순수한 이방인의 배경을 가지고 있다는 점에서 생각해 볼 수 있다. 다음에서 누가복음의 몇 가지 특징들을 나누어 생각해 보겠다.

### 1) 역사적 성격

예수의 공생애의 사건을 기록하면서 현실 역사와 관련을 가지고 기술하고 있는 것은 누가복음의 중요한 특징이며 공헌이다. 누가는 예수의 역사를 자신이 살고 있던 시대의 세계사, 즉 로마제국의 역사와 분명하게 연결시키고 있다. 첫째로 시리아 총독 구레뇨(Quirinius)의 치하에 가이사 아구스도가 내린 인구조사 칙령과 베들레헴에서의 예수 탄생을 연결시킴으로써(2：1 이하) 구세주의 탄생이 로마제국 안에서 이루어진 확실한 사건임을 제시한다. 둘째로 세례 요한의 출현 시기를 로마와 유대의 통치자들의 명단을 열거하여 명시함으로 예수의 공생애가 확실한 역사적 배경 가운데 이루어졌음을 지시한다.

이와 같이 예수의 사건을 로마제국의 역사와 연관시켜 기록함으로 누가는 '이 일이 한편 구석에서 행해진'(행 26：26) 미미하고 모호한 사건이 아니라 세계 역사 가운데 분명하게 이루어진 확실한 사건임을 드러내고자 한 것이다. 이 점에서 누가복음은 로마제국내의 이방인들을 염두에 두고 저술되었으며, 상당히 변호적인 성격을 띠고 있음을 느낄 수 있다. 누가는 로마인들에 대하여 예수가 정치적으로 무죄함을 밝히려고 노력한다. 이를 위하여 "이 사람은 죄가 없도다." 하는 예수에 대한 빌라도의 판단을 반복하여 기록하며(23：4, 14), 십자가에 못박힌 예수를 향하여 "이 사람은 정녕 의인이었도다."라고 외친 백부장의 말을 기록하고 있다(23 : 47). 반면에 예수가 부당하게 십자가에 못박힌 것은 소요를 일으켜 빌라도를 협박한 유대인들의 불의함 때문이라고 강조한다. 여기에서 분명히 느껴지는 것은 예수의 십자가의 죽음에 대한 책임에서 로마인들을 면제시켜줌으로 기독교와 로마제국 사이의 불편한 관계를 해소하고자 하는 정치적 변증 내지는 선교적 의도를 담고 있다는 점이다. 이러한 태도가 사도행전에서 더욱 뚜렷하게 드러나는 것으로 보아 누가가 그의 저술을 통하여 로마 당국을 향해 기독교를 변호하고자 하는 마음을 가졌었음을 충분히 감지할 수 있다.

### 2) 소외된 자들에 대한 관심

다른 복음서들에는 나타나지 않고 누가복음에만 사용된 자료들에는 어떠한 공통된 특성이 드러난다. 그것들은 대체로 잃어버린 자, 눌린 자, 소외된 자들에 관계된 내용들이다. 따라서 누가의 특별한 관심이 그들에게 주어지고 있음을 알 수 있다. 이러한 누가의 사상을 헬레니즘적인 인도주의(humanism) 및 보편주의(universalism)의 배경에서도 생각할 수 있으나[5] 그보다는 그리스도의 구원에 대한 그의 이해에서 보아야 할 것이다. 누가복음에서는 예수의 공생애의 출발점을 나사렛 회당에서의 선포에서 찾고 있다. "주의 성령이 내게 임하셨으니 이는 가난한 자에게 복음을 전하게 하시려고 내게 기름을 부으시고 나를 보내사 포로된 자에게 자유를, 눈먼 자에게 다시 보게 함을 전파하며 눌린 자를 자유케 하고 주의 은혜의 해를 전파하게 하려 하심이라."(눅 4 : 18-19)는 이사야의 글을 낭독함으로 예수께서는 자신의 사명을 선언하셨던 것이다. 누가는 그의 복음서 전체를 통하여 이 선언이 어떻게 이루어졌는가에 주의를 기울이고 있다.

첫째로 누가는 가난한 자에 대한 관심을 나타낸다. "심령이 가난한 자는 복이 있다."고 하는 마태복음(5 : 3)과는 달리 "가난한 자는 복이 있다."(6 : 20)고 말함으로 누가는 실제로 가난함 가운데 있는 자를 향하여 축복을 선언한다. 누가복음에 있어서는 가난 그 자체가 선이고 축복의 조

5. 김득중, 「신약성서개론」, p. 104.

건이다. 때로는 가난한 자에 대한 축복과 함께 부자에 대한 저주가 대비적으로 강조되는데, 어리석은 부자의 이야기(12 : 16—21)와 부자와 나사로의 이야기(16 : 19—31)가 그것을 뚜렷이 보여 준다. 이러한 특성은 후기 유대교의 '가난한 자들의 경건성'의 영향이라기보다는, 그리스도의 구원을 절실히 필요로 하는 가난한 자들의 겸손과 갈급함에 비하여 구원의 필요를 느끼지 않는 부자의 오만함과 어리석음을 지적하는 것이라고 할 것이다.

또 하나 예수의 관심의 대상이 되었던 사람들로 누가는 세리와 창녀로 대표되는 '죄인'들을 언급한다. 예수는 세리와 죄인의 친구로 불리어지며(7 : 34), 모든 사람이 멀리하는 세리장 삭개오의 집에 유하기도 하고, '죄 많은 여인'이 향유로 예수의 발을 닦을 때 그의 죄가 사하여졌음을 선언하신다(7 : 36—50). 죄인에 대한 용서와 구원을 나타내는 누가복음의 독특한 내용으로 15장의 잃어버린 것들을 되찾은 이야기들과 돌아온 탕자의 비유를 들 수 있다.

예수님 당시의 소외된 계층인 여인들과 사마리아인 및 이방인들에 대하여서도 특별한 관심과 호의가 주어진다. 다른 복음서들에 비하여 누가는 예수 주위의 많은 여인들에 대하여 언급하는데, 사렙다 과부(4 : 26), 나인성 과부(7 : 11 이하), 마르다와 마리아, 예루살렘에서 십자가를 지고 가는 예수를 따르며 운 여인들(23 : 27 이하) 등을 생각할 수 있다. 더 나아가서 누가는 예수를 따르며 섬기는 믿음에 있어 남자 제자들 못지않게 여성들의 훌륭한 면을 보여 주는 데 주저하지 않는다. 불의한 재판관의 멸시와 오만에도 낙심치 않고 인내하며 호소한 과부를 기도의 모범으로 제시하며(18 : 1 이하), 예수와 그의 제자들이 갈릴리에서 활동할 때에 그들의 생활비를 감당한 사람들이 몇몇 여인들이었음을 밝히고 있다(8 : 1—3).

복음서 기자들 중 사마리아인에 대하여 가장 큰 호의와 관심을 가진 사람은 누가이다. 요한도 사마리아인들에 대한 관심을 나타내고 있으나, 누가는 그보다 훨씬 더 적극적인 태도를 취한다. 예수의 일행이 예루살렘으로 가기 위하여 사마리아의 한 동네로 들어갔을 때 그들이 영접지 않으므로 야고보와 요한이 "주여, 우리가 불을 명하여 하늘로부터 내려 저들을 멸하기를 원하시나이까?" 하고 말했을 때 예수는 그들을 꾸짖으시고 사마리아인에 대한 유대인의 악감정을 배격하셨다(9 : 51－56). 더 나아가서 누가는 참 이웃이 누구인가라고 묻는 율법사에게, 예수께서 강도 만난 사람의 이야기를 통하여 사마리아인이 선한 이웃이 될 수 있음을 보여 주신 것을 전한다. 또한 누가는 17장에서 예수께 고침받은 열 문둥병자 중 오직 사마리아인 문둥병자만이 예수께 돌아와 감사를 드림으로 진정한 신앙인의 모범을 보여 주었음을 강조한다. 사마리아인과 더불어 유대인에게 경멸의 대상이 되었던 이방인에 대해서도 누가는 매우 개방적이고 친근한 태도를 보여 준다. 사렙다 과부와 수리아 사람 나아만이 구원받은 사실을 갈릴리의 유대인들의 불신앙과 대비해서 말하며(4 : 23－30), 예수에 대하여 로마의 백부장들이 고백한 신앙을 드러내는 데 주의를 기울인다(7 : 9, 23 : 47).

이상과 같은 특정한 사람들에 대한 누가의 관심은 구주로서의 예수 그리스도에 대한 이해에서 나온 것이다. 예수께서는 유대인이나 사마리아인이나 이방인이나, 남자나 여자나 어린아이나, 세리나 죄인이나 누구든지 그를 영접하는 자에게 구원을 베풀어 주시는 만인의 구주이심을 나타내고자 하는 것이 누가의 의도인 것이다.

### 3) 신학적 특성－누가의 구속사관(救贖史觀)

마가와 마태복음과 비교할 때 누가는 예수의 생애를 새로운 신학적 관점에서 이해하고자 하는 것을 느낄 수 있다. 즉 '예수의 때'를 중심으로 하여 그 이전의 구약 시대(예언자와 율법의 때)와 그 이후의 누가 자신이 처해 있는 교회의 때를 연관시켜 하나님의 구원의 역사(歷史)를 보고자 하는 것이다. 마태복음에 "세례 요한의 때부터 지금까지 천국은 침노를 당한다."(11 : 12)고 하는데 반해 누가복음에는 "율법과 선지자는 요한의 때까지요 그 후부터는 하나님 나라의 복음이 전파되어 사람마다 그리로 침입하느니라."(16 : 16)고 말함으로 누가는 세례 요한을 예수 이전의 시대에 포함시킨다. 이는 예수의 때를 독특한 의미를 가지는 시기로 구별하려는 것으로, 세례 요한의 활동을 예수의 공생애 기간에서 제외시키고자 주의를 기울인다. 헤롯이 세례 요한을 감옥에 가둔 사실을 예수의 수세(受洗) 앞에 기록하고 있는 데서(눅 3 : 19－20) 이러한 점을 느낄 수 있다.

마가복음에서는 "하나님의 나라가 가까웠다."(1 : 15)는 선언으로 예수의 공생애의 출발을 나타내는 데 비해 누가복음에서는 예수께서 이사야의 글을 읽고 "이 글이 오늘날 너희 귀에 응하였느니라."고 한 말씀으로 대신하고 있다. '오늘날'은 예수의 때로, 이 때에는 사단이 뒤로 물러나고(4 : 14, 10 : 18) 성령이 임하여 공생애 마지막 때까지 함께 하여 능력으로 충만케 한 시기였다. 성령이 임한 것은 오직 예수에게만 국한된 것으로 오순절의 성령강림과는 엄격히 구별된다. 그러나 예수에게 임한 성령은 그 이후의 제자들에 임한 성령을 통해서만 이해된다. 이러한 점에서 누가복음에 나타나는 예수의 때를 콘첼만(Conzelmann)은 '중간 시간'(Mitte der Zeit)이라고 부른다.[6] 즉 그리스도의 사역은 시간의 중앙에 있어 율법과 선지자의 구약 시대와 성령이 주도하는 교회 시대 사이에 서 있다. 이를 도표로 간략히 표시하면 다음과 같다.

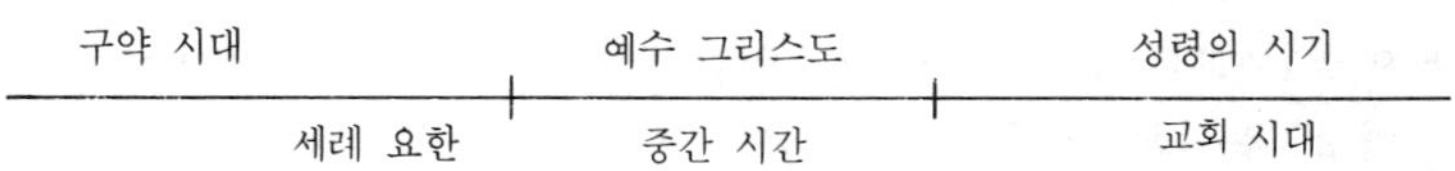


〈누가의 구속사적 시간 이해〉

교회의 때는 오순절의 사건에서 시작되는데, 예수의 때와 직결되지 않고 얼마간 기다리는 시기가 그 사이에 있다. 즉 약속하신 것을 기다리는 시기였다(눅 24 : 49). 따라서 교회의 때는 예수의 때와 분명히 구별된다. 누가 자신과 교회가 처하여 있는 현재의 시기는 그 자체로서 독특한 의미를 가진다. 임박한 종말의 기대로 인하여 현재가 가지는 중요성을 등한히 여기는 경향에 대하여 누가는 교회가 이 땅에서 수행해야 할 사명을 강조한다. 사람들이 "하나님의 나라가 당장에 나타날 줄로 생각하는데"(19 : 11)에 대하여 "끝은 곧 되지 아니하리라."(21 : 9)는 말로써 누가는 종말과 재림을 좀더 먼 미래로 연장시켜 놓고 있다. 그리고 종말이 오기 전에 예수의 명을 따라 땅 끝까지 복음을 전파할 사명이 교회에 주어졌음을 지적

6. H. Conzelmann, *The Theology of St. Luke*, London : Faber and Faber (1960), p. 170 이하.

한다. 따라서 예수의 부활 이후에 또 하나의 중요한 시대로 교회의 시대가 존재케 되는 것이다.

하나님의 구속 역사에 있어 구약의 이스라엘 시대와 예수의 때는 엄격히 구별된다. 그러나 예수의 사건은 구약의 성취로 이해됨으로 서로간에 연속성을 가진다. 또한 예수의 때와 교회의 시대도 구별된다. 그러나 예수의 때에 일어난 일들은 교회의 시대에 이루어질 일들의 준비이며 완성을 보증하는 기초가 된다는 점에서 긴밀한 연속성을 가진다. 이러한 관점에서 누가복음에만 나타나는 독특한 내용인 9：51~19：27의 예루살렘으로의 여행기를 이해할 수 있을 것이다.[7] 하나님의 뜻을 따라 고난받으러 가는 예수께서 자신이 죽은 후에도 제자들이 자신의 사역을 계속하도록 준비시키기 위하여 제자들의 삶과 사명에 대한 교훈과 또한 그들이 장차 수행할 선교의 과업을 감당하도록 가르치셨다고 생각된다.

누가가 그의 서문에서 "그 모든 일을 근원부터 자세히 미루어 살핀 나도 데오빌로 각하에게 차례대로 써 보내는 것이 좋은 줄 알았노니"라고 하였을 때 거기에는 예수의 공생애의 사건만이 아니라 계속해서 이어지는 초대교회의 사건까지도 기술하고자 하는 의도가 담겨져 있음을 느끼게 된다. 사도행전 1：1~2이 그것을 분명하게 해준다. 따라서 누가는 예수 그리스도를 통하여 이루어진 구원의 역사가 교회를 통하여 계속되고 있음을 확신하면서 처음부터 누가복음과 더불어 사도행전을 저술하고자 계획했음이 확실하다 하겠다.

## 5. 저자 및 저작 시기와 장소

### 1) 저 자

누가복음과 사도행전의 저자가 동일인물이라는 것은 그 두 책의 서문을 통하여 분명히 알 수 있다. 데오빌로라는 동일한 대상에게 헌정하고 있으며, 사도행전 첫머리에서 먼저 쓴 글을 지적하고 있는데 그것이 누가복음이라는 것은 말할 것도 없다. 또한 그 두 책 사이의 언어와 문체, 그리고

7. 큄멜, p. 144 이하 참조.

사상적인 면에서의 유사성 및 연관성은 그 사실을 뚜렷이 뒷받침해 준다.[8] 그러나 이 동일저자가 누구인지에 대해서는 누가복음이나 사도행전 어느 곳에서도 밝혀 주지 않고 있다. 파피아스(Papias) 역시 아무런 언급을 하지 않으며, 다만 무라토리 단편에서 이 복음서의 저자가 바울의 동역자요 의사였던 누가라고 말한다. 이는 바울서신 가운데 '사랑을 받는 의원 누가'(골 4：14, 몬 1：24, 딤후 4：9－12)로 불리는 인물을 가리키는 것이다.

영국의 호바트(W. K. Hobart)는 누가가 사용한 용어와 헬라의 의사들이 사용한 언어를 비교하여 누가복음과 사도행전의 저자는 의학적 용어에 익숙하다는 결론을 얻고 고대 전승의 신빙성을 뒷받침했으며, 그후 하르낙(Harnack)을 비롯한 여러 학자들도 이를 지지하였다. 그런데 미국의 캐드베리(H. J. Cadbury)는 누가가 사용한 의학적 용어들이 70인역 헬라어 구약성경과 요세푸스, 플루타크(Plutarch)의 책에서도 나타나고 있음을 지적함으로 누가가 사용한 의학적 용어들이 특별히 의사에 의해서만 사용된 것이 아니라 당대의 저술가들이 보편적으로 사용하던 언어임을 밝혀냈다.[9] 그러나 다른 복음서들에 비하여 의학적 용어를 풍부히 사용하며 세련되고 교양 있는 헬라어를 구사하는 점에서 헬라인 의사 누가보다 더 적절한 인물은 없다. 또 하나 사도행전의 '우리'라는 1인칭 복수로 표현되어 있는 내용에서(16：10－17, 20：6－21：18, 28：1－16) 바울과 선교여행에 동행한 일행 중 그 글을 쓸 수 있는 인물은 누가 외에 달리 생각할 사람이 없다.[10] 이 누가는 다른 복음서 저자들과는 달리 이방인 그리스도인이었음을 알 수 있는데, 그것은 그가 팔레스타인 지리를 잘 알지 못하고 있다는 사실과 '아멘'이라는 말 외에는 유대적 언어를 거의 사용하지 않는다는 점에서 충분히 느낄 수 있다. 따라서 누가복음에는 유대인과 관련된 것으로 이방 그리스도인들에게는 별 관심의 대상이 되지 못할 부분들(예로서, 마 5：17, 20, 21－48, 6：1－8, 16：18, 막 7：1－23, 7：24 이하 등)이 제외되어

8. 누가복음과 사도행전의 연관성에 대한 자세한 논의는 거쓰리, 「신약개론」, p. 109 이하 참조.
9. H. J. Cadbury, '*The Style and Literary Method of Luke*', Harvard Theological Studies 6, 1920.
10. 거쓰리, p. 110.

있다.

### 2) 저작 시기와 장소

누가가 바울의 선교 동역자라는 전제에서 누가복음이 주후 60년경에 기록되었다는 초기설이 주장되기도 하였다. 그러나 누가복음의 서문은 그가 복음서를 쓰기 이전에 이미 여러 복음서적인 문서들이 기록되었음을 지시하고 있는 것으로 보아 그렇게 이른 시기로 생각하기는 어렵다. 마가복음과 비교하여 누가복음에는 예루살렘의 함락을 반영하고 있다고 볼 때(19 : 43-44 및 21 : 20, 24을 막 13 : 14 이하와 비교) 그 저작 연대를 주후 70년 이전으로 잡기는 어렵다. 마가복음이 쓰여진 후 얼마 동안의 기간을 생각하고 사도행전이 쓰여진 시기를 염두에 둘 때 누가복음이 기록된 연대는 대체로 주후 80년에서 90년 사이로 추정된다.

누가복음이 기록된 장소에 대하여 말해 주는 고대 전승은 아무것도 없다. 가이사랴, 아가야, 데가볼리, 소아시아, 그리고 로마를 제시하는 학자들이 있으며 그 중 로마가 가장 유력시되나, 거기에 대해서도 확증할 만한 증거는 없다. 다만 확실히 말할 수 있는 것은 누가복음이 팔레스타인 밖의 이방지역에서 쓰였다는 사실이다.

# 제 6 장

# 사 도 행 전

## 1. 주제 및 내용 개요

**1) 주제** : 예루살렘에서 로마까지 성령의 능력을 통한 교회의 확장

**2) 내용 개요**

① 서설(1 : 1−14)

a. 머리말(1 : 1−2)

b. 부활과 승천(1 : 3−14)

② 예루살렘의 교회(1 : 15−7 : 60)

a. 사도의 보충(1 : 15−26)

b. 오순절(2 : 1−47)

2 : 1∼13 성령강림

2 : 14∼41 베드로의 설교

2 : 42∼47 초대교회의 삶

c. 유대교와의 충돌과 교회생활(3 : 1−5 : 42)

3 : 1~4 : 22 베드로가 앉은뱅이를 고침, 성전에서 베드로의 설교, 공회 앞에 선 베드로와 요한
4 : 23~31 사도들이 석방된 후 성도들의 기도
4 : 32~37 교회생활과 바나바의 모범
5 : 1~11 아나니아와 삽비라의 죽음
5 : 12~42 사도들의 활동

d. 일곱 집사의 선출과 스데반의 순교(6 : 1－7 : 60)
6 : 1~7 일곱 집사의 선택
6 : 8~7 : 60 스데반에 대한 공격과 스데반의 설교 및 순교

③ 이방선교의 전단계(8 : 1－12 : 25)

a. 빌립의 전도활동(8 : 1－40)
8 : 1~25 사마리아에서의 선교
8 : 26~40 빌립이 에디오피아 내시에게 복음을 전하고 세례를 줌

b. 바울의 회심(9 : 1－30)
9 : 1~9 다메섹 도상에서의 사울
9 : 10~30 다메섹과 예루살렘에서의 바울

c. 베드로의 선교(9 : 31－11 : 18)
9 : 31~43 룻다와 욥바에서의 베드로
10 : 1~11 : 18 가이사랴에서의 베드로와 고넬료의 회심

d. 안디옥 교회 설립(11 : 19－30)
11 : 19~26 처음으로 그리스도인이라 불림
11 : 27~30 예루살렘 교회를 위한 구제헌금을 바나바와 바울이 전함

e. 헤롯의 박해(12 : 1－25)

④ 바울에 의한 이방선교(13 : 1－21 : 26)

a. 첫 번째 전도여행(13－14장)
13 : 1~3 안디옥 교회에서의 파송
13 : 4~52 구브로와 비시디아 안디옥에서의 선교
14 : 1~28 이고니온, 루스드라, 더베를 거쳐 안디옥으로

귀환

b. 사도회의―이방선교를 승인(15：1―35)

15：1～21 안디옥에서의 율법에 관한 논쟁과 예루살렘 회의

15：22～36 사도들의 결정과 안디옥으로 돌아옴

c. 두 번째 전도여행(15：36―18：22)

15：36～40 바울과 바나바가 마가로 인해 헤어짐

15：41～16：10 바울이 소아시아를 거쳐 드로아에 이름

16：11～17：14 마게도냐에서의 활동

17：15～18：17 아가야에서의 활동(아덴과 고린도에서)

18：18～22 에베소를 거쳐 안디옥에 돌아옴

d. 세 번째 전도여행(18：23―20：16)

18：23～19：20 소아시아 여행

19：21～22 예루살렘을 거쳐 로마로 여행하기를 결의

19：23～40 에베소에서의 소요 사건

20：1～16 마게도냐, 헬라를 거쳐 드로아에서 밀레도로의 여행

e. 마지막 예루살렘 방문(20：17―21：26)

20：17～38 밀레도에서의 고별설교

21：1～14 밀레도에서 가이사랴로 여행

21：15～26 예루살렘 도착

⑤ 죄수된 바울(21：27―28：31)

a. 예루살렘에서(21：27―23：35)

21：27～39 바울의 체포와 감금

21：40～22：21 바울의 변증적 연설

22：22～23：11 로마 관원 앞에서의 심문과 공회 앞에 선 바울

23：12～35 유대인의 음모와 바울을 가이사랴로 이송

b. 가이사랴에서(24：1―26：32)

24：1～26 벨릭스 총독 앞에서의 변증

24：27～25：12 베스도의 부임과 가이사에게 호소함

25 : 13~26 : 32 헤롯 아그립바 2세의 방문과 그의 앞에 선 바울

c. 로마로 가는 길(27 : 1−28 : 15)

27 : 1~44 바다에서(풍랑 및 표류, 파선)

28 : 1~10 멜리데 섬에 머묾

28 : 11~15 로마에 이름

d. 로마에서(28 : 16−31)

## 2. 사도행전의 구조

사도행전의 내용을 구분하는 데는 다음의 세 가지 관점에서 생각할 수 있다.[1] 첫 번째는 베드로와 바울이라는 두 인물을 중심으로 전반부의 베드로와 관련된 부분(1−12장)과 후반부의 바울과 관련된 부분(13−28장)으로 나누는 것이다. 그러나 사도행전이 어떠한 인물들의 전기적 서술을 목적으로 하지 않는다는 점에서 이 구분은 그렇게 적절하게 여겨지지 않는다. 거기에 비하여 두 번째 구분은 초대교회의 선교 과정을 두 부분으로 나누고 있다. 즉 15 : 35~36을 중심으로 예루살렘에서 이방선교의 확정까지의 시기와 안디옥에서 로마에 이르기까지의 이방선교의 시기로 구분하는 것이다. 세 번째 관점은 사도행전 1 : 8을 토대로 하여 예루살렘에서의 활동(1 : 9−8 : 3), 온 유대와 사마리아에서의 활동(8 : 4−11 : 18), 땅 끝까지의 활동(11 : 19−28 : 31) 셋으로 구분하는 것이다. 그것을 좀더 구체적으로 나누어 다섯 단락으로 구분할 경우 다음과 같이 볼 수 있다. 예루살렘에서(1 : 9−8 : 3), 사마리아와 해변지역(8 : 4−11 : 18), 안디옥과 인근지역 선교(11 : 19−15 : 35), 에게해 지역 선교(15 : 36−19 : 20), 예루살렘에서 로마까지(19 : 21−28 : 31)이다.

이상의 세 관점 중 사도행전을 이해하는 데 가장 적절한 것은 사도행전 1 : 8의 부활한 주님의 선교에 대한 예고가 어떻게 이루어졌는가를 보여 주려는 세 번째의 관점이라고 할 수 있다. 다음에서는 그리스도의 명령에 따라 복음이 확장되는 과정에서 중요한 역할을 한 사건들을 살펴보

1. 큄멜, 「신약정경개론」, p. 158.

고자 한다.

(1) 오순절 성령강림 사건 : 교회의 탄생과 복음선교의 시작은 성령의 임함으로 시작되었다. 이는 예수께서 성령의 충만함을 받음으로 공생애를 시작했던 것처럼(눅 4 : 1, 14) 제자들도 성령으로 세례를 받음으로 그들의 공적인 활동을 시작했음을 보여 주는 것이다. 그것은 예수님의 약속의 성취인 동시에 구약의 요엘 선지자의 예언의 성취(2 : 16-21)였다. 오순절 사건에 '천하 각국으로부터 온'(2 : 5-11) 많은 사람들이 참여하였음을 기술함으로 누가는 세계시민주의(Cosmopolitanism)적인 사상을 보여 준다.[2] 이것은 처음부터 성령의 능력으로 이방선교의 문이 열리게 되었음을 보여 주려는 것이다.

(2) 스데반의 순교 : 예루살렘 교회의 성장은 그 내부에 몇 가지 문제점을 제기하였다. 그 중에 중요한 것은 경제적인 분배의 문제와 지도자의 문제였다. 사도행전 6장에 보면 예루살렘 교회에는 헬라파 유대인과 히브리파 유대인들이 있어 그들 사이에 어떠한 갈등이 있었던 것으로 나타난다. 그 표면적인 사건은 헬라파 유대인에 속한 과부들이 매일의 구제에서 제외된 데서 발생하였다. 여기에서 헬라파 유대인이란 디아스포라 유대인으로 예루살렘에 와 예수를 믿은 사람들이고, 히브리파 유대인은 팔레스타인 본토의 유대인으로서 예수를 믿은 사람들이라고 생각된다. 그 두 파 사이에서 야기된 문제를 해결하기 위하여 사도들은 일곱 집사를 선출케 하였는데(6 : 3-6), 그들의 이름이 모두 헬라식 이름인 것으로 보아 그들이 단순히 구제를 관장하기 위한 임무를 위해서가 아니라 헬라파 유대인들의 지도자로 세워졌다고 여겨진다.[3]

그들 중 한 사람인 스데반의 설교와 순교는 예루살렘 교회에 큰 충격을 주었는데, 그로 말미암아 일어난 박해는 예루살렘 교회에 큰 시련을 가져다 주었다. 그러나 혹자는 이 때의 박해는 예루살렘 교회의 모든 그리스

---

2. 오순절 사건의 의미에 대하여 전경연, 「원시기독교와 바울」, p. 43 이하 참조.
3. 일곱 집사에 대한 설명을 E. 헨헨, 사도행전(Ⅰ), 「국제성서주석」, 한국신학연구소(1987), p. 407 참조.

도인에 대한 것이 아니라 이질적인 사상을 가진 헬라파 유대인들에게만 가해진 박해라고 해석한다.[4] 그러나 사도행전에 있어서 스데반의 순교는 단순히 시련을 가져온 사건이 아니라 그리스도의 뜻을 수행케 하는 계기가 된 하나님의 섭리로 나타난다. 예루살렘에 안주해 있는 그리스도인들에게 박해가 가해짐으로 그들이 사방에 흩어져서 사마리아와 이방지역에 복음의 문이 열리게 된 것이다.

(3) 바울의 회심 : 다소 출신으로 열렬한 그리스도인의 박해자였던 사울의 회심은 그 개인의 생애에 있어 가장 중대한 사건이었을 뿐만 아니라, 초대교회에 있어서도 중요한 의미를 가지는 사건이었다. 그리스도의 세계선교 명령을 수행할 특별한 일꾼으로 그가 택함을 받았으며(9 : 15), 바울의 회심으로 초대교회의 선교 방향은 유대인에게서 이방인에게로 바뀌게 되었다. 그의 회심 사건이 차지하는 중요한 의미 때문에 사도행전에는 그 사건에 대하여 세 번 언급하고 있다(9 : 1-19, 22 : 1-21, 26 : 2-23). 그런데 그 내용에 있어서는 강조점이 각각 다른데, 첫 번째 것은 그 사건을 객관적인 관점에서 기술한 것이고 뒤의 둘은 바울의 연설 인용문에 포함된 것으로 그의 사상과 삶에 대한 개인적인 변증이다.[5]

사도행전에서 바울의 회심 사건을 통하여 나타내고자 하는 가장 중요한 일은 세계선교의 과업이 인간의 손에 의해서가 아니라 하나님의 섭리와 역사에 의하여 이루어진다는 사실이다.

(4) 예루살렘의 사도회의 : 안디옥 교회를 중심으로 급속히 확장하는 이방선교에 중대한 걸림돌이 놓여졌다. 유대로부터 어떤 그리스도인들이 와서 이방인 그리스도인들에게 모세의 법대로 할례를 받지 않으면 능히 구원을 얻지 못하리라고 협박을 한 것이다(15 : 1). 여기에서 초대교회의 가장 심각한 문제 중의 하나였던 복음주의와 유대주의(율법주의)의 갈등이 발생한 것이다. 이 문제의 해결에 이방선교의 성패가 걸려 있음을 느낀 안디옥 교회는 바울과 바나바를 비롯한 몇몇 대표자들을 예루살렘 교회에 파견하였다. 이방선교에 대한 바나바와 바울의 보고를 들은 후, 오직 예

4. 상게서, pp. 444, 448.
5. 메릴 C. 테니, 「신약개설」, p. 234.

수 그리스도를 믿음으로 은혜로 구원받는다는 것을 확신하고 사도들은 이방선교의 지침을 결정하였다. 그 내용은 우상의 더러운 것과 음행과 목매어 죽인 것과 피를 멀리하라는 네 가지의 금지사항을 포함하였다(15 : 20).

갈라디아서 2장에서 바울은 이 금지사항들조차 탐탁치 않게 여기고 언급을 하지 않는 듯 여겨지는데, 바울은 어떠한 규례보다는 믿음에 더욱 강조를 두기 원했다. 사도행전에서는 사도회의를 통하여 나타난 바울과 사도들 사이의 세밀한 감정적 갈등보다는 그 결정으로 인하여 이방선교가 자유롭게 수행되게 된 결과에 관심을 기울이고 있다.

(5) 로마에 간 바울 : 사도행전은 바울이 로마에서 하나님 나라를 전파하며 주 예수 그리스도에 관한 것을 가르치는 것을 기록함으로 끝맺고 있다. 바울이 로마에 간 것은 로마 시민으로 가이사의 재판을 받기를 호소함으로 이루어졌다는 것이 외형적으로 나타나는 사실이다. 그러나 그것은 바울의 의사와는 다른 타의의 힘에 의해서가 아니라 바울 자신의 자의에 의한 것이며, 더 나아가서 하나님께서 이미 정하신 섭리에 의한 것이라는 것을 누가는 강조한다. 바울은 3차 전도여행 기간 중에 예루살렘에 갈 것을 계획하면서 “내가 거기 갔다가 후에 로마도 보아야 하리라.”(19 : 21)고 예고하였다.

바울이 로마로 간 이유는 “땅 끝까지 이르러 내 증인이 되리라.”고 하신 주님의 말씀을 이루기 위함이었다. 그 사명을 완수하기 위하여 서반아로 갈 것을 계획하기도 했지만, ‘모든 길은 로마로’라는 말처럼 로마제국의 중심부에 이른 바울은 세계의 끝과 접촉할 수 있는 자리에 이른 것이다. 그런 점에서 사도행전은 아직 끝나지 않고 계속 쓰여지고 있다고 할 수 있다. “담대히 하나님 나라를 전파하며 주 예수 그리스도께 관한 것을 가르치되 금지하는 사람이 없었더라.”(28 : 31)는 말씀처럼 복음전파는 계속하여 진행되고 있기 때문이다.

## 3. 주요 특징들

### 1) 변증적 성격

앞에서 누가복음을 고찰할 때, 그 특징 중 하나로 로마 당국에 대하여 기독교의 신앙을 변증하려는 성격을 들었다. 누가의 그러한 태도가 사도행전에는 더욱 뚜렷하게 드러난다. 기독교 공동체내의 생활에 대한 변증은 나타나지 않지만 국가의 법을 거스리고 있다는 비난에 대해서 기독교를 변호하려는 의도는 여러 곳에서 확실히 느낄 수 있다. "이 사람들이 다 가이사의 명을 거역하여 말하되 다른 임금 곧 예수라 하는 이가 있다 하더이다."(17 : 7) 하는 비난에 대하여 누가는 "유대인의 율법이나 성전이나 가이사에게나 내가 도무지 죄를 범하지 아니하였노라."(25 : 8)는 바울의 대답을 제시하고자 한다. 따라서 사도행전에는 기독교인에 대한 로마 관리들의 호의적인 태도와 바울의 무죄에 대한 증언이 여러 곳에 나타난다. 예로서 로마의 백부장 고넬료는 베드로의 설교를 듣고 세례를 받으며(10장), 로마 총독 서기오 바울은 바나바와 바울의 설교를 듣고자 원했다(13 : 7). 빌립보의 간수장도 예수를 믿고 구원받았으며(16 : 34), 고린도 총독 갈리오는 바울을 고소하는 자들을 법정에서 쫓아냈다(18 : 16). 총독 벨릭스와 베스도는 바울이 무죄임을 인정했다(24 : 22-23, 25 : 25). 그리고 바울이 로마에서 심문받기 위해 억류되어 있는 동안에도 복음을 전하는 것을 방해받지 않았다고 말한다(28 : 30 이하).

이러한 누가의 변증적인 의도는 직접적으로 로마 당국에 대한 것이라고 보기는 어렵다. 로마의 관원들이 사도행전을 읽고 바울이나 그리스도인들에 대한 판결에 참작하리라고는 기대하기 어렵기 때문이다. 이 변증의 직접적인 대상은 기독교에 관심을 가진 이방인 독자들이었을 것이다.[6] 거기에는 기독교에 대한 오해와 의심을 해소시키고 그들로 하여금 개종케 하려는 강한 의지가 담겨 있다. 한편 기독교와 유대교의 동등성을 부각함으로 로마제국의 승인을 받고 있는 유대교와 같이 기독교도 인정을 얻고자 하는 의도를 느낄 수 있다. 그러나 그것은 중심적인 목적이 될 수 없고 이차적인 의도라고 할 것이다.

### 2) 사도행전의 설교들

'행전'이라는 이름으로 보아서는 그 내용이 주로 활동과 사건들에 대한

6. 킴멜, 전게서, p. 166.

기록으로 기대되는데, 실제에 있어서 사도행전에는 상당한 분량의 설교 혹은 연설문이 포함되어 있다. 전체의 1,000여 절 중 300절 정도가 여기에 해당된다. 24개의 설교와 연설문 가운데 베드로에 의한 것이 9번(1 : 16-22, 2 : 14-36, 38-39, 3 : 12-26, 4 : 8-12, 5 : 29-32, 10 : 34-43, 11 : 4-17, 15 : 7-11), 그리고 바울에 의한 것 역시 9번(13 : 16-41, 14 : 15-17, 17 : 22-31, 20 : 18-35, 21 : 1-21, 24 : 10-21, 26 : 1-23, 27 : 21-26, 28 : 17-20)이다. 나머지는 각각 가말리엘(5 : 35-39), 스데반(7 : 2-52), 야고보(15 : 15-21), 데메드리오(19 : 25-27), 에베소의 서기장(19 : 35-40), 베스도(25 : 24-27)에 의한 것이 한 번씩이다. 이 중에 바울의 설교들은 그 상황과 더불어 유대인이나 이방인, 그리고 그리스도인 등 그 청중에 따라 여러 가지 형태로 바뀌며, 때로는 변론과 공격의 성격을 띠기도 한다.

학자들의 연구에 의하면, 비록 다른 상황에서 다른 청중에게 한 것들이나 그 내용을 보면 언제나 거의 같은 도식을 바탕으로 이루어졌다는 것이다. 따라서 사도행전의 설교들은 누가 자신에 의한 것이거나 적어도 그의 손질에 의하여 마무리되었을 것이라고 여겨진다.[7] 그러나 누가복음에서 누가가 다른 자료들을 사용하여 기록한 태도를 비추어 볼 때 사도행전의 설교의 내용이 누가의 순수한 창작이나 자유로운 재구성이라고 보기는 어렵다. 비록 실제로 행해진 설교의 어구와 순서를 그대로 전하고 있다고 보기는 어려울지 모르지만 누가는 그가 얻은 전승에 충실히 근거하고 있다고 보아야 할 것이다. 이러한 관점에서 영국의 신약 학자 다드(C. H. Dodd)는 사도행전에 있는 설교들에 초기 교회의 복음적 선포(케리그마)가 포함되어 있음을 지적하였다.[8]

이 설교들은 일반적으로 '선교 연설'의 성격을 띠고 있다. 누가는 이 연설문들을 이야기 가운데 부수적으로 첨가시키기보다는 전체의 이야기와 밀접한 관련 속에서 전개시키고 있다. 연설이나 설교에 의하여 어떤 사건이 유발되며, 그 설교 자체가 이야기 전체의 의미를 부여한다. 이러한 것

7. 상게서, p. 171.
8. C. H. 다드, A. M. 헌터, 「설교의 원형과 그 발전 : 케리그마」, 채위 역, 한국기독교문화원(1974), p. 17 이하.

은 사도행전의 독창적인 문학적 서술법을 드러내는 것으로, 여기에서 우리는 누가가 초기 교회의 단순한 연대기적 사실을 전하기 위해서가 아니라 복음전파를 위하여 그의 글을 썼음을 알 수 있다.

### 3) 성령행전

사도행전(The Acts of the Apostles)이라는 이름에서 곧 이 책의 내용은 사도들의 활동과 전기라는 인상을 받게 된다. 그러나 사도행전에 기록된 사건들의 배후에는 언제나 성령의 활동이 암시되고 있다. 성령의 강림으로 교회가 탄생되고 사도들이 복음을 전하기 시작했으며, 그리스도를 믿고 세례를 받을 때에 성령이 임하였다(8 : 14–17, 10 : 44–48). 이방선교를 위하여 바나바와 바울은 성령의 부름을 받았고, 예루살렘의 사도회의도 성령의 역사 가운데 이루어졌다(15 : 28). 성령이 바울의 선교활동을 간섭하고 인도하며(16 : 6–7), 그가 당할 일을 예고하기도 하였다(21 : 11). 이러한 사실들로 볼 때 사도행전을 '성령행전'이라고 불러도 부적절한 것은 아니다.[9]

성령에 대한 강조는 사도행전에서 뿐만 아니라 누가복음에서도 뚜렷이 드러나고 있는데, 다음과 같은 통계가 그것을 분명히 보여 준다. 성령 혹은 영(Spirit)에 관한 언급이 마태복음에 17회, 마가복음에 23회, 요한복음에 21회 나타나는 데 비하여 누가복음에는 38회, 사도행전에는 69회 나오고 있다. 이와 같이 누가는 특별히 성령에 관심을 기울이므로 누가복음은 '성령의 복음', 사도행전은 '성령의 행전'이라고 불리기도 한다. 또한 페린(N. Perrin)과 같은 이는 누가복음은 '예수를 통한 성령의 활동'을, 사도행전은 '교회를 통한 성령의 활동'을 보여 주는 것이라고 말한다.[10] 그러한 면에서 볼 때 누가는 하나님의 구원역사를 이끌어 가는 것은 사람이 아니라 성령임을 드러내고자 했다고 할 수 있다.

## 4. 신학적 성격

### 1) 역사적 관점

우리는 흔히 사도행전을 초기 교회의 역사책으로 이해하는 경우가 많다. 그러나 사실에 있어서 누가는 초기 교회의 역사적 사실들을 완벽하게 서술하려는 의도는 가지고 있지 않았다. 사도행전의 내용은 단편적인 사건들을 중요 인물들의 말과 행위와 연결시켜서 하나의 연속되는 이야기로 기술한 것이다. 따라서 사건들 사이의 연관성이 불투명할 때도 있으며, 사건들의 순서가 일정치 않고 한 사건에 대하여 여러 번 언급하는 경우도 있다(예로서 베드로의 환상에 대해서는 10：9 이하와 11：5 이하에 두 번, 바울의 회심에 대해서는 9：3 이하, 22：5 이하, 26：12 이하에서 세 번 반복하고 있다). 이러한 점에서 사도행전은 단순한 역사로서가 아니라 초기 교회를 통하여 이루어져 가는 하나님의 구원의 역사를 기록했다는 관점에서 이해되어야 할 것이다.

누가복음에 나타나는 신학적 특징을 살펴보면서 우리는 이미 누가복음에서 예수의 사건이 창조로부터 종말에 이르기까지 계속 진행되는 구속사 가운데에 절정을 이루는 중간 시기로 이해됨을 보았다. 이러한 구속사적 개념은 사도행전에도 그대로 적용되어 나타나고 있는데, 그것은 재림의 지연에 대한 이해에서 온 것이라고 할 수 있다.[11] 오순절 사건과 재림 사이에는 성령의 활동에 의한 세계복음화의 시기가 있다고 하는 견해에서 사도행전이 기록된 이유를 생각할 수 있다. 1：7에서 재림의 시기에 관한 질문을 배제하면서 1：8에 성령에 의한 세계선교의 사명을 제시함으로 현세에 있어서 교회의 존재 의미를 밝혀 주고 있다. 임박한 재림에 대한 기대 대신에 종말을 역사의 끝으로 옮겨 놓음으로 누가는 그 기간 동안에 교회가 수행해야 할 과제를 보여 주고자 한 것이다. 물론 사도행전에서 재림이 등한히 여겨지거나 무시되고 있지는 않다. "그러므로 너희가 회개하고 돌이켜 너희 죄 없이 함을 받으라.… 또 주께서 너희를 위하여 예정하신 그리스도 곧 예수를 보내시리니 하나님이 영원 전부터… 말씀하신바 만유를 회복하실 때까지는 하늘이 마땅히 그를 받아두리라."(3：19-21) 하는 설교 가운데서 재림이 명백히 언급되고 있으며, 1：11의 승천기사 가

9. 거쓰리, 「신약개론」, p. 354.
10. 김득중, 「신약성서개론」, p. 125.
11. 큄멜, 전게서, p. 174.

운데서는 천사들에 의하여 재림이 분명히 선포되고 있다. 따라서 예루살렘에서 로마까지의 복음의 선포 과정은 종말이 다가오고 있다는 의식 속에서 기록되고 있다. 주께서 하나님에 의하여 높임을 받음은, 재림이 있기 전 하나님 나라의 완성을 위하여 교회로 하여금 성령의 능력으로 복음 전파의 사명을 다하게 하기 위함이라는 것이 누가가 사도행전을 통하여 증거하는 것이다.

### 2) 바울에 대한 이해

바울에 관하여 직접적으로 말해 주는 자료는 바울 자신에 의한 서신들과 사도행전을 들 수 있다. 그런데 여러 학자들은 사도행전에 묘사된 바울과 서신에 나타나는 바울을 비교할 때 상당한 차이가 난다는 것을 지적하였다.[12)]

첫째로, 사도행전에 보면 바울은 앉은뱅이를 고치며(14 : 8—10), 귀신을 쫓아내기도 하고(16 : 18), 죽은 자를 살리기도 하며(20 : 7—12) 심지어는 그의 손수건이나 앞치마만 닿아도 병자가 낫는(19 : 12) 위대한 이적의 행사자로 나타난다. 반면에 이적 행함을 고린도 전서 12 : 10에서는 하나의 성령의 은사로 언급할 뿐 서신에서 바울은 자신을 이적 행사자로 말하지 않는데, 그는 어떤 경우에도 자신의 사도권에 대한 증거를 외부적인 요소들에 의지하지 않았다. 그래서 바울은 자신이 행한 이적에 대하여 별로 언급하려고 하지 않는다.

둘째로, 사도행전에서 바울은 뛰어난 웅변가 내지는 연설가로 나타난다. 그는 유대인과 이방인들 앞에서 뿐만 아니라 로마의 총독과 관원들 앞에서 자신과 여유를 가지고 설명함으로 그들을 설득시킨다. 더 나아가서 아테네의 아레오바고 언덕에서는 철학자들을 상대로 유창한 논증을 설파한다(17 : 22—31). 그러나 서신에서 바울은 자신이 말에 능한 자가 아님을 스스로 인정하고 있으며, 그의 적대자들은 그 편지들은 중하고 힘이 있으나 그 몸으로 대할 때는 약하고 말이 시원치 않다(고후 10 : 10)고 비꼬

12. 그 대표적인 학자로 헨헨(E. Haenchen)을 들 수 있다. 사도행전( Ⅰ ), 「국제성서주석」, p. 161 이하.

았다.

셋째로, 서신에서 바울은 자신이 예루살렘의 사도들과 동등한 사도권을 가졌음을 강력히 주장하는 데(갈 1 : 1, 2 : 8, 고후 12 : 11 등) 반해 사도행전에서는 바울의 사도직에 대하여 거의 아무런 말을 하지 않는다. 사도행전 14 : 4, 14에서 바울과 바나바를 사도라고 부른 것을 예외로 한다면 사도행전에서는 오직 예수의 12제자만이 사도로 불리고 있다. 누가에게 있어서 사도의 자격은 세례 요한에게 세례받은 때로부터 승천하실 때까지 예수와 함께 동행한 자에게만 주어지는 것이었다(행 1 : 21–22). 서신에서 바울은 예루살렘의 사도들이 유대인을 위한 사도인 것처럼 자신은 이방인의 사도로 부름받았음을 지적한다. 그에 비하여 사도행전에서 누가는 이방인에 대한 바울의 선교적 사역을, 유다와 사마리아에서의 베드로와 다른 사도들의 초기 활동의 연장으로 묘사한다.

넷째로, 사도행전에서 바울은 자신이 나면서부터 로마의 시민임을 주장하고 있으며(22 : 28) 필요할 때마다 그 사실을 밝히고 있다. 반면에 서신에서는 한 번도 자신의 로마 시민권에 대하여 말하지 않으며, 오히려 범인(凡人)으로서 무수한 위험과 형벌을 당했음을 말하고 있다(고후 11 : 23–25).

사도행전에서 누가가 보여 주는 바울의 상은 이적을 행하는 능력의 소유자이며, 훌륭한 설교자이고 로마 시민권을 가진 부끄러울 것이 없는 인물이었다. 그것은 바울서신에 나타나는, 때로는 감정적이며 때로는 자신의 약점을 드러내기도 하는 바울의 적나라한 모습과는 매우 다른 것이다. 누가는 있는 그대로의 바울의 전기를 쓰려고 한 것이 아니라, 그리스도의 종으로 택함을 받아 이방선교의 사명을 수행한 이상적인 전도자의 상을 바울을 통하여 나타내고자 한 것이다. 그러나 초기 교회의 역사 속에서 활동한 바울을 이해하는 데는 바울서신과 더불어 사도행전이 유일하고 절대적인 자료임은 틀림이 없다.

## 5. 저자와 자료

사도행전의 저자가 누가복음의 저자와 동일한 인물로 바울의 동역자였던 누가라는 것은 일반적으로 인정된 견해이다. 어떤 사람들은 바울의 선교활동에 직접 참여하지 않은 익명의 저자에 의하여 사도행전이 쓰여졌으며, 그 저술자는 원자료들에 의존하여 그의 편집의도를 따라 기술하였다고 생각한다.[13] 그러나 이러한 이론은 확실한 증거에 근거하지 못하고 추론에 의거한 것으로 그 타당성을 입증하지 못한다.

누가가 사도행전을 썼음을 인정할 경우에도 문제가 아주 없는 것은 아니다. 사도행전의 내용에는 누가가 직접 목격하거나 경험하지 않은 부분들이 많이 있기 때문이다. 여기에서 누가가 사용한 자료에 관한 문제가 생기게 된다. 일반적으로 사도행전의 저자는 여러 가지의 많은 전승들을 사용하였을 것이며, 그 중의 어떤 것들은 이미 기록되어진 것들도 있었을 것이다. 이에 대하여 하르낙(Harnack)은 사도행전에 자료비평법을 도입하여 세 자료설을 제시하였다. 그는 2장에서 5장 사이에서 두 종류의 평행자료를 찾아냈는데, 3：1~5：16과 그 나머지 2：1~47과 5：17~42로 구분하였다. 전자는 예루살렘-가이사랴 자료라 하며 8：5~40, 9：31~11：18, 12：1~23이 여기에 속한다고 보았다. 그리고 후자를 안디옥 자료라고 하여 6：1~8, 11：19~30, 12：25~15：35이 여기에 속한다고 한다. 세 번째 자료는 '우리'라는 1인칭 복수를 주어로 시작하는 본문들이다(16：10-17, 20：5-15, 21：8-18, 27：1-28：16). 이 본문들을 소위 '우리'자료(We passage)라고 부르는데, 이 부분에서 저자는 목격자로서 말하고 있으며 그 문체가 생동적이며 표현이 소상한 것을 알 수 있다. 이것은 마치 저자가 바울의 동행자로서 기록한 일지를 그대로 옮겨 놓은 것과 같은 느낌을 준다.

이상과 같은 세 자료설은 사도행전이 기록되는 데 사용된 자료들을 이해함에 있어 상당한 도움을 준다고 생각한다. 누가는 자신이 직접 보고 경험한 내용 외에 많은 부분들을 자신이 수집한 자료나 전승들을 토대로 기록하였음이 틀림없다. 그 중에 가장 중요한 자료들은 초대교회의 발상지인 예루살렘을 중심으로 한 지역에서 얻어졌을 것이며, 초기 이방선교의 배경에 관하여는 안디옥 교회가 가장 중요한 자료의 근원이었음이 분

13. 이에 대한 자세한 논의는 거쓰리, p. 369 이하 참조.

명하다. 누가가 직접 듣거나 본 것을 근거로 여러 가지 수집된 자료들을 가지고 사도행전을 기술할 때 단순히 편집자적인 입장에서 글을 쓴 것이 아니라 성령의 감동에 의하여 자료들을 선택하고 해석하여 사용했다고 봄이 옳을 것이다.

## 6. 저작 시기와 장소

이레니우스(Irenius)를 비롯한 고대의 전승들은 사도행전이 바울의 순교 이후에 쓰여진 것이라고 하였다. 그러나 3세기 이후에는 바울이 로마에서 2년간 감금된 생활을 하는 동안에 사도행전이 쓰여졌다고 하는 주장이 나타났다. 그것은 유세비우스의 암시로부터 시작되어 히에로니무스가 지지하였는데, 그 근거는 사도행전의 마지막이 바울의 구류생활을 기록하는 것으로 끝나기 때문이라는 것이다. 그러나 사도행전이 누가복음보다 뒤에 쓰여졌음을 생각한다면 적어도 70년 이후에 기록된 것으로 보아야 하며, 그 사상적 내용과 언어적 차이로 보아 80년 이전으로 소급하기는 어렵다고 본다.[14)]

어떤 이들은 사도행전에 나타나는 신학적 성격이 2세기 초의 공교회(公敎會)적인 특성과 유사하다는 점에서 115년에서 130년 사이의 늦은 시기로 그 연대를 잡으려는 주장을 편다. 그러나 사도행전에 2세기 초의 공교회적 성격이 나타난다는 것은 타당성이 없는 이론이며, 순교자 저스틴(Justin)의 신학과 유사하다는 것도 올바른 견해는 아니다.

누가가 사도행전을 기록할 때 바울서신을 염두에 두지 않았던 것으로 보이는데, 바울서신이 수집되어 널리 읽힌 것을 1세기 말로 생각한다면 그 이전인 80년에서 90년 사이에 사도행전이 쓰여졌다고 하는 설이 가장 타당할 것이다.

저작 장소에 대해서는 고대로부터 로마, 에베소, 마게도냐, 아가야 등 여러 곳이 제시되었으나 로마설이 가장 유력하다. 그 이유는 저자인 누가가 바울의 동행으로 로마에 갔다는 사실에 근거한 것이다.

---

14. 큄멜, 전게서, p. 189 이하.

# 제 7 장

# 요 한 복 음

## 1. 주제 및 내용 개요

**1) 주제 :** 말씀이 육신이 되어 사람들 가운데 거하신 하나님의 아들, 빛과 생명(영생)이신 그리스도

**2) 내용 개요**

① 서설(1 : 1-51)

a. 사람이 된 말씀, 그리스도의 신성(1 : 1-18)

b. 세례 요한의 증거(1 : 19-51)

1 : 19~34 세례 요한의 증거

1 : 35~51 첫 번째 제자들을 부르심

② 그리스도의 능력과 영광의 나타남(2-12장)

a. 제 1 이적-물로 포도주를 만드심(2 : 1-12)

b. 성전 청결(2 : 13-25)

c. 중생에 대한 니고데모와의 대화(3 : 1-21)

d. 예수에 대한 세례 요한의 증거(3:22-36)
e. 사마리아 여인과의 대화-메시야되심을 선포(4:1-42)
f. 제2이적-왕의 신하의 아들을 고치심(4:43-54)
g. 제3이적-베데스다 못의 38년 된 병자 고침과 그에 대한 논쟁(5:1-47)
h. 제4이적-5천 명을 먹이심(6:1-14)
i. 제5이적-물 위를 걸으심(6:15-21)
j. 생명의 떡에 대한 말씀(6:22-71)
k. 초막절 때 예루살렘에서(7:1-8:59)

7:1~52 예수의 메시야되심에 대한 반발
7:53~8:11 간음한 여인
8:12~59 아브라함보다 크다는 예수에 대한 유대인의 반감

l. 제6이적-나면서 소경된 사람을 고치심(9:1-41)
m. 선한 목자(10:1-21)
n. 수전절에 예루살렘에서(10:22-42)
o. 제7이적-나사로를 살리심(11:1-57)

11:1~16 나사로의 죽음에 대한 보고
11:17~37 부활과 생명에 관한 말씀
11:38~57 나사로를 살림과 그에 대한 반응

p. 베다니의 잔치(12:1-11)
q. 예루살렘 입성(12:12-19)
r. 죽음의 예고(12:20-36)

12:20~26 예수를 만나고자 하는 헬라인들에 대한 답변
12:27~36 기도와 임박한 죽음에 대한 예고

s. 불신앙의 유대인들(12:37-50)

③ 제자들과의 고별 말씀(13:1-17:26)

a. 최후의 만찬(13:1-30)
b. 고별을 위한 교훈(13:31-16:33)

13:31~38 새 계명을 주심과 베드로의 부인을 예고

14 : 1~31 제자들에 대한 위로와 보혜사 성령을 보낼 것을 약속
15 : 1~17 포도나무의 비유
15 : 18~16 : 4 제자들이 박해를 받을 것에 대한 교훈
16 : 5~33 성령에 대한 교훈과 승리의 확신

c. 제자들을 위한 기도(17 : 1-26)

④ 수난과 부활-그리스도의 영광이 드러남(18 : 1-20 : 29)

a. 체포와 심문(18 : 1-19 : 16)
18 : 1~11 기드론 시내 건너편 동산에서 체포됨
18 : 12~27 안나스와 가야바 앞에서의 심문과 베드로의 부인
18 : 28~19 : 16 빌라도의 재판

b. 십자가의 죽음과 장사지냄(19 : 17-42)
19 : 17~37 십자가에 못박히심
19 : 38~42 아리마대 요셉과 니고데모에 의하여 장사됨

c. 부활(20 : 1-29)

⑤ 끝맺음(20 : 30-21 : 25)

a. 저자의 목적(20 : 30-31)

b. 갈릴리 현시-추기(21 : 1-25)
21 : 1~23 갈릴리의 제자들에게 나타나심
21 : 24~25 기록자에 대한 증언

## 2. 요한복음의 구조

요한복음은 공관복음서에 비하여 훨씬 더 발전된 신학적 내용(특히 기독론적 개념들)을 드러내고 있다. 이 점에 대하여 3세기에 알렉산드리아의 교부였던 클레멘트(Clement)는 "다른 복음들에서 실제적이고 문자적인 사실들이 기록된 것을 인식한 요한은 끝으로 성령의 감동을 받아 영적인 복음서(a spiritual gospel)를 작성하였다."고 말하였다. 그러나 결코 제 4의 복음서가 비역사적이라고 보아서는 안 된다. 이 복음서 역시 공관복음서와

마찬가지로 초대교회의 구전(口傳)과 자료들에 근거하여 기록하였기 때문이다.[1] 반면에 요한은 예수의 말씀과 활동을 기록하면서 외면적인 사건들에 머물지 않고 그 배후를 넘어서 궁극적인 의미를 드러내며, 거기에서 그리스도의 신성을 증거하고자 한 것이다. 그 결과 요한복음의 구조는 공관복음서와 매우 다르게 되었으며, 요한은 특히 예수의 공생애에 있어 7개의 이적을 통하여 그리스도의 신성을 증거하고자 한다.

요한복음의 전체 내용을 살펴볼 때 사건의 배열이 매우 산만하여 일관된 구조를 발견하기가 어렵다는 것이 일반적인 견해이다. 이에 대하여 다드(C. H. Dodd)는 1：19～51의 제자들을 부르신 사건의 내용은 1：1～18의 서문에 나타나는 주제를 증거하는 것으로 간주하였으며, 그 주제는 표적들의 장이라고 부르는 2장에서 12장까지 이어진다고 보았다. 표적들의 장은 7개의 이적기사와 예수의 교훈들로 이루어졌는데, 다드는 이 부분을 다시금 다음과 같은 내용으로 나누고 있다. 새로운 시작(2：1－4：42), 생명을 주시는 말씀(4：46－5：47), 생명의 떡(6장), 빛과 생명：증거와 배척(7－8장), 빛에 의한 심판(9：1－10：39), 죽음을 이긴 생명의 승리(11：1－53), 죽음을 통한 삶：십자가의 의미(12：1－36), 그리고 이 부분에 이어 실제적 수난을 기록한 장(13－21장)이 온다고 보았다.

이에 비하여 불트만(R. Bultmann)은 요한복음서를 두 개의 주요 부분, 즉 세상에 대한 영광의 계시(2－12장)와 신자에 대한 영광의 계시(13－20장)로 구분한다.[2] 그는 다시 첫 번째 부분을 넷으로 나누는데, 계시자와의 접촉(2：23－4：42), 정한 계시(4：43－6：59, 7：15－24, 8：13－20), 계시자의 세상과 충돌(7－10장), 계시자의 세상에 대한 승리(6：60－71, 8：30－40, 10：40－12：33) 등이다. 두 번째 부분은 계시자의 고별(13－17장)과 수난과 부활에 관한 기사(18－20장)로 나눈다. 불트만은 이러한 배열에 의하여 어떤 주제의 통일성을 찾을 수 있다고 보았는데, 거기에는 그의 신학적 전제인 계시자에 관한 사상이 지배적 역할을 한다. 그럼에도 불구하고 그의 두

---

1. 큄멜, 「신약정경개론」, p. 235 이하.
2. R. 불트만, 「요한복음서 연구(상, 하)」, 허혁 역, 성광문화사(1979). 목차 참조.

가지 주요 부분들에 의한 구분은 매우 암시적인 의미를 가지고 있다고 인정된다.[3)]

이러한 이중구조의 틀을 크게 벗어나지 않으면서 요한복음의 구조를 보다 균형 있게 설명할 수 있는 방법으로 페린(N. Perrin)은 다음과 같은 구분을 제시한다.[4)]

(1) 서론 : 로고스론과 세례 요한(1 : 1—51)

(2) 표적의 책(2 : 1—12 : 50)

(3) 고별설교와 교회를 위한 기도(13 : 1—17 : 26)

(4) 수난설화(18 : 1—20 : 30)

(5) 부록 : 갈릴리의 부활주의 현현(21 : 1—25)

여기에서 서론(1장)과 부록(21장)을 빼면 요한복음은 '표적의 책', '고별설교와 기도' 그리고 '수난설화'의 세 부분으로 크게 구분할 수 있다.

## 3. 공관복음서와의 관계

요한복음을 이해하기 위해서는 우선적으로 공관복음과 비교해 보는 것이 당연한 일일 것이다. 예수 그리스도에 관한 일차적인 증언이라는 점에서 이들은 불가분의 관계에 있다. 요한복음만을 독립시켜 연구할 때에 거기에서는 공관복음과 대립되는 수많은 문제가 발생하게 되며, 바꾸어서 공관복음서만 독립적으로 다룰 때도 마찬가지이다. 따라서 공관복음과 요한복음 사이의 관계를 고찰한다는 것은 복음서들을 이해하는 데 매우 중요한 과제가 된다.

### 1) 공관복음서와의 공통점과 차이점

요한복음에는 예수에 대한 세례 요한의 증거, 제자들을 부르심, 왕의 신하의 아들을 고치심, 5천 명을 먹이심, 바다 위를 걸으심, 베드로의 신앙고백, 예루살렘 입성, 최후의 만찬, 수난주간에 관한 일부와 성전 청

3. 거쓰리, 「신약개론」, p. 319.
4. 김득중, 「신약성서개론」, p. 134.

결, 베다니의 기름부음 등 공관복음서와 동일한 내용이 나타나나, 이들 중 어떤 것은 그 전후 문맥과 상황에 있어 전혀 다른 의미로 나타나는 것도 있다. 사실에 있어 이들 사이의 공통점보다 차이점이 더욱 뚜렷하게 드러나는데 그것을 다음에 간단히 정리해 보겠다.

① 전체적인 구조에 있어, 공관복음에서는 예수께서 공생애활동 중에 갈릴리와 그 주변에 머무르시다가 마지막 일주일을 예루살렘에서 체류하면서 거기에서 십자가의 죽음으로 끝맺은 것으로 나타난다. 거기에 반해 요한복음에서는 예수의 활동무대가 처음부터 예루살렘을 중심으로 대두되며, 그의 공생애 동안에 갈릴리와 유대, 예루살렘, 사마리아를 자주 왕래한 것으로 기록되어 있다. 따라서 공관복음서에 의할 경우 예수의 공생애 기간은 일년을 넘지 않는 것으로 보여지는데, 요한복음에는 예수께서 유월절을 세 번 이상(2：13, 6：4, 11：5〈12：1, 18：28〉, 5：1〈?〉) 지내신 것으로 언급되고 있어 예수의 공생애 기간을 3년 반으로 추정하는 것은 요한복음의 기록에 의거한 것이다.

② 마지막 만찬에 대해서도 공관복음과 요한복음은 중요한 차이를 나타낸다. 공관복음에서는 마지막 만찬이 성만찬의 제도를 세우는 의미를 가지지만, 요한복음에는 성만찬의 의미 대신에 제자들의 발을 씻긴 사건을 통해 섬기는 자의 모범을 보여 준다. 마지막 만찬이 행해진 날짜에 대해서도 공관복음에는 '무교절 첫 날 곧 유월절 양을 잡는 날'(막 14：12)에 유월절 식사로 행해졌는 데 비해 요한복음에는 '유월절 전날'(13：1)에 있었다고 한다. 마가복음에 의하면 예수의 체포와 심문과 고난이 유월절이 시작하는 날에 있었고(니산월 15일), 요한복음에서는 그 전날(니산월 14일)에 있었던 것으로 된다. 따라서 십자가의 수난에 있어 하루의 차이가 나는데, 공관복음에서는 예수의 죽음을 유월절 어린 양의 죽음과 관련시키려는 관심이 강하게 드러나고 있음을 알 수 있다.

③ 공관복음서에서는 예수의 활동과 교훈에 대하여 대개 독립된 설화나 어록 혹은 어록군들을 연결하여 기록하고 있다. 즉 수난설화만이 보다 길게 연결된 하나의 기사로 이루어져 있을 뿐 공관복음서의 내용은 수많은 단편적 기사와 어록들이 결합하여 구성되고 있음을 볼 수 있다. 그에 비하여 요한복음에서는 비록 개개의 단편적 설화들의 모음이 없는 것은 아

니지만(예로서 2 : 1—10, 13—21, 4 : 46—53, 12 : 1—9, 13 : 36—38 등), 대체로 같은 주제를 중심으로 이루어진 긴 설교들이 많이 있으며(4, 5, 6, 9, 11장 등), 그러한 것들은 때로는 대화체의 내용을 포함하기도 한다. 이러한 설교들은 단편적인 말씀들을 결합하여 만든 것이 아니라 하나의 주제를 중심으로 구성된 단일의 설교 형태를 이룬다. 이 점에서 요한복음의 설화는 '드라마적 성격'을 가진다고 말하기도 한다.[5]

또 하나 주목할 것은 신학적인 관점의 차이로 공관복음서에서는 '하나님의 나라'가 예수의 교훈의 중심을 이루지만, 요한복음에서는 그 대신에 '생명'(영생)이 그리스도의 복음의 핵심이 되고 있다. 그와 더불어 요한복음에서 말하는 구원은 종말론적인 것과는 달리 철저하게 현재적인 의미를 가지고 있음을 볼 수 있는데(3 : 18, 5 : 24 참조) 이에 대하여는 뒤에 좀더 구체적으로 살펴보고자 한다.

### 2) 요한복음의 자료

요한복음과 공관복음서의 문서적인 관계에 대하여 상이한 두 개의 견해가 제시되었다. 하나는 '보충가설'이라는 이론으로, 요한은 공관복음서를 알고 있었으나 거기에 있는 내용을 반복하지 않고 없는 내용만을 보충했다는 것이다. 다른 하나는 소위 '독자성 가설'이라는 것으로 요한복음이 공관복음서와는 관계없이 독자적인 자료와 입장에서 쓰여졌다는 주장이다. 그러나 요한복음에 공관복음서와 공통된 내용들이 나타나는 것으로 보아 양자의 이론은 극단적인 가설로 여겨질 뿐이다.[6]

일반적으로 공관복음서와의 공통된 내용으로 보아서 요한복음의 저자가 공관복음을 알고 있었다고 추정된다. 특히 '2백 데나리온의 떡'(6 : 7, 막 9 : 37), '네 자리를 들고'(5 : 8, 막 2 : 11), '값진 순나드 향유'(12 : 3, 막 14 : 3) 등은 문자적으로도 완전히 일치하여 요한이 마가복음을 참조했음을 보여 준다. 또한 마리아와 마르다, 나사로, 안나스 등의 이름이 같이 나오며, 향유 부은 여인의 유사성(12 : 3 이하, 눅 7 : 36 이하)과 가룟 유다의

5. 퀌멜, 전게서, p. 204.

6. 김철손 외, 「신약성서개론」, p. 93.

배반(13 : 2, 27, 눅 22 : 3)과 베드로의 부인에 대한 예고(13 : 38, 눅 22 : 34) 및 베드로가 대제사장의 종의 귀를 검으로 자른 일(18 : 10, 눅 22 : 50)을 기록함에 있어 세부적인 설명들이 유사하다는 점에서 누가복음과의 문서적 접촉을 짐작케 한다. 마태복음과의 관계는 확실히 말하기 어려우나 요한이 마가복음과 누가복음을 알고 있었을 가능성은 매우 크다고 하겠다.[7] 그러나 요한복음은 그 두 복음서에 바탕을 두고 기록된 것은 결코 아니며, 그 자신의 독자적인 자료를 중심으로 공관복음과는 전혀 다른 관점에서 요한이 그의 복음서를 쓴 것은 분명하다.

요한복음에는 가끔 공관복음에서 제기된 상황을 다른 설명 없이 기정사실로 전제하고 있다. 예로서 요한이 세례 줌(1 : 25), 세례 요한의 답변(1 : 26, 27), 예수의 세례받으심(1 : 32), 세례 요한의 투옥(3 : 24), 열두 제자를 택하심(6 : 67 이하), 겟세마네의 기도(20 : 24) 등을 들 수 있다. 그러나 요한복음에는 공관복음에서 발견치 못하는 많은 내용들이 나온다. 그러한 것으로 가나의 혼인잔치(2 : 1 이하), 베데스다의 병자 치유(5 : 1 이하), 나면서 소경된 사람을 고치심(9 : 1 이하), 그리고 나사로를 다시 살리심(11 : 1 이하) 등의 이적사화와 니고데모와의 대화(3 : 1 이하)와 사마리아 여인과의 대화(4 : 5 이하) 등과 선한 목자(10장), 참 포도나무(15장) 등의 비유들을 들 수 있다. 전체적으로 보아 요한의 독립적인 자료로서는 7개의 이적기사를 이루고 있는 표적자료와 공관복음에 나타나는 것과는 다른 예수님의 말씀들로 이루어진 어록집과 또한 독자적인 수난과 부활사화를 생각할 수 있다.

이상의 고찰에서 요한복음은 공관복음을 보충하거나 개조하거나, 대체한 것이라고 보기는 어렵다. 요한복음이 기존의 복음서들에 대한 지식을 전제로 하고 있다면, 요한은 그것을 고려하여 예수 그리스도에 대한 자신의 독특한 묘사를 제시하고자 하였을 것이다. 즉 그는 최소한의 공관복음과의 공통된 자료를 사용하면서 자신의 독자적인 자료들을 중심으로 예수께서 기름부음을 받은 자요 하나님의 아들이심을 철저하게 증거하고자 하였던 것이다(20 : 31 참조).

---

7. 큄멜, 전게서, p. 207.

## 4. 주요 특징들

### 1) 로고스 기독론과 이원론(二元論)

요한복음에 나타나는 두드러진 특징 중의 하나는 공관복음과 전혀 다른 언어를 사용하고 있다는 것이다. 그것은 단순히 문법이나 문체상의 차이가 아니라 그가 사용하고 있는 언어의 개념에 있어서의 차이이다. 요한복음에 드러나고 있는 강력한 셈어적인 특징에도 불구하고 거기에서 사용되고 있는 어구들이 팔레스타인—유대교적인 개념 세계와는 상이한 성격을 가진다는 점에서 심각한 문제가 제기된다. 즉 빛과 어두움, 거짓과 진실, 위와 아래의 대조와 생수, 생명의 떡, 세상의 빛 등의 구속적인 개념들 및 예수에 대한 묘사로 '아버지께서 보내신 한 사람', '하늘로 올라가신 이'등의 표현이 그러한 것이다.

요한복음의 서두에 나오는 로고스(λόγος)와 하나님—그리스도의 신비주의에 대하여 다드(C. H. Dodd)는 알렉산드리아의 필로(Philo)의 사상과 매우 유사한 성격을 가진다고 보았다.[8] 따라서 여러 학자들은 요한복음의 사상적 배경을 필로를 대표로 하는 헬라적 유대 종교철학에서 찾으려 한다. 그러나 로고스를 다양하게 비인격적으로 사용하는 필로에게서 요한복음의 인격적 로고스 개념을 찾을 수 없으며, 또한 요한복음에는 필로에게서 볼 수 있는 희랍의 철학적 사고방식이 나타나지 않는다. 따라서 요한과 필로에게서 나타나는 로고스—신비주의의 유사성은 당시 헬라적 유대인들을 통하여 영향을 미쳤던 영지주의(Gnosticism)에서 찾아야 한다는 견해가 대두된다.

요한복음에서 뚜렷이 드러나는 특징 중의 하나는 이미 앞에서 지적한 바와 같이 빛과 어두움, 진리와 거짓, 생명과 사망 등 이원론적인 개념을 사용하고 있다는 점이다. 이것은 영적인 세계와 물질적인 세계를 대립시키는 영지주의의 이원론과 매우 밀접한 관련을 가지는 것처럼 느껴지며, 또한 '영적인 지식'(그노시스)을 강조하는 점에서도 양자 사이의 유사성을 발견케 된다. 그러나 영지주의가 철저한 이원론에 근거한 것인 반면에 요

8. 거쓰리, 전게서, p. 283 이하.

한복음의 이원론은 유일신이신 하나님의 주권 아래서 빛과 어두움, 생명과 죽음을 구분하고 있다는 점에서 그 이원론의 성격이 다르다. 이에 대하여 다른 학자들은 1948년 사해지역에서 발굴된 쿰란 문서에 근거하여 요한복음은 유대교의 한 분파로부터 영향을 받았다고 주장했다. 쿰란 문서 가운데는 '빛의 자녀들과 어두움의 자녀들의 전쟁'이라는 책이 보여주는 것처럼 뚜렷한 이원론적 사상을 담고 있기 때문이다. 그런데 쿰란 공동체의 배경에서도 영지주의적 요소를 찾으려는 경향과 함께 요한이 직접적으로 쿰란 공동체로부터 영향을 받았다기보다는 그들이 공통적으로 각각 영지주의로부터의 영향을 드러내고 있다고 하는 견해가 제기되었다.[9]

대부분의 학자들이 요한복음에 영지주의의 영향이 미쳤음에는 동의하나, 영지주의로부터의 직접적인 영향인지 유대교적 영지주의를 통한 간접적인 것인지에 대하여는 의견을 달리하고 있다. 심지어 불트만(R. Bultmann)은 그리스도를 계시자(the Revealer)로 이해하는 입장에서 요한복음을 영지적 구속자 신화에 의해 기독교 신앙을 제시하려는 것으로 설명한다. 그러나 요한복음이 영지주의의 사상을 그대로 추종하지 않음은 그의 기독론에서 분명히 드러난다. 영지주의자들은 물질과 육체를 악한 것으로 여겨 그리스도의 성육신을 부정하는 데 반해 요한복음은 그리스도의 성육신을 증거하기 위하여 '말씀이 육신이 되었음'을 강조한다.

이상의 관찰을 통하여 결론지을 수 있는 것은 요한복음이 영지주의의 언어와 사상적 개념을 사용하고 있는 것은 사실이나 결코 '영지주의의 복음'을 쓰기 위한 것은 아니라는 것이다. 오히려 요한은 의도적으로 기독교의 신앙에 위협을 미치고 있는 영지주의를 비판하고 대항하기 위하여 영지주의적 언어를 사용하여 그의 복음의 의미를 밝혔다고 보아야 할 것이다.[10]

### 2) 세례 요한에 대한 예수의 우위성

모든 복음서가 예수의 공생애 초기에 활동한 세례 요한에 대하여 기록

---

9. 큄멜, 전게서, p. 223 이하.

10. 상게서, p. 231.

하면서 그를 예수와 비교하여 격하시키려는 경향을 보여 주고 있다. 그 이유는 초기 교회에 있어 여전히 세례 요한의 추종자들의 세력이 강하여 그리스도에 대한 신앙을 선포하는 데 어려운 문제점을 야기시켰기 때문일 것이다(막 8 : 27 이하, 행 19 : 1—7 참조). 공관복음에 비하여 요한복음은 세례 요한에 대한 예수의 우위성을 더욱 강하게 드러내고 있다. 이러한 경향은 서론 부분에서 세례 요한은 빛이 아니라 빛에 대하여 증거하러 왔을 뿐이라고(1 : 8) 하며, 예수는 세례 요한보다 앞서 계신 분임을 강조하는 데서(1 : 15) 분명히 느낄 수 있다. 더 나아가서 자신의 정체를 묻는 유대인 제사장들과 레위인들에게 세례 요한은 "나는 그리스도가 아니다."라고 명백히 대답하며 덧붙여서 자기는 엘리야도 선지자도 아닌 아무것도 아닌 존재라고 말한다(1 : 20, 21). 그는 예수가 '참 빛'이요 세상 죄를 지고 가는 하나님의 어린 양과 하나님의 아들임을 증거하는 '증거자'일 뿐으로, 예수의 신들메를 풀기도 감당치 못할 자라고 고백한다. 그러므로 세례 요한이 예수에 대하여 "그는 흥하여야 하겠고 나는 쇠하여야 하리라."(3 : 30)고 말한 것은 당연한 일이다.

세례 요한에 대한 예수의 우위성을 철저히 드러내려는 요한복음 저자의 의도는 공관복음서와는 달리 예수께서 세례 요한에게 세례를 받았다는 사실을 기록하지 않은 데서 살펴볼 수 있다. 그러한 요한복음의 철저한 태도는 요한복음의 배경에 어떤 특정한 신앙공동체가 있었음을 짐작케 한다.[11] 이 공동체는 조직적인 교회의 제도나 의식보다는 그리스도와 영적이고 인격적인 관계에 중요성을 두는 신앙공동체였으리라고 여겨진다. 세례와 성만찬에 대하여 언급하지 않는 반면에 예수께서 제자들의 발을 씻기심과 예수와 그리스도인의 관계를 포도나무와 가지로 비유함과 17장의 제자들을 위한 예수의 기도에서 그러한것을 느낄 수 있다.

### 3) 성령과 사랑의 강조

누가복음이 성령에 대하여 가장 많이 언급하고 있다는 것을 이미 앞에

---

11. 요한의 공동체에 대하여 김득중, 「복음서의 신학」, 컨콜디아사(1985), p. 268 이하 참조.

서 살펴보았다. 그러나 성령에 대하여 특별한 관심을 가지고 집중적으로 기술하고 있는 것은 요한복음이다. 니고데모에게 하신 예수의 말씀에는 거듭나게 하시는 성령의 사역이 분명히 제시되며(3 : 5), '하나님은 영이시므로' 예배하는 자가 영과 진리로 예배하여야 함을 강조한다(4 : 24). 믿는 그리스도인과 성령의 관계에 대하여는 예수께서 영광을 받으신 후에 성령이 주어질 것인데, 그 때에는 그리스도를 믿는 모든 자들에게는 생명의 근원인 생수의 강이 넘쳐 날 것이라고 한다(7 : 38, 39).

예수의 고별설교(14－16장)에서 성령에 대한 가장 구체적이며 인격적인 설명이 나타나고 있는데, 그는 보혜사이며 진리의 영으로 조언자이며, 변호자이고 위로자인 동시에 진리의 교사인 것이다. 그리고 요한복음에서만이 부활하신 주께서 제자들에게 숨을 내쉬며 "성령을 받으라."고 하신 것을 기록한다(20 : 22). 이와 같이 요한복음이 성령에 대하여 강조하는 것은 그 저자가 속한 신앙공동체에서의 성령의 중요성을 나타내 보여 주는 것이다. 그 신앙공동체에서는 열광적인 성령의 체험이나 성령의 은사보다는 성령 안에서의 그리스도와의 인격적인 교제와 성령을 통한 진리의 깨달음에 관심을 기울인 신앙생활을 이루어 갔다고 볼 수 있다.

요한복음에서 나타나는 또 하나의 중요한 단어는 사랑이다. 마태복음의 산상설교와 같은 윤리적 교훈 대신에 요한복음에서는 사랑을 그리스도인의 삶의 원칙으로서 가르치고 있다. "너희가 서로 사랑하면 이로써 모든 사람이 너희가 내 제자인 줄 알리라."(13 : 35)는 말씀이 그 대표적인 것이다. 그런데 요한복음에는 "마음과 뜻과 성품을 다해 주 너의 하나님을 사랑하고 또 네 이웃을 네 몸과 같이 사랑하라."고 한 공관복음에 나타나는 예수의 두 큰 계명이 언급되지 않는다. 그 대신에 요한복음에는 "서로 사랑하라."는 '새 계명'이 주어진다(13 : 34, 15 : 12, 17). 즉 요한복음에는 하나님 사랑과 이웃 사랑을 명하는 '큰 계명' 대신에 형제 사랑을 강조하는 '새 계명'을 제시한다. 이 점에서 요한복음은 공관복음에 비하여 소극적이고 배타적인 사랑을 말한다는 비판을 받기도 하지만 요한복음의 배경이 되는 신앙공동체를 이해할 때 그 의미를 바로 알 수 있다.[12] 요한은 크고

12. 김득중, 「신약성서개론」, p. 145.

넓은 사랑에 앞서 그의 신앙공동체 안에서의 형제간의 진정한 사랑이 현실적이고 구체적인 신앙의 표현이라는 것을 증거하고자 하는 것이다.

## 5. 저자와 21장의 문제

19세기 초에 요한복음의 저자 문제가 제기되기 전까지는 그 책이 세베대의 아들 요한에 의하여 쓰여졌다는 설이 전적으로 지지를 받았다. 이 견해는 "그후(처음 세 복음서가 쓰여진 이후) 예수의 품에 기댔던 주의 제자 요한이 에베소에 머무는 동안에 친히 복음서를 기록했다."는 이레니우스(Irenaeus, 140—210년)의 전승에 의하여 확실히 뒷받침되는 것으로 여겨졌다. 게다가 요한복음 21 : 24에는 요한복음에 여러 번 나오는 '사랑하는 제자'(13 : 23—25, 19 : 26—27, 20 : 2—8)가 바로 이것을 기록한 저자라고 한다.

그러나 이 전통적인 견해에 이의가 제기되기 시작했는데, 먼저 이레니우스와 동시대인(同時代人)인 파피아스(Papias)의 전승에 의하면 "요한과 그의 형제 야고보는 유대인들에 의하여 순교를 당했다."고 하며, 고대의 다른 전승들도 요한의 순교에 대하여 말하고 있다고 한다.[13] 또한 파피아스는 요한복음의 저자는 '장로 요한'이라고 전하고 있다. 장로 요한이 어떤 인물인지는 확실히 밝혀지고 있지 않으나 사도 요한과는 구별되는 사람임은 분명하다. 그보다 더 중요한 논의는 사도 요한의 저자권에 대한 직접적인 증거로 삼고 있는 21 : 24을 해석하는 데서 제기된다. 그 본문의 전반부에서 그 사랑하는 제자가 "이 일을 증거하고 그것을 기록했다."고 말한다. 그리고 후반부에서 거기에 덧붙여 "우리는 그의 증거가 참인 줄 아노라."고 한다. 여기에서 이 일을 증거한 사람과 그것을 믿는 '우리' 사이에는 구별이 있음을 느끼게 된다. 따라서 이 글을 쓴 사람은 이 일을 증거한 사람이 아니라 그것이 참인 줄 아는 '우리' 가운데 속한 사람이어야 하는 것이다.

여기에서 한 가지 이해하고 지나가야 할 것은 요한복음 21장이 처음부

13. 큄멜, 전게서, p. 247.

터 원문에 있었던 것이 아니라 후에 추가되었다는 점이다. 일반적으로 요한복음 20:30~31이 본래 요한복음 원문의 종결부로 여겨진다. 또한 1~20장과 21장이 구별되는 차이로는 부활주의 나타남이 20장에서는 예루살렘으로 국한되고 있으나 21장에서는 갈릴리에 나타나신 사건이 기록되어 있다. 그리고 21:2에서 처음으로 세베대의 아들들이 등장하고 있다. 거기에다 21장의 문체와 그 앞에서 사용된 문체 사이에는 큰 차이를 보여준다.[14] 이런 관점에서 볼 때 21:24이 19:35을 그대로 반복하여 사용하고 있는 이유를 알 수 있다. 21장을 첨가하면서 그것을 쓴 사람은 요한복음의 저자를 그 사랑하는 제자로 밝히는 것이 타당하다고 여겼던 것이다. 그러나 요한복음 1~20장에서는 그 사랑하는 제자가 누구이며, 이 책의 저자가 누구인지를 결코 밝히지 않고 있다. 매우 일찍부터 21장의 추가된 원문이 이의 없이 본문으로 받아들여진 것으로 보아 그것을 쓴 사람은 20장 이전의 저자와 동일인물이거나 매우 밀접한 관계를 가지는 인물로 생각된다.

본서의 저자가 예수님의 제자였던 요한이라는 주장을 어렵게 만드는 이유들로 다음과 같은 것을 더 들 수 있다. 첫째로 요한복음에는 공관복음에서는 찾아보기 어려운 영지주의적인 언어와 개념이 나타나는 반면에 예수님과 바리새인들, 사두개인들, 그리고 서기관들과의 사이에 갈등이 있었음을 전혀 알지 못하고 있다는 사실이다. 특히 처음 제자들을 부르실 때(막 1:19-20), 베드로의 장모를 고치셨을 때(마 1:29), 열두 제자를 선택하셨을 때(막 3:13 이하), 야이로의 딸을 일으키셨을 때(막 5:37), 변화산상(막 9:2 이하)과 겟세마네(막 14:22 이하) 등 세베대의 아들 요한이 참여한 중요한 사건들이 요한복음에는 모두 빠져 있으며, 요한의 형제 야고보에 대해서도 한 번도 언급되지 않고 있다. 거기에다 세배대의 아들들이 갈릴리의 사람들이었던 데 비해 요한복음에는 갈릴리에 대한 관심이 크게 결여되어 있다.

요한복음이 셈어적 영향을 나타내기는 하지만 훌륭한 희랍어로 기록되어 있어 간혹 그 저자가 유대인이라고 주장되기도 하지만 그것은 결코 확정적으로 말하기 어렵다. 확실한 것은 그에게 예수의 수난설화를 전해 준

14. 자세한 논의는 상게서 p. 211 이하 참조.

팔레스타인의 그리스도인과 유대관계가 있었을 것이라는 점이다. 요한복음의 내적인 증거로 보아 그는 '사랑하는 제자'로부터 전해진 전승에 근거하여 기록했다고 여겨지며, 그것이 초기 교회에 공식적으로 알려지기 전인 매우 이른 시기에 어떠한 확대작업이 있었던 것으로 추정된다.

## 6. 저작 시기와 장소

요한복음이 다른 복음서들보다 늦게 쓰여졌다는 것이 고대의 전승으로부터 알려지고 있어 한때는 그 기록 연대를 2세기 중엽으로까지 생각하는 사람도 있었다. 그런데 2세기 초반에 기록된 $P^{52}$ 파피루스가 요한복음의 단편적 내용으로 되어 있으며, 그와 비슷한 시기에 쓰여진 '무명의 복음서'(Unknown Gospel)의 단편에도 요한복음이 언급되고 있음을 보아 2세기 초에 이집트에서 요한복음이 알려졌다고 한다면, 그 기록 연대는 2세기 이전이 확실하다고 할 수 있다. 또한 공관복음서보다 늦게 쓰여졌음을 감안할 때 그 저작 시기는 약 80년에서 90년 사이로 보는 것이 타당할 것이다.[15)]

요한복음이 기록된 장소로는 교회의 전승에 근거하여 에베소 또는 소아시아 지방을 지지하는 이들이 있다. 그러나 그 전승은 매우 후대에 속하는 것이며 복음서 자체 안에도 소아시아에 대한 암시가 전혀 나타나지 않는다. 거기에다 요한복음의 언어와 사상이 상당히 고립적이고 독특한 성격으로 보아 초기 기독교의 중요한 중심지였던 에베소에서 기록되었다고 보기는 어렵다. 그래서 어떤 사람은 이집트의 알렉산드리아라고 생각하는 사람도 있으나 크게 지지를 받지 못한다.

근년에는 시리아 지역이 요한복음의 저작 장소로 유력시되고 있는데, 그 이유는 안디옥의 이그나티우스가 요한복음을 최초로 인용한 인물로 여겨지며, 시리아에서 쓰여진 것으로 보이는 '솔로몬의 송가'와 요한복음이 내용상의 유사성을 가진다고 생각되기 때문이다. 또한 요한복음이 셈어적 경향을 띤 희랍어로 쓰여졌다는 점과 영지주의의 영향을 받은 유대인 공동체를 염두에 둘 때 시리아 지역이 그 어느 곳보다 타당하다고 여겨진다.

---

15. 상게서, p. 249.

# 제 2 편

# 바울서신

1. 서　론
2. 데살로니가 서신
3. 갈라디아서
4. 고린도 서신
5. 로마서
6. 옥중서신
7. 목회서신

# 제 1 장

# 서 론

## 1. 바울서신의 성격과 분류

### 1) 바울서신의 성격

27권의 신약성경을 구성하는 책들 가운데 21권의 책이 서신의 형식을 가지고 있다. 요한 계시록과 같은 책은 비록 서신의 형식을 가지고는 있지만 실제로는 서신의 범주를 벗어나고 있다. 또한 히브리서와 야고보서와 같이 신앙적인 논설의 성격과 서신의 성격을 띠고 있어 실제적인 편지인지 또는 서신의 형식을 취한 논설인지 결정하기 곤란한 것도 있다.[1]

신약성경에는 바울의 이름으로 쓰여진 편지가 13개 있다. 바울의 서신은 대체로 1세기 당시의 서신 형식을 충실히 따르고 있어 편지의 실제적인

1. 독일의 학자 다이스만(Deismann)은 실제적인 '편지'(letter)와 서간문 형식의 서술문인 '서신'(epistle)을 구분하는데, 이것은 편리한 점은 있으나 절대적인 적용은 어렵다. 큄멜, 「신약정경개론」, p. 252 이하 참조.

면을 보여 준다. 당시 헬레니즘 사회의 일반적인 서신의 서두에는 먼저 발신인을 밝히고 그 다음에 수신인의 이름이 나오고 카이레인(χαίρειν, '안녕하십니까'라는 뜻)이라는 간단한 인사말이 따른다. 이러한 헬라적 형식을 야고보서의 인사 부분과 사도행전 15：23과 23：26에서 찾아볼 수 있다. 반면에 바울서신의 형식은 대체로 서두에 긴 수식어와 함께 발신인과 수신인의 이름이 나오며 인사말과 함께 하나님께 드리는 감사와 찬양이 나온다. 그리고 서신 마지막에는 발신인의 친필로 쓴 인사와 문안의 말로서 끝난다. 일반적으로 바울은 그의 편지를 대필자에게 받아쓰게 했던 것 같다(롬 16：22 참조). 그러나 그는 자신의 편지의 진정성을 밝히기 위해 말미에 자필로 인사와 끝맺음 말을 썼다(고전 16：21, 골 4：18, 살후 3：17). 그것이 초대교회에서 그의 편지가 크게 낭독될 때 바울에 의하여 직접 쓰여진 편지임을 확증해 주는 유일한 근거였기 때문이다.

빌레몬서와 같이 짧고 개인적인 편지는 수신자에게만 관련되고 의미 있는 것으로 이해될 수 있다. 그러나 바울의 긴 편지들은 개인적인 의사전달을 위한 수단이 아니라, 초기 기독교의 선교 및 목회활동의 수단이었다. 바울의 편지는 공적인 자격으로 쓴 사도서신으로 거기에는 예배에서의 말씀선포, 교훈적인 주석, 예언적인 증언, 찬양, 윤리적 권면들이 포함되어 있다. 그리하여 바울서신은 초기 교회의 신앙적 교훈과 신학적 사상을 후대를 위하여 보존하는 역할을 하게 되었다. 바울의 서신은 대체로 개별 공동체에 보내진 것이나, 때로는 이웃 공동체에게 보내진 편지와 바꾸어 보게도 하고(골 4：16) 혹은 여러 공동체에 보낸 회람 서신적인 성격을 띤 것도 있어(고후 1：1, 갈 1：2 참조) 처음부터 신앙의 지도를 위한 지침서와 같은 성격을 나타내기도 한다.

### 2) 바울서신의 분류

일찍이 알렉산드리아를 중심으로 한 동방 교회에서는 히브리서를 바울에 의한 것으로 생각했으며 4세기 이후에는 서방에서도 그것을 그대로 받아들였다. 그리하여 오랫동안 바울의 서신으로 간주되어 온 히브리서가 오늘날에 와서는 그 내용과 신학적 성격에 비추어 바울의 글이 아닌 것으로 확신되고 있다.[2] 13개의 서신으로 이루어진 바울서신 중에는 '목회서신'과 '옥중서신'과 같은 특수한 성격으로 묶여져 분류되는 것들이 있다. 반면에 빌레몬서와 목회서신들을 제외한 바울의 다른 서신들은 교회 공동체를 대상으로 쓰여졌다는 공통성을 가진다.

19세기 초에 바우르(F. C. Baur)를 필두로 한 튀빙겐 학파에서는 바울서신들의 진정성 문제를 거론하고 갈라디아서, 고린도 전·후서, 로마서만을 진정한 바울의 서신들로 생각했다. 이것은 유대주의에 대한 바울의 투쟁이라는 관점에서 바울서신들을 평가한 데서 나온 결과였다. 그러나 그러한 견해는 바울의 사상을 너무나 협소한 틀에 억지로 속박시키는 것이요, 초대교회의 역사적 진실을 왜곡시키는 것임이 밝혀졌다.[3] 따라서 바울서신을 새로운 각도에서 보다 긍정적으로 이해하려는 시도가 취해지게 되었으며, 그 결과 신약성경 중 13개의 바울서신은 바울에 의하여 직접 쓰여졌거나 혹은 목회서신을 포함한 몇몇 서신은 바울의 전승을 토대로 쓰여진 것으로 여겨진다.[4]

그러한 관점에서 볼 때 13개의 서신을 바울서신이라고 부름은 타당하다고 여겨지며, 그것들을 분류해 보면 다음과 같이 간략히 구분할 수 있다.

① 초기의 서신들(선교여행 기간 중에 쓰여짐) : 데살로니가 전·후서, 갈라디아서, 고린도 전·후서, 로마서

② 옥중서신 : 에베소서, 빌립보서, 골로새서, 빌레몬서

③ 목회서신 : 디모데 전·후서, 디도서

## 2. 바울의 활동 연대

바울이 활동한 시기를 역사적인 연대로 규정할 만한 확실한 증거는 우리에게 남아 있지 않다. 사도행전에는 바울의 전도활동과 병행하여 나타나는 로마제국의 속주(屬州)들에서 일어난 역사적 사실들이 기록되어 있지만 그 절대적인 연대를 결정해 줄 수 있는 자료는 전무(全無)한 상태이다.

---

2. 이 점은 히브리서를 다루는 데서 좀더 자세히 살펴볼 것이다.
3. 큄멜, p. 254.
4. 거쓰리, 「신약개론」, p. 620 이하 참조.

그런데 바울의 활동 시기를 확정하는 데 필요한 자료를 사도행전 18：12~18에서 찾을 수 있다고 본다. 거기에는 바울이 아가야 속주의 총독 갈리오에게 고소된 사건이 기록되어 있다. 1905년에 처음으로 출판된 고대 로마의 한 비문(碑文)의 내용에는 글라우디오(Claudius) 황제가 갈리오(Lucius Junius Gallio)를 아가야 속주의 후임 총독으로 임명한 사실을 지시하고 있다. 이 비문이 글라우디오 황제 즉위 26년에 쓰여진 것으로 볼 때 갈리오의 총독으로서의 1년간의 임기는 주후 51년 봄에서 52년 봄까지로 추정된다. 그렇다면 바울이 갈리오 앞에 심문을 받기 위해 선 것은 51년 5, 6월경이었다고 할 수 있다. 사도행전 18：11에 의하면 이 시기에 바울은 이미 고린도에 1년 반을 머물렀으며, 18：2에 따르면 글라우디오 황제의 유대인 추방 명령에 의하여 로마에서 고린도에 온 브리스길라와 아굴라가 바울과 함께 동업자로 생활했음을 알 수 있다. 로마의 역사가인 수에토니우스(Suetonius)의 「글라우디오 황제의 전기」에 의하면 "크레스투스(Chrestus)라는 인물의 선동으로 유대인들이 계속해서 소란을 야기시켰기 때문에 글라우디오 황제는 그들을 로마에서 추방하였다."고 전한다. 이 사건이 발생한 시기를 49년으로 볼 때, 바울이 고린도에 머문 시기가 49년에서 51년에 이르는 기간이었음을 추정할 수 있다.

사도행전의 기록과 바울서신을 종합해 볼 때 바울의 활동 연대는 대략 다음과 같이 정리해 볼 수 있다. 갈라디아서 1：18과 2：1에 의하면 바울의 회심으로부터 예루살렘의 사도회의 때까지 16년간의 기간이 있었으며, 사도회의를 마친 후 바울이 고린도에서 18개월을 머물며 활동한 시기가 끝나기까지는 적어도 3년이 걸렸다고 본다(갈 2：1, 11, 살전 2：2, 빌 4：15 이하, 살전 3：1, 고후 11：7－9, 행 15：30－18：18 참조). 그리고 고린도에서 떠나 팔레스타인을 거쳐 소아시아로 돌아온 기간과 에베소에서 2년을 체류하고 아가야에서 3개월을 머문 후 마게도냐를 지나 고린도로 가서 거기에서 다시 예루살렘에 구제헌금을 전달하기까지의 기간은 적어도 3년 이상 걸렸음이 틀림없다(고전 16：8, 고후 2：12 이하, 9：4, 롬 15：25－27, 행 18：18－21：15 참조). 따라서 제 2차 전도여행 기간 중 49~51년의 고린도 체류를 중심으로 다음과 같은 연대를 정해 볼 수 있다.

바울의 회심 31/32년

| | |
|---|---|
| 첫 번째 예루살렘 방문 | 34/35년 |
| 시리아와 길리기아 체류 | 34/35～48년 |
| 예루살렘 사도회의 | 48년 |
| 소아시아와 헬라 지역의 첫 번째 여행 | 48～51/52년 |
| 소아시아와 헬라 지역의 두 번째 여행 | 51/52～55/56년 |
| 예루살렘 도착 | 55/56년경 |

이후의 사건에 대한 연대는 명확히 말하기가 어렵다. 유대 총독 벨릭스(Felix)의 임기가 시작된 연대에 대하여 요세푸스(Josephus)와 타키투스(Tacitus)가 기록하고 있으나 그들이 제시하는 연대가 일치하지 않아 바울의 가이사랴 구금 시기를 결정하는 데 어려움을 주고 있다.[5] 또한 사도행전 24 : 27에 나오는 '2년이 지나서'라는 말은 벨릭스 총독 재위 2년 후인지 아니면 바울이 가이사랴에 구금된 지 2년 후인지 결정하기 어려운 구절이다. 보다 명확한 것은 바울이 2년간의 로마의 구류상태에서 석방되었으며(행 28 : 30), 그 후에 아마도 서반아로 갔을 것이라는 것이다(롬 15 : 24, 클레멘트 1서 5 : 7 참조). 바울의 생애의 마지막에 대해서는 매우 일찍부터 그가 로마에서 순교하였다는 전승들이 전해지고 있으나, 그것 역시 추측에 머무르지 않을 수 없다.

5. 상게서, p. 660 이하 참조.

# 제 2 장

# 데살로니가 서신

바울의 서신들 가운데 가장 먼저 쓰여진 것은 마게도냐 지방의 주요 도시인 데살로니가의 교인들에게 보낸 편지들이다. 따라서 이 서신들은 신약성경 27권 중에서도 제일 처음에 기록된 문서라고 할 수 있다.

## Ⅰ. 데살로니가 전서

### 1. 주제 및 내용 개요

**1) 주제 :** 그리스도를 기다림에 합당한 생활

**2) 내용 개요**

① 인사(1 : 1)

② 데살로니가에서의 사도적 사명(1–3장)

a. 그들의 신실함과 영적 성장에 대한 감사(1 : 2–10)

b. 유대의 비평자들에 대하여 자신의 전도 과업을 변호(2 : 1–16)

c. 그의 떠나 있음과 디모데의 파송 및 그의 보고(3 : 1–10)
d. 바울의 기도(3 : 11–13)

③ 데살로니가 교회의 문제들에 대하여(4 : 1–5 : 22)
a. 하나님께서 기뻐하시는 생활(4 : 1–12)
b. 주님의 오심(4 : 13–5 : 11)
c. 그리스도인의 생활을 위한 규범(5 : 12–22)

④ 끝맺음 : 기도, 부탁, 축도(5 : 23–28)

## 2. 데살로니가 교회의 설립 배경

바울은 제 2차 전도여행 중 빌립보에서 로마제국의 동방 통로인 에그나티아 도로(Via Egnatia)를 따라 데살로니가에 이르렀다. 그 당시 데살로니가는 로마제국의 마게도냐 속주의 수도로 20만에 이르는 많은 인구를 가지고 있었다. 거기에는 상당수의 유대인들이 거주하고 있어 회당을 세웠으며, 그 회당에는 유대교로 개종한 이방인들도 참여하였다(행 17 : 1–4).

실루아노(실라)와 디모데와 함께 빌립보에서 데살로니가로 온 바울은 상당 기간 그 곳에 머무르면서 전도하였다. 사도행전 17 : 2에는 "바울이 자기의 규례대로 저희에게로 들어가서 세 안식일에 성경을 가지고 강론하였다."고 하였는데, 그것이 바울이 데살로니가에 세 주간밖에 머물지 않았음을 확증해 주는 것이라고 하기는 어렵다. 바울과 그 교회가 매우 친밀한 관계를 이루며 또 그 교회가 모범적인 교회로 성장할 수 있었다는 점(1 : 7 이하)과 그 곳에 머무는 동안 빌립보 교회가 적어도 2번 이상 원조를 보낸 것(빌 4 : 16) 등으로 보아 얼마간의 긴 기간 동안 체재하였다고 생각된다.[1]

마게도냐가 주전 146년에 로마에 정복당하였을 때 그 도시는 로마의 자유시로서의 특권과 함께 자치가 허락되었다. 그 곳은 마게도냐의 중심지로서 선교의 전략상 매우 중요한 위치에 있었다. 그 곳에서 바울은 그리스도의 고난과 죽음, 부활과 재림을 열심히 전하였으며, 전도의 큰 성과

1. 큄멜, 「신약정경개론」, p. 260.

를 거두었다. 많은 수의 경건한 헬라인과 하나님을 경외하는 자들과 적지 않은 수의 귀부인들도 예수를 믿어 데살로니가 교회의 회중은 대개가 이방인 그리스도인들이었다. 그러나 그들 가운데는 약간의 유대인 그리스도인들도 있었는데 그 중의 하나로 아리스다고(행 20 : 4, 골 4 : 10)를 들 수 있다. 데살로니가에서의 바울의 전도활동이 결코 순조로운 것만은 아니었음을 사도행전 17장을 통해 잘 알 수 있다. 새로운 복음에 대하여 유대교로 개종한 이방인들은 적극적으로 호응한 데 반하여[2] 유대인들은 시기심을 가지고 극렬히 방해하였다. 바울은 그 때 일을 회상하며 데살로니가의 교인들이 '우상을 버리고 하나님께로 돌아와서 사시고 참되신 하나님을 섬긴 것'(1 : 9)과 그들이 그의 말을 들을 때 '사람의 말로 아니하고 하나님의 말씀으로 받은 것'(2 : 13)을 크게 감사하고 있다. 한편 이방인의 구원을 위하여 복음을 전하는 일을 방해한 유대인들에게 하나님의 노하심이 임할 것을 강조한다(2 : 15).

마침내 유대인들이 폭력배들을 선동하여 바울의 일행이 머물고 있는 야손의 집을 습격하였으나 바울과 그 일행은 찾지 못하고 대신에 야손과 그리스도인 몇 명을 붙잡아 가이사가 아닌 예수라는 다른 왕을 섬긴다는 명목으로 그 시의 행정관리에게 고소하였다. 야손과 그와 함께 잡힌 사람들이 보석금을 내고 풀려나기는 했으나, 상황이 위태로운 것을 느낀 데살로니가 교인들은 야간을 이용해 바울과 실라를 베뢰아로 피신시켰다(행 17 : 5-10 참조). 바울은 데살로니가로 다시 돌아가기를 열망했으나(2 : 17-18), 유대인들은 데살로니가에서 베뢰아까지 좇아와 바울의 활동을 방해하므로 그는 그 곳을 떠나 아덴으로 갔다가 고린도에 가게 되었다.

## 3. 주요 특징

본 서신에서 바울은 예수를 메시야로보다는 장차 오실 종말의 심판자로

2. 데살로니가의 유대교로 개종한 이방인들이 기독교 신앙을 적극적으로 받아들인 이유를 거쓰리는 유대교의 배타주의와 기독교의 하나님에 대한 인격적 신앙에서 찾는다. 「신약개론」, p. 566 이하 참조.

강조하고 있다. 그 이유는 처음 믿은 이방인인 데살로니가 교인들에게 구약의 율법에 기초한 대속과 칭의의 개념보다는 그리스도의 재림에 의한 종말적 구원관을 제시하는 것이 더욱 적절하다고 느꼈기 때문일 것이다. 본서의 주요 내용은 '재림'(Parousia)의 문제로 일관되고 있는데, 예수께서 '장차 내릴 진노에서 우리를 건져 주실 분'(1 : 10)임을 선포하는 것이 중심 주제이다. 그날이 밤에 도적같이 임할 것이며, 사람들이 평안하다, 안전하다 할 그 때에 잉태된 여자에게 해산 고통이 이름과 같이 멸망이 홀연히 이를 것이지만(5 : 2–3), 주를 믿는 자들에게는 그날이 도적과 같이 이르지 않을 것인데 그리스도인들은 다 빛의 아들이요 낮의 아들이기 때문이다(5 : 4–5).

바울은 그리스도의 재림의 모습을 "호령과 천사장의 소리와 하나님의 나팔로 친히 하늘로 좇아 강림하시리라."(4 : 16)고 묘사한다. 이것은 헬라 시대의 왕이나 중요한 인물의 공식 행차의 모습을 연상케 한다. 그가 임하는 것을 알리는 호령과 함께 나팔을 붊으로써 백성들로 하여금 그의 방문을 영접케 하였던 것이다. 여기에서 우리는 종말론에 대한 히브리적인 묵시문학의 표상들(예로서 요한 계시록에 나타나는 것들)을 이방인들이 이해할 수 있는 헬라적인 표현 양식을 통해 묘사하는 바울의 선교적 창의성을 느낄 수 있다.[3]

그리스도의 재림과 밀접하게 관계되어 강조되는 것이 그리스도인의 성결된 삶이다. "너희 마음을 굳게 하시고 우리 주 예수께서 그의 모든 성도와 함께 강림하실 때에 하나님 우리 아버지 앞에서 거룩함에 흠이 없게 하시기를 원하노라."(3 : 13)고 말함으로 바울은 주의 오심을 기다리는 자는 마땅히 거룩한 삶을 살아야 할 것을 강하게 권면한다. 데살로니가 교인들은 본래 우상을 섬기던 자들이었으나(1 : 9), 하나님께서는 그들로 더러움을 버리고 거룩함에 이르게 하시려고 부르신 것이다(4 : 7). 그러므로 하나님 앞에 거룩하고 흠 없이 서기 위하여는 지금 음란을 버리고 거룩함과 존귀함으로 살아야 하는 것이다(4 : 3–4).

3. 김득중, 「신약성서개론」, p. 166.

## 4. 저작 경위 및 장소와 연대

유대인들의 계속적인 훼방으로 베뢰아를 떠나 아덴에 온 바울은 데살로니가 교회에 대한 염려를 버릴 수 없었다. 신앙훈련도 제대로 받지 못한 채 박해 가운데 있는 데살로니가의 새 신자들을 생각하면 곧 돌아가 보살피고 싶지만 그 자신이 직접 갈 수 있는 형편이 아님을 잘 아는 바울은 그의 젊은 동역자 디모데를 그 곳에 파송하였다. 바울이 고린도로 옮긴 후 디모데가 데살로니가로부터 가져온 소식은 비교적 기쁜 소식이었으나 그 가운데는 염려되는 보고도 있었다. 즉 믿은 지 얼마 되지 않았지만 데살로니가의 교회가 유대인들의 박해를 견디어 내며 영적으로 만족스럽게 성장하고 있다는 것이었다. 그와 더불어 한 가지 문제가 있다는 말을 들었는데, 그것은 그리스도의 재림의 시일과 그와 관련하여 미리 죽을 자의 장래가 어떻게 될 것인가 하는 문제였다. 바울은 이 문제에 대한 답변을 해주어야 할 필요성과 그들이 신앙을 잘 지키고 있음에 대한 감사의 마음을 전하고자 하는 뜻에서 본 서신을 쓰게 되었다.

디모데와 실루아노(실라)가 데살로니가에서 기쁜 소식을 가지고 와 바울에게 전하였다는 사실이 데살로니가 전서 1：1, 3：6과 사도행전 18：5에 일치하게 나타나는 것으로 보아 바울이 고린도에서 이 서신을 써 보낸 것이 확실하다. 디모데가 아덴을 떠나 데살로니가에 갔다가 고린도로 돌아온 시간과 데살로니가 교인들의 신앙이 마게도냐와 아가야에 알려지기까지는 어느 정도의 기간이 지났으리라는 점을 감안할 때 바울이 데살로니가를 떠난 지 상당한 시일이 지난 후에 이 편지를 썼으리라고 추정된다. 바울이 49년에 데살로니가에 교회를 설립하였다고 본다면 그 다음 해인 50년경에 이 서신을 기록했다고 생각된다. 이것은 당시의 역사적 증거와 비교할 때도 어느 정도 일치됨을 볼 수 있다. 고린도에서 바울을 심문한 아가야의 총독 갈리오가 부임한 연대가 글라우디오(Claudius) 황제에 관한 비문을 통해 주후 51년 여름으로 추정되고 있음을 이미 앞에서 언급하였다. 바울이 갈리오 앞에 끌려갔던 사건은 그가 총독으로 부임한 지 얼마 되지 않아서 있었던 일로 그 전에 바울은 이미 고린도에 1년 6개월을 머물고 있었다(행 18：11). 따라서 바울이 고린도에서 데살로니가에 첫 번째로 써 보낸 편지는 주후 50년경에 기록되었다고 봄이 타당하다.

## Ⅱ. 데살로니가 후서

### 1. 주제 및 내용 개요

**1) 주제 :** 그리스도의 재림

**2) 내용 개요**

① 인사와 감사 및 기도(1 : 1—12)
② 주의 재림(2 : 1—17)
　a. 주의 날이 이미 이르렀다는 데에 대한 경고(2 : 1—2)
　b. 그에 앞서 일어날 일들(2 : 3—12)
　c. 가르침에 굳게 설 것을 권고(2 : 13—15)
　d. 축도(2 : 16, 17)
③ 여러 가지 권면들(3 : 1—15)
　a. 기도의 부탁(3 : 1,2)
　b. 그들에 대한 확신(3 : 3—5)
　c. 무위도식자들에 대한 경고(3 : 6—15)
④ 마지막 축복과 친필 서명(3 : 16—18)

### 2. 데살로니가 전서와의 관계

데살로니가 교회에 보내는 두 개의 서신인 전서와 후서를 비교 연구할 때 거기에 몇 가지 문제가 제기된다.

첫째, 데살로니가 후서의 바울 저작설을 의심하는 것으로, 즉 거기에서는 데살로니가 전서에서 이미 언급된 바 있는 재림에 대하여 상기시키는 말이 없고 재림에 대하여 처음으로 다루는 것 같은 인상을 주는 데다 적그리스도에 대한 경고와 그에 대한 설명들이 바울이 쓴 것으로 보기에는 어렵다는 것이다. 그러나 이러한 이유로 바울이 그것을 쓰지 않았다고 주장하기에는 너무나 증거가 빈약하다.[4] 한편 데살로니가 전서와 후서의 내용과 문장구조가 매우 유사하면서도 서로 다른 성격을 띠고 있음에 주목하여 그 두 서신은 데살로니가 교회 안의 서로 다른 그룹에 보내진 것이라는 설이 제시되기도 하였다. 즉 하르낙(Harnack)은 데살로니가 전서가 온 교회가 읽을 수 있도록 보내진 반면에 후서는 데살로니가에 있는 소수의 유대인 그리스도인에게 보낸 것이라고 하였으며, 디벨리우스(M. Dibelius)는 전서는 교회 지도자들을 위해 기록된 것이고 후서는 온 교회 회중에게 보내진 것이라고 하였다. 그러나 교회 안의 분파주의를 매우 경계한 바울이 한 교회 안에 구별된 그룹들에 따로 편지를 보내었다고 보기 어려우며, "이 편지를 모든 형제에게 읽어 주어 듣게 하라."(살전 5 : 17)는 부탁과 교회 지도자들의 수고를 알고 존경하라는 권면(살전 5 : 12)은 교회 지도자들에게만 보내는 편지에는 적합지 않은 내용이다.[5]

다른 한편 데살로니가 전서보다는 후서가 먼저 쓰여졌다는 주장이 제기되기도 한다. 그 이유로는 전서와 후서의 순서는 다만 그 길이에 의하여 정해진 것이라고 보고, 후서에서는 박해로 인한 고난을 현재의 것으로 나타내는 데 반해, 전서에서는 과거 시상을 써서 지나간 것으로 표현한다는 것이다. 또한 후서의 내용이 보다 단순하고 직접적인 성격을 가지며, 거기에 나타나는 종말론과 기독론이 전서에 나타나는 것보다 더 초기의 형태를 띠고 있다는 것이다. 여기에 대하여 데살로니가에서의 박해는 과거에도 있었지만 후서를 쓰는 때에도 계속되었다고 볼 수 있으며, 전서에서 종말에 관하여 보다 자세하고 깊이 있게 다룬 후에 후서에서는 간략하게 다루었다고 볼 수 있다. 그보다 더 중요한 것은 데살로니가 후서에는 이전에 보낸 편지에 대한 언급이 여러 차례(2 : 2, 15, 3 : 17) 나오는 것으로 보아 데살로니가 전서를 전제로 하지 않을 수 없다. 따라서 전반적인 증거는 전 · 후의 순서를 바꾸기보다는 전통적인 순서를 더 강력히 지지하고 있다.[6]

---

4. 이종윤, 「신약개론」, p. 385.
5. 김득중, 전게서, p. 169.

데살로니가 후서의 용어와 문체가 몇몇의 예를 제외하고는 전서와 동일하게 바울의 글임이 명백하다. 혹자는 후서가 전서를 모방하거나 발췌하여 쓴 것이라고 말하기도 하나, 동일저자에 의한 글이기 때문에 나타나는 유사성이라고 봄이 타당할 것이다.

### 3. 저작 경위 및 장소와 연대

디모데가 바울의 편지를 데살로니가에 전하고 온 후에 얼마 있지 않아 "주의 날이 밤에 도적같이 이를 것이라."(살전 5：2)는 그 편지의 내용으로 흥분하여 동심하거나 불안해 하는 자들이 있다는 소식을 듣고 바울은 다시금 권면의 편지를 보내게 되었다. 그는 먼저 핍박을 당하고 있는 성도들을 위로하고 나서 그 다음에 소위 바울의 묵시록이라고 불리는 부분(2：3-12)에서 그리스도의 재림이 있기 전에 배도하는 일과 멸망의 아들이 나타날 것을 지적하고 있다. 그리고 나서 재림이 있을 때까지 신실하게 그리스도인의 사명을 다할 것을 권고하면서 자신의 서신을 모방하여 미혹하는 거짓된 무리들로부터 교회를 보호하기 위하여 친필로 서명하고 있음을 밝히고 있다.

데살로니가 전서 1：1에서와 같이 데살로니가 후서 1：1에서도 바울이 이 서신을 쓸 때 실루아노와 디모데가 함께 있었던 것으로 보아 동일한 장소에서 거의 같은 시기에 쓰여졌다고 추측할 수 있다. 두 서신 사이의 유사성과 내용상의 밀접한 관계로 보아 데살로니가 후서는 전서가 쓰여진 후 얼마 안 되는 수일내에 기록되었다고 보는 견해가 있다. 그러나 전서가 전하여진 후 데살로니가 교인들의 반응을 접할 수 있게 된 기간을 염두에 둔다면 적어도 2~3개월의 시간적 여유가 있었다고 보아야 할 것이다.[7] 따라서 바울이 고린도에 머물고 있었던 기간인 주후 50년에서 51년 사이에 본 서신이 기록되었다고 봄이 가장 적합한 견해이다.

---

6. 거쓰리, 전게서, p. 580.
7. 이에 대한 자세한 논의는 이종윤, 전게서, p. 388 이하 참조.

# 제 3 장

# 갈라디아서

## 1. 주제 및 내용 개요

**1) 주제** : 그리스도로 말미암은 자유

**2) 내용 개요**

① 인사와 편지를 쓰게 된 이유(1 : 1—10)

a. 변증적 서론(1 : 1—5)

b. '다른 복음'에 대한 정죄(1 : 6—10)

② 바울 자신의 사도직에 대한 변호(1 : 11—2 : 21)

a. 예수 그리스도의 계시에 의한 복음(1 : 11—24)

b. 예루살렘 사도들의 인정(2 : 1—10)

c. 베드로의 외식을 책망함(2 : 11—21)

③ 그리스도 안에서의 자유(3 : 1—4 : 31)

a. 율법에 의해서가 아니라 성령에 의하여 그리스도인이 됨(3 : 1—5)

b. 아브라함의 축복은 믿음에 의한 것이지 율법에 의한 것이 아님(3：6-9)
c. 그리스도께서 우리를 율법의 저주에서 속량하심(3：10-14)
d. 율법보다 약속이 우선한다(3：15-18).
e. 율법은 몽학선생의 역할을 한다(3：19-29).
f. 그리스도인은 하나님의 아들이므로 자유하다(4：1-20).
g. 사라와 하갈의 비유를 통하여 그리스도인은 이삭과 같이 약속의 자녀로 자유하다는 것을 증거(4：21-31)

④ 그리스도인의 자유와 삶
a. 그리스도인의 자유의 의미(5：1-15)
b. 성령의 열매와 육체의 일(5：16-26)
c. 일반적인 권면(6：1-10)

⑤ 바울의 자필 서명과 축도(6：11-18)

## 2. 갈라디아서의 배경

### 1) 갈라디아 지방

갈라디아(Galatia)라는 말은 주전 3세기에 소아시아 북부지역을 침략한 갈리아(Gauls)족의 일파인 켈트(Celts)족의 이름에서 연유한 것으로 본다. 이들 부족들은 주전 3세기 초에 그들의 본거지였던 서유럽의 고울(Gaul) 지방에서 다뉴브 강을 따라 마게도냐 북부를 거쳐 소아시아로 건너왔다. 주전 240년경 버가모(Pergamum)의 아타루스(Attalus) 왕의 압박에 의하여 그들은 앙키라(Ancyra), 페시누스(Pessinus), 타위움(Tavium) 등의 도시를 중심으로 한 지역에 정착하였으며, 이 지역을 갈라디아 지방이라고 부르게 되었다. 소아시아 북부의 중앙에 세워진 갈라디아 왕국은 주변으로 확장되어 주전 25년까지 존속하였다. 이것을 보통 옛 갈라디아(the old Galatia)라고 하는데, 그 마지막 왕인 아민타스(Amynthas)가 유언으로 자신의 왕국을 로마에 기증함으로 주전 25년에 갈라디아 지방은 로마의 속주(屬州)가 되었다. 로마는 옛 갈라디아에다 비시디아, 이사우리아, 리카오니아의 일부, 브루기아, 파플라고니아, 본도 등을 병합하여 광대한 지역을 갈라디아 속주로 삼았다.

따라서 갈라디아라는 명칭은 본래의 옛 갈라디아 지방을 의미하는 동시에 소아시아 남부에까지 이르는 광범위한 로마의 행정구역을 의미하기도 하였다. 이러한 이유로 갈라디아서가 정확하게 어느 지역에 보내진 것인가 하는 중요한 문제가 생기게 되었다.

### 2) 갈라디아서의 수신자

바울은 본 서신을 '갈라디아 여러 교회들에게' 보낸다고 하며(1 : 2), 그 수신자는 '갈라디아 사람들'이라고 한다(3 : 1). 이 편지를 쓸 때에 갈라디아 지방에 여러 교회들이 있었음은 분명한데, 그 교회들이 어느 곳에 어떻게 세워졌는지에 대하여는 아무런 언급이 없다. 다만 사도행전 16 : 6과 18 : 23에 바울의 일행이 브루기아와 갈라디아 지방을 순회한 사실을 언급하고 있다. 특히 사도행전 18 : 23에는 바울이 3차 전도여행 초기에 "갈라디아와 브루기아 땅을 차례로 다니며 모든 제자를 굳게 하니라."고 기록하고 있어 바울과 소아시아 중북부의 갈라디아 지방에 있는 그리스도인들과의 연관관계를 확실히 보여 준다.

그런데 18세기 이후 갈라디아서가 보내진 지역이 북부의 옛 갈라디아 지방이 아니라 로마의 행정구역상 갈라디아 속주에 속하는 남부 지방이라는 소위 남(南)갈라디아설이 제기되었다.[1] 그 이유는 첫째, 바울이 그의 선교지역 명칭을 쓸 때 주로 로마의 속주의 이름을 사용한다는 것이다. 그 예로서 고린도 전서 16 : 19에 '아시아 교회', 고린도 후서 8 : 1에 '마게도냐 교회'라고 한 것을 들 수 있다. 그러한 점에서 갈라디아 속주에 속한 남부의 루가오니아와 비시디아 지방을 갈라디아라고 부르는 것은 자연스럽다는 것이다. 둘째로는 갈라디아 교회에 유대인들이 있었던 것으로 나오는데, 북부의 옛 갈라디아 지방에는 유대인들이 별로 없었던 것으로 알려진 반면에 남부 지방에는 많은 유대인들이 거주하였다고 한다. 셋째 이유로 사도행전 20 : 4에 바울이 이방 교회들로부터 모금한 의연금을 가

---

1. 남갈라디아설을 지지하는 입장은 거쓰리, 「신약개론」, p. 454 이하 참조.

지고 예루살렘으로를 갈 때 갈라디아의 출신으로 남부 도시인 더베의 가이오와 루스드라의 디모데가 동행하였다고 하는 것이다. 그리고 바나바의 이름이 거듭 언급되고 있는데(2：1, 9, 13), 그는 1차 전도여행 때 바울과 함께 비시디아 안디옥, 루스드라, 이고니움, 더베 등을 방문하여 그곳 교인들에게 친숙하기 때문이라는 것이다. 반면에 2차 여행 때 동행한 실라는 북부 지방의 갈라디아 교회들을 순회하였는데도 그의 이름을 언급치 않은 것은 본서가 남부의 갈라디아 지방에 보내졌기 때문이라는 것이다.

이러한 주장들은 보다 구체적으로 고찰할 때 충분히 납득할 만한 이론은 되지 못한다. 첫째, 바울이 어떤 지역을 말할 때 반드시 공식적인 행정구역 명칭만을 사용한 것은 아니다. 바울이 갈라디아서 1：21에서 수리아를 말할 때 그것은 예루살렘까지를 포함한 공식적인 로마의 수리아 속주를 의미하는 것이 아니라 안디옥을 중심으로 한 수리아 지방을 가리키는 것이 분명하다. 또한 바울이 다메섹에서 아라비아로 갔다고 말할 때(1：17) 그것은 아라비아의 일부에 속하는 나바티안 영역을 비공식적으로 지칭하는 것이었다.[2] 둘째로 갈라디아 교회 안에 유대인 그리스도인들을 지시하는 것으로 보이는 본문들(3：2－3, 13－14, 4：2, 5, 5：1)은 일반적인 그리스도인 모두를 염두에 두고 한 말이라고 보아야 하며, 4：8, 5：2～3, 6：12～13 등에 의하면 갈라디아 교인들은 대부분 이방인들이었다고 봄이 옳을 것이다. 셋째로 이방 교회의 헌금을 가지고 예루살렘으로 여행한 바울의 일행 중에 북갈라디아로부터 온 사람이 없다고 하는 문제는 그 일행이 모든 이방 교회의 대표들로 이루어진 것이 아님을 생각할 때 해결된다. 즉 거기에는 아가야 지방과 빌립보 교회의 대표들도 빠져 있음을 알 수 있다.

이상의 논지에서 볼 때 갈라디아서의 수신인들이 소아시아의 중남부에 있는 그리스도인들이라고 하는 남갈라디아설보다는 북부의 갈라디아 지방의 그리스도인들에게 보냈다는 북갈라디아설이 보다 유력함을 느낄 수 있다. 그것을 더욱 확실하게 해주는 증거로 바울이 “어리석도다 갈라디아 사람들이여”(3：1)라고 한 말에서 볼 수 있다. 바울이 이 말을 할 때는 로

---

2. 전경연, 「원시기독교와 바울」, p. 177 이하.

마의 행정구역인 갈라디아 속주에 포함된 루가오니아 사람들이나 비시디아 사람들에게 한 것으로 보기는 어렵다. 그것은 다른 종족과 구별된 갈라디아인들, 즉 바울이 생각하기에 소아시아 내륙의 원주민인 북부의 갈라디아 교인들을 향하여 한 말이라고 보아야 할 것이다.[3] 그렇다고 하면 그들은 바울이 2차와 3차 전도여행 중에 방문한 교회에 속한 사람들일 것이다.

## 3. 본서에 나타나는 바울의 대적자들

갈라디아서는 '몰래 들어와'(2：4) 교회를 혼란에 빠뜨리고 위협하는 적대자들을 염두에 두고 쓴 편지이다. 그들은 구원을 받기 위하여는 할례를 받고 율법을 지켜야 한다고 가르쳤으며, 여러 가지 절기와 의식을 강조함으로 그리스도 안에서의 신앙의 자유를 부정하려고 하였다. 더 나아가 바울의 가르침을 배제하기 위하여 그의 사도권에 도전하였다. 바울은 이들을 교회를 요란케 하고 복음을 변질시키는(1：7) '거짓 형제'라고 하였다(2：4).

이들 적대자들에 대하여 학자들은 여러 가지 견해들을 제시하였는데, 전통적으로는 갈라디아 교회에 침입하여 할례를 받고 율법을 지킬 것을 강조한 것은 과격한 유대인 그리스도인들이었다고 생각해 왔다. 거기에 대하여 '세상 초등학문'과 절기를 지키도록 한 것은(4：9—10) 유대주의자들의 입장이 아니며 오히려 할례를 받은 이방인 그리스도인들이 다른 사람에게도 할례를 받게 하려 한 것이라고 주장하기도 한다. 그러나 이들의 율법주의가 매우 강한 것으로 보아 유대주의에서 나온 것으로 여겨지는데, 순수한 랍비적 유대주의나 예루살렘의 유대 그리스도인들과 관련된 자들이라고 생각하기는 어렵다. 이들은 율법주의적 유대 그리스도인들이면서 당시의 영지주의적 영향을 받은 특이한 집단에 속한 자들이라고 볼 수 있다.[4] 그들은 할례와 율법을 강조하면서 신비로운 영적 체험에 의한

---

3. 큄멜, 「신약정경개론」, p. 302.
4. 김득중, 「신약성서개론」, p. 180.

구원과 자유를 가르침으로써 갈라디아 교인들을 큰 혼란에 빠뜨리게 하려고 하였다. 여기에서 바울은 두 가지 큰 이단사상과 싸워야만 했다. 하나는 율법으로 신앙인을 속박하는 유대주의와 다른 하나는 도덕적 방종으로 빠지게 하는 영적인 열광주의였다. 이에 대하여 바울은 "형제들아 너희가 자유를 위하여 부르심을 입었으나 그러나 그 자유로 육체의 기회를 삼지 말고 오직 사랑으로 서로 종 노릇 하라."(5 : 13)고 권면한다.

## 4. 저작 시기와 장소

갈라디아서 4 : 13과 사도행전 18 : 23에 비추어 볼 때, 바울의 3차 전도여행 중 갈라디아 지방을 두 번째로 방문한 후 본 서신을 기록했다고 생각된다. 갈라디아서 1 : 6에 그들이 속히 떠나 다른 복음을 좇음을 지적하는 것으로 보아 갈라디아에서 돌아온 지 얼마 지나지 않아 기록된 것이라고 추정된다. 그런데 바울이 유대주의와 영지주의와 싸우던 시기에 기록한 고린도 서신과 거의 같은 시기에 쓴 것이라고 볼 때, 만일 바울이 고린도 교회의 이야기를 듣고 고린도 전서를 쓴 이후에, 갈라디아 교회의 사정을 알았다면 그렇게까지 놀라움과 충격을 받지 않았으리라고 생각된다. 그런 점에서 갈라디아서가 고린도 전서보다 먼저 기록되었다고 보며, 그 시기는 주후 54~55년으로 여겨진다. 어떤 이들은 본 서신을 바울이 에베소에 머무는 기간의 말기에 썼다고 보기도 하며, 혹은 고린도 후서를 쓰던 시기와 같은 때에 마게도냐에서 기록했다고도 한다. 그러나 전반적인 상황을 고려할 때 에베소에서 기록하였음이 가장 타당하다고 여겨진다.

# 제 4 장

# 고린도 서신

희랍 본토의 중심지인 고린도에서 심혈을 기울여 전도한 바울은 다른 지역에서의 전도를 위해 그 곳을 떠나야만 했다. 그런데 고린도 교회는 이교적인 환경 가운데 성숙한 신앙에 정착하지 못하고 여러 가지 많은 문제들로 바울의 심정을 괴롭혔다. 그는 여러 차례 서신을 통하여 그들을 책망하기도 하고 권면을 하였는데, 현재 남아 있는 두 개의 서신(고린도 전·후서)은 그 신앙공동체의 구체적인 문제점들과 그에 대한 간절한 권면과 함께 그 위대한 사도의 인격을 생생하게 보여 주고 있다.

## Ⅰ. 고린도 전서

### 1. 주제 및 내용 개요

**1) 주제** : 그리스도인의 가치관과 도덕적 원리의 적용

2) 내용 개요

① 인사(1 : 1−9)

② 분파에 대한 경고와 일치를 위한 권면(1 : 10−4 : 21)

a. 바울 자신의 사명은 세례 주는 것이 아니라 복음 전하는 것임을 강조(1 : 10−17)

b. 십자가의 도와 그리스도인의 자랑(1 : 18−31)

c. 사람의 말과 지혜로 하지 않고 성령의 가르치심으로 전도함(2 : 1−16)

d. 분당을 짓는 자는 신령한 자가 아니라 어린아이임(3 : 1−9)

e. 지혜로운 건축자(3 : 10−23)

f. 그리스도의 일꾼으로서의 고난과 권위(4 : 1−21)

4 : 1−13 성도를 위하여 고난당하는 그리스도의 일꾼을 멸시치 말라.

4 : 14−21 영적 아버지로서 권면함

③ 도덕적 타락에 대한 경고(5 : 1−6 : 20)

a. 근친상간하는 자는 교회에서 추방하라(5 : 1−13).

b. 그리스도인의 소송에 대하여(6 : 1−11)

c. 음행을 피하라(6 : 12−20).

④ 교회생활과 관련된 문제에 대한 답변(7 : 1−15 : 58)

a. 결혼과 독신의 문제(7 : 1−40)

b. 고기와 우상제물(8 : 1−10 : 33)

8 : 1−13 형제로 실족케 하지 말라.

9 : 1−27 바울 사도의 전도의 원칙

10 : 1−33 우상은 아무것도 아니나 다른 사람을 실족케 하지 않도록 행하라.

c. 여자의 베일(11 : 1−16)

d. 성찬과 애찬(11 : 17−34)

e. 성령의 은사(12 : 1−14 : 40)

12 : 1−31 다양한 성령의 은사

13 : 1−13 사랑의 은사

14 : 1－40　　교회의 질서를 지키라.

f. 부활의 의미(15 : 1－58)

⑤ 결론(16 : 1－24)

a. 연보의 부탁 및 마지막 권면(16 : 1－18)

b. 친필 인사와 축도(16 : 19－24)

## 2. 고린도 교회

고대의 화려하고 부유했던 고린도 시는 주전 146년에 로마 군대에 의하여 파괴되었다. 오랜 후에 시이저(Caesar)에 의하여 그 도시는 로마의 식민지로 재건되어 주전 29년 이래로 아가야 속주의 수도가 되었다. 새로이 건설된 고린도는 그 지리적 위치로 인하여 동서 교역로의 요지가 되었으며, 그 결과 행정적으로 뿐만 아니라 상업적으로도 중요한 중심지가 되었다. 동서 사방으로부터 문물이 모이는 무역 항구로 고린도는 부유한 도시가 된 동시에 수많은 민족들과 종교, 사상들이 혼합을 이루는 장소였다. 그 도시의 도덕적 분위기는 매우 타락되어 있었으며, 아프로디테(Aphrodite) 신전에는 수많은 종교적 창녀들이 있어 간음과 같은 성적 타락행위를 공공연히 유포시켰다.[1)]

제 2차 전도여행 중 바울은 주후 49년경에 마게도냐로부터 아덴을 거쳐 고린도에 와서 복음을 전하였다. 사도행전 18 : 1~17에 바울이 고린도에서 활동한 내용이 기록되어 있는데 매우 단편적이며, 고린도 전·후서에는 여러 가지 내용이 구체적으로 드러나고 있는 점이 있다. 실루아노와 디모데를 대동한 바울은 처음에 회당에서 유대인들을 대상으로 전도하였다. 유대인들 중 개종자가 많이 생겼으나, 유대인들이 대적하고 훼방하므로 유대교로 개종한 이방인 디도 유스도의 집에 머물면서 전도를 계속하였다(행 18 : 4 이하).

바울은 1년 반 동안 고린도에 머무르면서 손수 장막을 지음으로 그의

---

1. 고린도의 역사적 배경에 대해서는 메릴 C. 테니, 「신약개설」, p. 278 이하 참조.

일행의 경비를 충당하였다. 그때 로마로부터 황제의 추방령에 의하여 고린도에 온 유대인 그리스도인 부부인 아굴라와 브리스길라가 바울과 함께 동업하며 그를 도왔다(행 18 : 1-3). 후에 알렉산드리아 출신 설교가인 아볼로가 고린도에 왔을 때 이 부부가 그에게 올바른 복음을 전해 주었다(행 18 : 24 이하, 고전 3 : 5 이하 참조). 바울의 헌신적인 전도활동의 결과 고린도에는 상당히 큰 그리스도인 회중이 형성되었다. 그 교회는 주로 이방인 그리스도인들로 구성되었으나 유대인 그리스도인들도 얼마간 포함되어 있었다(행 18 : 4, 고전 7 : 18). 사회적으로는 하층에 속하는 사람들이 대부분이었으나(1 : 26), 그 중에는 상류계급과 부유층에 속하는 사람들도 더러 있었다(11 : 21 이하 참조). 고린도 교회의 주요 인물들로는 회당장이었던 그리스보(행 18 : 8), 디도 유스도, 아굴라와 브리스길라, 글로에, 스데바나, 가이오, 에라스도 등을 들 수 있다.

### 3. 본서의 기록 경위

바울이 고린도를 떠난 후 그 교회는 계속 성장하였다(1 : 4-9 참조). 그러나 모든 것이 안정되고 바람직한 것만은 아니었다. '글로에의 집 사람들'(1 : 11)을 통하여 들은 고린도 교회의 소식은 바울의 마음을 심히 아프게 하는 것이었다. 가장 큰 충격을 준 것은 고린도 교회 안에 분파가 생겨 서로 다툰다는 것이었다. 즉 바울파, 아볼로파, 게바파, 그리스도파 등 네 파로 나뉘어 알력을 일으키고 있다는 것이다.[2] 이에 대하여 바울은 그것은 그리스도의 몸을 나누는 것이요, 그리스도의 십자가를 헛되이 하는 것이라고 강력히 경고한다. 또한 고린도 교인 사이에 일상사의 문제로 세상 법정에 고소하는 부끄러운 모습을 나타내기도 한다는 것이었다(6 : 1 이하).

더욱이 바울을 분노케 한 것은, 이방인들까지도 받아들이기 어려운 성적으로 부도덕한 행위를 하는 자들을 여전히 교회가 용납하고 있다는 사

2. 고린도 교회의 분파에 대한 보다 자세한 설명은 큄멜, 「신약정경개론」, p. 276 이하 참조.

실이었다. 어떤 자가 자기의 계모와 동거생활을 하고 있는데 교회가 그것을 묵인하며(5：1 이하), 어떤 자들은 교인으로서 여전히 창녀들과 간음하는 생활을 계속 하고 있다는 것이다(6：12 이하). 거기에다 교회에서 성찬을 하기 전에 온 교우가 함께 하는 애찬(아가페)에서 부유한 자들은 실컷 먹고 마시는데 가난한 자들은 그들의 빈약한 음식으로 인하여 모멸감과 소외감을 느끼게 되었다. 그보다도 더 심각한 문제는 성찬 전에 실컷 먹고 마신 자들은 이미 취하여서 성찬에 경건하게 참석할 수 없다는 점이었다. 한편 영적인 감성주의에 빠진 고린도 교인들은 성령의 은사에 많은 관심을 기울이면서도 절제치 못하여 예배의 질서가 파괴되곤 하였다. 특별히 방언의 은사를 지나치게 강조하여 성령의 역사를 오해하는 경향도 있었다. 또 하나 바울에게 경각심을 일으키게 한 것은, 그가 심혈을 기울여 전한 죽은 자의 부활에 대한 신앙을 부정하는 자들이 있다는 것이었다. 부활은 과거의 사건이며, 장래의 부활을 기대하기 어렵다고 하거나 영적인 부활만을 말하는 자들이 있었다.

이러한 소식들 외에 고린도 교인들이 써 보낸 편지(7：1)에 여러 가지 문제들이 제기되었다. 첫째로 그리스도인으로서 결혼하는 것이 좋은지, 독신으로 지내는 것이 좋은지, 그리고 이방인과 결혼한 자는 어떻게 해야 좋은지 하는 것이었다. 둘째 문제는 그리스도인이 된 종과 주인의 관계는 어떠해야 되는지, 또 그리스도인이 되면 다른 사람에게 종 노릇 해서는 안 되는지 하는 것이다(7：21-24). 셋째는 시장에서 파는 우상의 제물을 사먹을 수 있는지 없는지 하는 것이며, 넷째는 예배 참석시의 복장 문제로 특별히 여자들이 머리에 수건을 쓰는 것이 필요한가 하는 것이었다. 아마도 스데바나와 브드나도, 아가이고 등이 고린도로부터 바울에게 왔을 때(16：17) 가져왔을 이 문의편지에 답장하기 위하여 본 서신을 썼다고 생각된다.

고린도 교회에 가장 큰 위험을 미친 것은 영지주의(Gnosticism)사상을 가진 자들로[3] 그들의 주장에 의하면 육을 벗은 영적 인간(프뉴마티코스)에게

---

3. 고린도 교회의 영지주의자들에 대한 설명은 G. 보른캄, 「바울：그의 생애와 사상」, 허혁 역, 이화여자대학교출판부(1978), p. 114 이하 참조.

는 완전한 구원과 무조건적 도덕적 자유가 있다고 하였다. 이러한 영향이 고린도 교회에 부도덕한 생활과 성령의 은사에 대한 오해와 육체의 부활을 부인하는 문제를 일으켰다. 이에 대하여 바울은 오직 그리스도의 십자가의 진리만을 강조함으로 모든 이단적 영향들을 배격하고자 한다(1 : 20-25 참조).

### 4. 저작 장소와 시기

본 서신을 쓰기 전에 바울은 디모데를 고린도로 보냈다(4 : 17, 16 : 10, 행 19 : 22). 디모데가 마게도냐를 거쳐 고린도로 가고 있는 동안에 고린도로부터 사람들이 와서 여러 가지 소식과 문의편지를 받고 거기에 대한 답변으로 고린도 전서를 써 준 것으로 생각된다. 16 : 8로 보아 에베소에서 이 편지를 썼다고 여겨진다. 바울이 전도여행 중에 에베소에 머무른 것은 두 번 알려져 있는데, 한 번은 고린도 교회를 설립한 후 잠간 방문했던 적이 있으며(행 18 : 18-21), 또 한 번은 3년간 장기적으로 머문 적이 있다(행 20 : 31). 16 : 19에 아시아의 여러 교회의 문안을 전하는 것으로 보아 바울은 이미 그 곳에 상당 기간 머무르고 있었다고 여겨진다. 바울이 고린도에 가서 겨울을 날 것을 생각하고 있는 것으로 보아 적어도 여름철 이전에 쓴 것으로 추정된다.[4] 따라서 바울이 두 번째 에베소에 체류하던 시기에 본 서신을 기록했다고 보면, 그가 에베소를 떠나기 전의 봄인 주후 54년 혹은 55년이라고 그 시기를 생각할 수 있다.

## Ⅱ. 고린도 후서

### 1. 주제 및 내용 개요

1) **주제** : 그리스도 안에 있으면 새로운 피조물이다.

---

4. 컴멜, p. 283, 16 : 5에 고린도에 가기 전에 마게도냐를 방문한 것을 염두에 둔다면 상당한 시간이 걸렸을 것이기 때문이다.

### 2) 내용 개요

① 고린도로부터의 기쁜 소식에 대한 감사의 편지(1–7장)

a. 인사와 감사(1 : 1–11)

1 : 1~7 위로의 인사

1 : 8~11 아시아에서 바울이 겪은 고난

b. 고린도 교회와 바울의 관계(1 : 12–2 : 13)

1 : 12~2 : 4 바울의 여행 계획의 변경 이유

2 : 5~11 책벌받은 자에 대한 용서

2 : 12~13 바울의 괴로운 심정

c. 그의 사도직(2 : 14–6 : 13)

2 : 14~17 그리스도의 향기

3 : 1~11 그리스도의 편지

3 : 12~4 : 6 하나님의 영광을 아는 빛

4 : 7~5 : 10 장래에 대한 소망

5 : 11~5 : 19 그리스도 안에서의 새로운 피조물

5 : 20~6 : 13 하나님의 일꾼으로서 받는 고난

d. 부도덕한 자들과의 교제에 대한 경고(6 : 14–7 : 1)

e. 고린도 교회와의 관계회복을 기뻐함(7 : 2–16)

② 예루살렘 교회를 위한 모금(8–9장)

a. 예루살렘 교회를 위한 헌금을 부탁하며 그것을 위해 파송하는 사람들을 천거함(8 : 1–24)

b. 헌금 준비에 대한 재차의 권고(9 : 1–15)

③ 바울의 괴로운 편지(10–13장)

a. 서론(10 : 1–6)

b. 그의 대적들에 대한 반박과 변호(10 : 7–12 : 13)

10 : 7~18 바울을 공격하는 자들에 대한 변론

11 : 1~12 : 13 바울의 자기 변호

c. 세 번째 고린도 방문 계획(12 : 14–13 : 10)

d. 작별과 축도(13 : 11–13)

## 2. 본 서신의 통일성

고린도 후서의 본문을 연구하는 동안에 학자들은 본서의 통일성에 대한 문제를 제기하게 되었다. 그 중요한 이유는 10~13장과 1~9장 사이의 내용상의 불일치를 발견케 된다는 것이다. 즉 1~7장에서 바울은 고린도 교회와의 화해를 감사하며 기쁨으로 쓰는 가운데 불의를 행한 자에게 너무 과한 벌을 주지 않도록 권면한다. 반면 10 : 1에서 전혀 새로운 어조로 자신을 변호하기 시작하면서 그의 대적자를 향하여 공격을 퍼붓는다. 그리고 그가 고린도에 갈 때 그들이 그가 원치 않는 상태에 있을까 보아 걱정하며(12 : 20), 죄지은 자들에 대하여는 다시 가면 용서하지 않으리라고 경고하고 그 때에 가서 주께서 주신 권세로 그들을 엄하게 대하지 않기를 원한다고 말한다(13 : 10).

이러한 차이점으로 인하여 어떤 이들은 10~13장은 1~9장 이전에 쓰여졌거나 혹은 전서와 후서 중간에 기록된 독립적 서신이거나 다른 서신의 일부분이라고 생각하기도 한다.[5] 고린도 전서와 후서의 본문을 살펴볼 때 바울이 적어도 고린도 교회에 네 번 이상 편지를 써 보낸 것으로 나타난다. 고린도 전서 5 : 9에 '내가 너희에게 쓴 것'이라는 말은 고린도 전서 이전에 쓴 편지를 나타낸다. 그 내용은 음행하는 자에 대한경고를 담고 있는데 그것을 고린도 후서 6 : 14~7 : 1의 내용이라고 추측하는 사람도 있다. 그러나 그러한 이론은 전혀 근거를 제시할 수 없는 것으로 그 편지는 현재 남아 있지 않은 것으로 보는 것이 일반적인 견해이다.[6] 한편 고린도 후서 2 : 4에 "내가 큰 환난과 애통한 마음이 있어 많은 눈물로 너희에게 썼노니"라고 하는 것으로 보아 바울이 고린도 후서 이전에 또 하나의 편지를 고린도 교회에 써 보낸 것을 알 수 있다. 이 편지를 소위 '눈물의 편지'라고 하는데 그 내용으로 보아 그것을 고린도 전서와 같은 것이라고 보기는 어렵다. 어떤 학자들은 고린도 후서 10~13장이 바로 이 '눈물의 편지'일 것이라고 생각한다. 그러나 12 : 18은 분명히 8 : 6, 16~

5. 킴멜, p. 293.
6. 이종윤, 「신약개론」, p. 411.

18에 언급하고 있는 디도와 다른 형제의 파송을 회고하는 것이며, 2 : 3~5, 9에서 느껴지는 그 눈물로 쓴 '중간 편지'의 권면과 애정의 어조는 10~13장에서 나타나는 분위기와는 다르다. 또한 10~13장에서 그렇게 통렬히 비판한 '그 위대하다'는 거짓 사도들에 대하여 2 : 3 이하와 한번 더 그 편지를 언급하는 7 : 8 이하에서 전혀 언급하지 않는 것은 이상한 일이다.

다른 한편 8~9장의 예루살렘 교회를 위한 헌금에 관한 부분을 또 다른 별개의 편지로 보려는 견해가 있으나, 그것을 입증할 만한 뚜렷한 자료는 하나도 제시되지 못하고 있다. 그러므로 고린도 후서가 하나의 통일된 서신이라고 보는 견해가 여전히 가장 큰 지지를 받고 있다. 다만 1~9장과 10~13장의 뚜렷한 차이점을 설명하기 위하여 그 두 부분이 상당한 시간적 간격을 두고 쓰여졌다는 견해가 제시된다. 즉 1~9장의 내용을 쓴 후에 얼마 동안의 기간이 지나서 다시 쓸 때 고린도 교회의 상태에 대하여 보다 예민한 관심을 가지고 장래의 방문 계획을 생각하면서 10장 이하에서는 좀더 엄격한 어조를 띠게 되었다는 것이다. 또는 1~9장을 쓴 후 얼마를 지나는 동안 고린도로부터 다른 보고를 받고 거기에 대한 경고를 10~13장에 덧붙인 것이라고 보기도 한다.[7] 아무튼 1~9장은 교회 전체를 대상으로 쓴 것이고, 10~13장은 고린도 교회의 대적자들과 범죄한 자들에 대하여 쓴 것으로 그 어조에 있어 차이가 나는 것은 자연스러운 것이라고 할 수 있다.

### 3. 기록 경위 및 장소와 시기

디모데를 고린도 교회에 파견한 후(고전 4 : 17, 16 : 10) 그가 그 곳에 도착하기 전에 들려온 소식과 편지에 고린도에서 심각한 문제가 일어나고 있음을 알고 고린도 전서를 써서 직로(直路)로 보냈다. 그러나 바울의 편지는 크게 호응을 받지 못하고 교회 내부의 상황은 점점 더 어려워진 것 같다. 그래서 바울은 에베소를 떠나 고린도 교회를 잠간 동안 방문하였

7. 김철손 외, 「신약성서개론」, p. 152 이하 참조.

다. 이것은 고린도 교회에 대한 바울의 두 번째 방문으로 고린도 전서를 쓴 후 고린도 후서를 쓰기 이전의 중간기에 있었음이 분명하다.[8] 고린도 후서 13 : 2에 이 두 번째 방문을 말하고 있는데, 그 때에 바울과 고린도 교회 사이에 극심한 긴장관계가 있었음을 암시한다. 그리고 12 : 14과 13 : 1에서는 세 번째 방문을 예고하고 있다.

그런데 바울이 이 두 번째 방문에서 돌아온 후에 고린도 교회에서는 바울의 대적자들을 중심으로 그에 대한 비난의 소리가 높아졌다. 곧 다시 오겠다던 바울이 여행 계획을 변경시키자 그를 허튼 사람으로 공박하고(1 : 15-24 참조), 바울은 아무런 추천장도 없는 자로(3 : 1, 4 : 2) 그의 말은 분명치 않고, 떨어져 있을 때나 큰 소리치지 막상 대면하여서는 보잘것없는 인물이라고 혹평하였다(10 : 1, 10). 또한 그는 다른 위대한 사도들에 비하여 사도의 자격이 없는 자로, 그 때문에 고린도 교회의 도움을 받지 않고 스스로 일한다고 폄론하였다(11 : 7 이하, 12 : 13). 이에 대하여 바울은 소위 '눈물의 편지' 혹은 '중간 편지'를 써 보냈다. 고린도 후서 2 : 4에 "내가 큰 환난과 애통한 마음이 있어 많은 눈물로 너희에게 썼노니"라고 한 것처럼 그 편지는 고린도 교인들로 하여금 심히 마음에 고통을 느끼게 하는 것이었다(7 : 8 이하 참조). 바울은 자신이 직접 가는 것을 그만두고 디도에게 그 엄중한 편지를 주어서 고린도 교회에 가지고 가게 하였다. 그러면서 바울은 그 여정을 자세히 의논하여 디도가 돌아오는 길에 드로아에서 만나기로 하였다.

그러나 정한 시기에 바울이 드로아에서 디도를 기다렸으나 그가 오지 않으므로 바울은 매우 초조하게 되었다. 그 심정을 바울은 고린도 후서 2 : 12~13에서 "내가 그리스도의 복음을 위하여 드로아에 이르매 주 안에서 문이 내게 열렸으되, 내가 내 형제 디도를 만나지 못하므로 내 심령이 편치 못하여 저희를 작별하고 마게도냐로 갔노라."고 표현한다. 마게도냐에서 디도를 만나 보고를 들은 바울은 모든 걱정하는 마음이 풀리게 되었다. 고린도의 대부분의 교우들이 바울의 경책에 굴복하여 회개할 뿐 아니라, 바울과 화해하고자 하는 간절한 마음이 있음을 들었기 때문이다. 바

8. 보른캄, 전게서, p. 121.

울은 기쁨과 감사 가운데 다시금 위로와 권면의 글로 고린도 후서를 써서 디도로 하여금 고린도 교회에 가지고 가게 했다. 이 때에 바울은 디도와 함께 다른 두 형제를 파송하였는데(8：16 이하), 그들을 보낸 목적은 바울이 고린도 교회를 방문하기 전에 예루살렘 교회를 위한 구제헌금을 준비케 하기 위함이었다.

주후 54년이나 55년 여름 전에 고린도 전서를 썼다고 할 때, 고린도 후서는 그 다음해인 55년이나 56년 가을쯤에 기록된 것으로 생각할 수 있다. 디모데가 고린도 전서 편지를 전하고 돌아온 후 얼마 있다 바울이 고린도를 방문했고 다시 에베소로 돌아와 고린도로부터 전해지는 괴로운 소식을 듣고 '눈물의 편지'를 써서 디도로 하여금 고린도 교회에 전하게 했다. 그리고 나서 바울이 드로아로 갔다 다시 마게도냐로 건너가 거기서 디도를 만나 고린도 교회의 소식을 듣고 고린도 후서를 쓰기까지는 상당한 기간이 요하였을 것이다. 고린도 후서 8：10과 9：2에 고린도 교회에서 자진해서 1년 전부터 모금을 시작했다고 한 것으로 보아 고린도 전서 16：1에 쓰여진 바울의 지시를 따라 모금을 시작한 지 적어도 1년이 지난 후에 고린도 후서가 기록되었다고 할 수 있다. 그 당시의 달력으로는 새해가 가을에 시작되었음을 감안할 때 고린도 전서가 쓰여진 1년 후의 새해인 주후 55년이나 56년 가을에 마게도냐에서 고린도 후서가 기록되었다고 보는 것이 합당하다.

# 제 5 장

# 로 마 서

## 1. 주제 및 내용 개요

### 1) 주제 : 예수 그리스도를 믿음으로 주어지는 의

### 2) 내용 개요

① 서론 (1 : 1—15)

a. 인사 (1 : 1—7)

b. 감사와 로마 방문의 의도(1 : 8—15)

② 복음에 나타나는 의(1 : 16—4 : 25)

a. 인간의 불의와 하나님의 진노(1 : 18—3 : 20)

1 : 16~32 죄 아래 있는 이방인

2 : 1~3 : 20 죄 아래 있는 유대인

b. 믿는 자를 의롭게 하심(3 : 21—4 : 25)

3 : 21~31 예수 그리스도로 말미암은 의

4 : 1~25 믿음의 선조들에 의한 증거

③ 그리스도 안에서의 새로운 삶(5 : 1－8 : 39)
　a. 옛 사람과 새 사람(5 : 1－21)
　b. 죄로부터의 자유(6 : 1－23)
　c. 율법으로부터의 자유(7 : 1－25)
　d. 성령과 하나님의 사랑에 대한 확신(8 : 1－39)
④ 하나님의 구원의 섭리(9 : 1－11 : 36)
　a. 이스라엘의 불신앙과 하나님의 주권(9 : 1－29)
　b. 이스라엘의 불신앙의 이유(9 : 30－10 : 21)
　c. 이스라엘의 구원에 대한 소망(11 : 1－36)
⑤ 신앙적 삶에 대한 권고(12 : 1－15 : 13)
　a. 신령한 공동체의 삶(12 : 1－21)
　　12 : 1~2　참된 삶의 신앙적 원리
　　12 : 3~13　형제를 섬기기 위하여 주어진 은사
　　12 : 14~21　선으로 악을 이기는 삶
　b. 국가와 이웃에 대한 의무(13 : 1－14)
　　13 : 1~7　국가에 대한 복종
　　13 : 8~10　사랑의 법을 준행
　　13 : 11~14　예수 그리스도로 옷입는 삶
　c. 신앙이 강한 자는 약한 자를 배려하라(14 : 1－15 : 13).
⑥ 끝맺음(15 : 14－16 : 27)
　a. 편지를 쓴 목적(15 : 14－21)
　b. 로마 방문의 계획(15 : 22－33)
　c. 뵈뵈의 천거와 문안 인사(16 : 1－23)
　d. 축도(16 : 24－27)

## 2. 로마 교회

로마 교회의 기원에 대하여 확실하게 말해 주는 자료는 전혀 없다고 해도 과언이 아니다. 분명한 사실은 바울이 로마서를 쓸 때에 이미 로마 교회는 견고하게 성장했다는 것이다. 그 때까지 바울은 그 교회를 한 번도 방문하지 않았으며, 따라서 바울이 설립한 교회는 아니었다. 로마 천주교에서 주장하는 것처럼 베드로가 로마 교회를 세웠다고 하는 것은 받아들이기 어려운 설이다.[1)]

사도행전 15：7에 사도회의시(48년경) 베드로가 예루살렘에 있었는데, 로마 교회는 그보다 먼저 형성되었음이 역사적인 기록에 나타난다. 로마의 역사가 수에토니우스(Suetonius)가 쓴 「글라우디오 황제 전기」 가운데 크레스투스(Chrestus)라는 인물이 선동하여 유대인들이 계속 분란을 일으키므로 황제가 주후 49년에 유대인들을 로마에서 추방하도록 명령을 내렸다고 기록하고 있다. 크레스투스는 크리스토스의 잘못된 발음으로 그 당시 로마 시에서 유대인들과 그리스도인들 사이에 상당한 분쟁이 있었음을 보여 준다. 그렇다고 하면 이미 로마에 상당수의 그리스도인이 있었다고 보아야 할 것이다.

또한 로마서에는 베드로에 대한 언급이 전혀 나타나지 않는다. 베드로가 로마 교회를 설립하였다고 한다면, 다른 사람이 닦아 놓은 터 위에 건축하지 않는 것을 그의 선교의 원칙으로 삼은 바울이 그렇게 자유롭게 로마 교회에 편지하면서 그들에게도 복음을 전하기를 원한다고(롬 1：15) 쓰지는 않았을 것이다. 다른 한편 사도행전 18：2～3에 보면 글라우디오 황제의 추방 명령에 의하여 로마에서 고린도로 와 바울의 동역자가 된 브리스길라와 아굴라 부부가 이미 신실한 그리스도인이었음을 알 수 있다. 이러한 사실들을 감안해 볼 때 로마에는 주전 49년보다 상당히 앞서서 교회가 존재하였다고 말할 수 있을 것이다. 그러면 로마에 처음으로 교회를 세운 사람은 누구인가? 이에 대하여 여러 학자들은 사도행전 2：10에 나오는 것처럼 오순절날 로마에서 온 유대인 디아스포라들이 사도들의 전도를 받고 믿은 후에 로마로 돌아가 그리스도를 전파함으로 교회가 생겼다고 본다.[2)] 다시 말해서 로마 교회는 어떤 전도자의 계획적인 전도에 의해서라기보다는 자생적으로 이루어진 교회라고 봄이 타당할 것이다.

로마 교회의 교인들은 바울이 그들에게 편지를 쓰기 전부터 그에 대하

---

1. 전경연, 「로마서 연구」, 향린사(1960), p. 44.
2. 거쓰리, 「신약개론」, p. 396.

여 잘 알고 있었던 것으로 보이며, 그들 중 어떤 사람들은 아가야나 마게도냐 혹은 소아시아 지방을 여행하는 도중에 바울을 만난 사람들도 있었다고 생각된다. 베드로와 바울을 로마와 관련짓는 전승이 매우 일찍부터 전해지고 있었으며, 로마의 클레멘트(Clement)는 그 두 사람이 모두 로마에서 순교하였다고 전하고 있다. 그 전승을 부정할 만한 이유는 전혀 없지만, 그러한 전승은 로마 교회의 기원에 관하여는 아무것도 분명히 말해주지 않는다.

로마 교회의 기원 못지않게 중요한 또 하나의 문제는 로마 교회의 구성원이 어떤 사람들이었는가 하는 것이다. 이 문제에 대한 해답이 바울이 편지를 쓴 대상과 그 당시의 로마 교회의 역사적 상황을 아는 데 중요한 의미를 가지기 때문이다. 대체로 학자들은 이 문제에 대하여 세 가지의 견해를 제시해 오고 있다.

첫째로 로마의 교인들이 주로 유대인 그리스도인이었다는 견해이다. 거기에 대하여 주로 이방인 그리스도인이었다는 주장을 제시하는 사람들도 있다. 이 두 극단적인 견해에 조화를 제공하려는 의도에서 유대인과 이방인이 섞인 혼합 공동체였다는 설이 말해지는데 그 가운데서도 유대인의 요소가 더 강했다고 보는 쪽과 이방인의 요소가 더 강했다고 보는 쪽으로 의견이 나누어진다.

로마 교회의 교인의 대다수가 유대인 그리스도인이었다는 견해는 바울이 그의 토론을 전개하는 가운데 강하게 유대적인 율법의 개념을 사용하여 유대인을 상대로 말하고 있다는 데 근거를 두고 있다(2 : 17, 3 : 1, 4 : 1, 7 : 1, 4). 그러나 로마 교회의 그리스도인들을 직접적으로 유대인이라고 지칭한 곳은 없다. 반면에 바울이 그의 서신의 대상으로 이방인을 생각하고 있음이 더 강하게 드러나고 있다. 1 : 13에 "이는 너희 중에서도 다른 이방인 중에서와 같이 열매를 맺게 하려 함이라"고 말하며, 11 : 13에서는 "내가 이방인인 너희에게 말하노라."고 함으로써 그의 수신자가 이방인 그리스도인임을 명백히 나타내고 있다. 더욱이 9~11장에서 이스라엘의 구원에 대하여 말할 때 바울은 유대인이 아닌 이방인들에게 자기의 동포에 대하여 안타까움과 간절함을 토로하고 있다고 보아야 할 것이다. 7 : 1의 "율법을 아는 자들에게 말하노니"라고 하였을 때 그것을 반드시 유대인들에게 향한 것으로만 볼 필요는 없다. 이방인 그리스도인들도 구약성경을 읽고 예배시에 사용하였으므로 구약의 율법을 알고 있었다고 볼 수 있다. 물론 로마 교회에 유대인 그리스도인이 아주 없었다고 보아서는 안 될 것이다. 그러나 바울 당시에는 로마 교회에 이방인 그리스도인들이 수적으로 우세했다고 여겨진다.

설립 초기에는 유대인을 중심으로 이루어졌던 로마 교회가 차츰 이방인들을 그리스도인으로 받아들였다. 그러다가 글라우디오의 추방 명령이 내린 이후로는 이방인이 중심이 되어 로마 교회가 성장하였다고 짐작된다. 얼마간의 유대인 그리스도인들이 섞여 있기는 하였지만 이방인 그리스도인에 비하면 그렇게 큰 수는 아니었다고 할 것이다. 왜냐하면 로마서의 전체적인 분위기는 이방인 그리스도인을 상대로 토론하는 성격이 강하게 느껴지기 때문이다. 그럴지라도 여전히 바울은 유대인 그리스도인을 염두에 두고 있음도 부정해서는 안 될 것이다. 그런 점에서 바울이 하나님 앞에서는 유대인과 이방인이 똑같이 책임을 져야 하며 마찬가지로 복음은 유대인이나 이방인이나 모든 사람에게 구원을 주시는 하나님의 능력이 됨을(1：16) 강조하는 이유를 이해할 수 있을 것이다.

## 3. 본서의 통일성 문제

로마서에 대한 본문비평상의 연구에 있어 16장을 중심으로 한 원문의 진정성과 통일성의 문제가 제기되어 왔다. 2세기의 영지주의자인 말시온(Marcion)이 자의적으로 편집한 신약성경 가운데 로마서는 14：23까지만 보존되었다. 그 후에도 14장으로 끝나는 고대 사본들과 벌게이트(Vulgate) 역본들이 있었으며, 어떤 사본들은 14장 끝에 16：25~27의 축도를 덧붙인 것도 나타났다. 특별히 2세기 말의 파피루스 사본인 $P^{46}$에는 15：33 뒤에 16：25~27의 축도가 첨가되어 끝나고 있다.

15장이 나타나지 않는 사본들이 간혹 있기는 하지만 대부분의 사본들의 증거는 15장이 로마서의 일부라는 것을 확실하게 해준다. 또한 15：1~6은 자연스럽게 14장의 내용을 이어서 '믿음이 약한 자'에 대한 논의를 종결짓고 있다.[3] 따라서 15장은 그 내용 자체나 문체로 보아 1~14장에 연결되어 쓰여진 것이라는 데 의심의 여지가 없다. 그러나 16장은 몇 가지 어려운 문제를 제기한다. 로마서 15장은 33절의 축도의 말로써 적절히 끝을 맺고 있다. 그런데 16장에서는 첫머리에 여집사 뵈뵈를 추천하면서 그 다음에 26명이나 되는 개개인에게 문안 인사를 보내고 있다. 바울이 한 번도 가 보지 않은 교회에 그렇게 많은 친지들이 있었겠는가 하는 것과 아직 친밀한 유대관계가 이루어지지 않은 생소한 교회에 그와 같이 스스럼없이 여집사에 대하여 영접하고 도와 줄 것을 부탁할 수 있었겠는가 하는 질문이 제기된다. 또한 3절에 언급되고 있는 브리스가와 아굴라는 바울과 함께 고린도에 있다가 에베소로 이주하였다(행 18:2 이하, 18:24-26). 물론 그들이 본래 로마에 거주하였었으므로 주후 54년에 글라우디오 황제가 사망한 후 다시 로마로 돌아갔을 가능성은 있다. 그러나 그들이 그렇게 속히 생활의 터전을 이동하였겠는가 하는 의문은 남는다. 한편 16:5에 '아시아에서 그리스도께 처음 익은 열매'인 에배네도를 언급하는 것으로 보아 16장의 문안 인사의 전체적인 분위기는 바울과 친숙한 에베소 교회를 향한 것으로 생각할 때 더 합당하게 느껴진다. 이러한 관점에서 어떤 학자들은 로마서 16장이 본래는 에베소에 보내는 서신의 일부였는데 후에 로마서에 덧붙여졌다는 설을 주장한다. 즉 에베소서에는 문안 인사가 없기 때문에 본래는 로마서 16장이 에베소서의 부록이었다는 것이다. 후에 바울서신이 에베소에서 편찬 될 때에 이 부분이 로마서 뒷장에 첨가되었다고 보는 것이다.

그러나 현존하는 대다수의 사본들이 15장과 16장을 연결시켜 기록하고 있음에 비추어 많은 학자들은 16장이 로마서의 본래의 장임을 인정한다.[4] 여러 사람들에 대한 개별적 문안 인사는 바울이 전도여행 중에 로마로부터 온 그리스도인들을 사귈 기회가 얼마든지 있었을 것이라는 점에서 이해할 수 있다. 15:33과 16장 끝의 중복되는 축도는 바울이 다른 서신들에서도 중복된 축도를 하고 있는 것으로 보아(살전 3:11-13, 빌 4:9) 16장이 본래 로마서에 속하였음을 생각하는 데 결코 어렵게 하지는 않는다

3. 김득중, 「신약성서개론」, p. 204.
4. 전경연, 전게서, p. 53 이하 참조.

고 여겨진다.

## 4. 기록 동기와 목적

바울은 본 서신의 1：9~13에 그가 로마 교회를 여러 번 방문하기를 원했음과 그들을 만나 은혜를 나누기를 갈망하고 있음을 밝히고 있다. 그가 기대하던 기회가 가까이 온 것을 느낀 바울은 먼저 편지로 자신을 소개할 필요를 느꼈다. 로마제국의 동부 지방에서의 전도활동을 어느 정도 마무리한 그는 이제 서쪽의 끝인 서반아 전도를 계획하게 되었으며, 그가 서반아로 가기 위하여는 도중에 로마에 들려서 그 곳의 교인들과 우의를 다지고 그들의 기도와 후원을 얻고자 하였던 것이다(15：22-24). 그러나 바울은 먼저 아가야와 마게도냐 지방의 이방인 교회들이 예루살렘 교회를 위하여 모금한 헌금을 가지고 예루살렘에 가서 전달해야 할 일이 남아 있었다. 그것은 이방인 교회들이 유대인 형제들로 말미암아 받은 영적인 축복에 대하여 은혜를 갚는 일이요, 이방 교회와 유대 교회를 결속시키는 중요한 의미를 가지는 일이었다. 바울은 이 일을 마치는 대로 곧 로마를 거쳐 서반아로 가기를 바랬다. 그러나 그는 먼저 예루살렘 교회가 자신과 이방 교회의 헌금을 기꺼이 받아들일 것인가를 걱정하면서 그것을 위하여 로마에 있는 그리스도인들이 함께 기도해 주기를 부탁하고 있다(15：30-32).

바울이 본 서신을 로마에 써 보낸 것은 로마의 그리스도인들과의 친목을 도모하고자 하는 뜻도 있었지만, 그보다는 장래의 선교활동을 위한 외교적 목적이 보다 뚜렷하다 할 수 있다.[5] 그는 전도자로서 로마에 가기보다는 지나가는 손님으로서 그들에게 복음으로 봉사하며 또한 그들의 도움을 얻고자 하였다. 이것이 본 서신을 쓴 외적인 동기라고 할 수 있는데, 로마서에는 그런 목적의 한계를 벗어나는 듯이 보이는 유대인들과의 광범한 신학적 토론과 논쟁적 내용들이 빈번하게 나타나고 있다. 로마서의 그러한 성격으로 인하여 본 서신을 기독교 신앙의 기본적 체계를 진술하는

5. 해리슨, 「신약개론」, p. 316.

교리적인 저작이라고 보는 견해도 있어 왔다. 그러나 사실에 있어서 본 서신은 교리적인 저술로서 쓰여진 것이 아니라 바울이 자신의 선교 계획을 실천하는 데 도움을 얻고자 하는 의도에서 로마의 그리스도인들과 유대관계를 맺으려고 쓴 실질적인 편지였다. 바울은 그들에게 자신을 소개하면서 자신의 과거의 선교활동과 업적을 나열하는 대신에 자신이 믿고 증거하고자 하는 복음이 어떠한 것인지를 소개하고자 하였다. 그런 점에서 로마서는 바울 자신의 신앙고백서라고도 말할 수 있다. 로마서에서 진술하고 있는 신앙적 논리들은 결코 새로운 것이 아니었다. 그 많은 내용과 주제들은 그보다 3~4년 전에 쓴 갈라디아서와 고린도 서신에서 나타나고 있는 것들이다.[6] 즉 그는 오랫동안 생각하고 가르쳐 왔던 그의 신앙의 핵심적인 내용들을 보다 심도 있고 체계적으로 진술할 기회를 찾은 것이다. 로마서에서 '모든 사람' 또는 '누구나' 혹은 부정적인 말로는 "한 사람도 없다."는 표현을 자주 사용하는 것은 바울이 자신의 사상을 객관적으로 나타내는 태도를 보여 주는 것이라고 할 수 있다. 그러나 여기에서 바울은 일방적인 독백을 하고 있는 것은 아니다. 그는 실제로 로마 교회에서 대두되고 있는 거짓되고 잘못된 견해들을 염두에 두고 토론을 진전시키고 있는 느낌을 갖게 한다(14 : 1-15 : 7, 16 : 17 이하 참조). 또한 때로는 가상적인 유대인을 상대로 논쟁을 펴나가며, 때로는 이방인 그리스도인을 대상으로 토론을 전개시킴으로 대화적인 독특한 성격을 가지고 그의 신앙과 확신을 진술하고 있다.

## 5. 기록 장소와 시기

고린도 후서를 써 보내고 나서 얼마 되지 않아 바울은 마게도냐에서 고린도로 갔다. 그는 그 곳에 가서 예루살렘 교회를 위하여 헌금을 모아 예루살렘을 방문하고자 하였던 것이다. 이러한 사실은 사도행전 20장과 21장의 기록과 일치하는 것으로 바울은 고린도가 있는 헬라 지방에서 3개월을 지낸 후에 팔레스타인을 향하여 여행을 떠났다. 바로 이 기간이 로마

6. 보른캄, 「바울」, p. 140.

서처럼 사려 깊고 논리적인 글을 쓰기에 가장 적합한 시기였다고 할 수 있다. 바울이 부활절 직전에 헬라를 떠나 빌립보에 가서 부활절을 지내고 예루살렘으로 간 것으로 보아 로마서는 주후 56년 이른 봄에 고린도에서 기록했다고 봄이 타당하다.

다른 한편 고린도의 인근에 있는 겐그레아 교회의 여집사 뵈뵈를 천거한 것과 16：23에 나타나는 바울이 머물렀던 집 주인인 가이오가 바울이 고린도에서 세례를 준 인물이라는 사실이(고전 1：14) 로마서의 기록 장소로 고린도를 지시하는 데 또 하나의 증거가 된다. 거기에 덧붙여 바울이 그들의 문안을 전하고 있는 소시바더(16：21)와 에라스도(16：23) 역시 이 때에 고린도에 거주하였음이 분명하게 드러난다. 즉 전자는 사도행전 20：4에 고린도에서 아시아까지 가는 바울의 일행 중에 나타나며, 후자는 디모데 후서 4：20에 의하면 고린도에 거주한 것으로 나타난다.

# 제 6 장

# 옥중서신

## Ⅰ. 서 론

바울서신들 중 에베소서, 빌립보서, 골로새서, 빌레몬서 이 네 서신들은 바울이 감금된 상태에서 기록하였기 때문에 옥중서신이라고 부른다. 이 서신들이 구금 기간 중에 쓰여졌다는 것은 에베소서 3:1, 4:1, 6:20, 빌립보서 1:12~13, 골로새서 1:24, 4:18, 빌레몬서 1:1, 9 등에서 분명하게 나타나고 있다. 그런데 바울의 선교활동 동안에 여러 차례 옥중생활을 한 기록이 있음으로 해서 이 서신들이 어느 때에 어느 곳에서 기록하였는지 결정하기가 어려운 점이 있다. 거기에 대하여 다음과 같은 세 가지 설이 제시된다.

### 1. 가이사랴설

빌레몬의 노예였던 오네시모가 이 도시로 도망왔을 가능성이 높다는 점에서 이 설이 제기되었다. 그러나 도망한 노예가 숨을 수 있는 곳으로는 로마나 에베소와 같은 대도시일 가능성이 더 크다.[1] 바울이 2년 동안 가이사랴에 구금상태로 체류한 것은 사도행전 23~26장을 통하여 알 수 있다. 사도행전 24 : 23에 비추어 볼 때 그가 자유롭게 친지들과 접촉할 수 있었으며 쉽게 편지도 쓸 수 있었을 것으로 생각된다. 그러나 사도행전 28 : 30~31에 언급된 것처럼 바울이 로마에서는 자유롭게 설교할 수 있었던 데 반하여 가이사랴에서는 로마의 관원들 앞에서 증언한 이외에 설교할 기회가 주어졌던 것으로 보이지 않는다. 에베소서 6 : 19~20이나 골로새서 4 : 3~4에서 바울은 자신이 비록 매인바 되었으나 복음을 담대히 전할 수 있는 전도의 문이 열리도록 기도를 부탁한 것에 주목할 때 가이사랴의 형편에는 잘 맞지 않는 것으로 느껴진다. 또한 빌레몬서 1 : 22에 "나를 위하여 처소를 예비하라. 너희 기도로 내가 너희에게 나아가게 하여 주시기를 바라노라."고 한 것은 바울이 가이사랴에 구류된 상태에서 곧 풀려날 것을 기대하기 어려웠다는 점에서 가이사랴에서 쓴 것이라고 보기는 힘들다.

## 2. 로마설

오래 전부터 옥중서신들이 바울의 로마 구류 기간 동안에 쓰여졌다는 견해가 전통적인 것으로 여겨져 왔다. 그 중요한 이유로 사도행전 27~28장에서 누가는 '우리'라는 복수인칭을 사용하여 로마로 가는 바울의 일행이 있음을 암시하고 있으며, 특히 사도행전 27 : 2에 언급된 아리스다고가 골로새서 4 : 10 과 빌레몬서 1 : 24에 감금된 바울과 함께 있은 사람 중의 하나로 기록되어 있다는 사실을 들 수 있다.

반면에 빌립보서 2 : 24과 빌레몬서 1 : 22에서 바울이 감옥에서 풀려나면 곧 빌립보 교회와 골로새에 있는 빌레몬을 방문하기를 희망한 것은 로마설을 설명하는 데 약간의 어려움을 가져다 준다. 본래의 바울의 선교계획은 로마를 거쳐 서반아에까지 가서 복음을 전하는 것이었는데, 로마에서 자유를 얻은 후 방향을 바꾸어 마게도냐와 소아시아로 간다는 것은

1. 해리슨, 「신약개론」, p. 327.

이해하기 어려운 면이 있다. 그러나 그것이 일시적인 방문 계획이라고 한다면 어느 정도 이해할 수도 있다고 본다. 무엇보다도 빌립보서의 마지막 부분 인사말에서 가이사의 집 사람 중 몇 사람의 문안을 언급하고 있는 것(빌 4：22)이 로마설을 지지하는 데 중요한 역할을 한다. 물론 가이사 황제의 집안에 속한 시종들이 각 속주에서도 활동하는 경우가 있었지만[2] 그들과 쉽게 접촉할 수 있는 가장 자연스러운 장소는 로마이다. 또한 빌립보서 1：13에 말하고 있는 시위대(프라이토리온)는 로마에 주둔하고 있는 황제의 시위대라고 생각하는 것이 옳을 것이다.

### 3. 에베소설

바울이 에베소에서 감금되었다는 명백한 기록은 없지만 근래에 학자들 중에는 바울이 에베소에서 옥중생활을 할 때에 서신을 썼다고 주장하는 사람들이 있다.[3] 그 근거로 주로 고린도 전서와 후서의 구절들을 드는데, 고린도후서 11：23에 "옥에 갇히기도 더 많이 했다."는 말과 고린도 전서 15：32의 "내가 범인처럼 에베소에서 맹수로 더불어 싸웠으면 내게 무슨 유익이 있느뇨." 한 말이 가장 중요한 내용들이다. 그런데 고린도 후서 11：23의 투옥에 대한 사실은 특별히 에베소와 관련된 것이 아니라 사도의 일반적인 수고와 고난을 말하기 위한 것이다. 맹수와의 싸움에 대한 암시도 감옥에 갇힌 데 대한 어떤 결정적인 요소를 제공하지는 못한다. 고린도 전서 15：32을 해석함에 있어 맹수와의 싸움을 실제적인 사실이라기보다는 바울의 상징적이고 비유적인 언어로 이해하는 경향이 있다. 그 뜻을 쉽게 쓰면 "만일 내가 에베소에서 맹수들과 싸웠다면 나에게 유익한 점이 무엇이었겠는가"라는 가정적인 말이 되는 것이다. 실제로 로마 시민권을 가진 바울이 경기장에서 야수와 싸운다는 것은 생각하기 어려운 일이었다.[4] 또한 누가가 에베소에서의 투옥 사건에 대하여 전혀 언급치 않

2. 큄멜, 「신약정경개론」, p. 331.
3. 해리슨, p. 328.
4. 상게서, p. 329.

고 있음이 에베소설을 약화시키는 이유 중의 하나이다.

반면에 빌립보서의 에베소 기원설은 상당한 타당성을 제시하고 있다. 빌립보서 1 : 1에 언급된 디모데는 누가가 로마로 가는 여행을 기록한 기사 중에는 나타나지 않는다. 오히려 사도행전 19 : 22과 고린도 전서 16 : 10에 비추어 볼 때 그는 에베소와 밀접한 연관을 가진 것으로 나타난다. 바울의 감금 소식을 듣고 빌립보 교인들이 에바브로디도를 통하여 위로의 선물을 보낸 것과, 에바브로디도가 바울에게 와서 심한 질병에 걸렸다는 소식을 접하고 빌립보 교인들이 매우 염려한다는 것을 알게 된 바울이 완쾌된 에바브로디도에게 편지를 써서 디모데와 함께 빌립보 교회로 보내게 되었다는 사실은 옥중에 있는 바울과 빌립보 교회 사이에 소식의 내왕이 상당히 빈번하였음을 보여 준다. 그러한 일은 빌립보에서 한달 동안의 여행 거리인 로마와의 사이보다는 일주일 정도의 거리에 있는 에베소와의 사이에서 있었던 것으로 가정할 때 이해하기가 훨씬 쉽다. 또 하나 빌립보서 4 : 10에 빌립보 교인들이 바울을 돕고자 했으나 기회가 없었다는 말은 바울의 구금에 대한 로마설보다는 에베소설을 더욱 강하게 지지하는 것으로 생각할 수 있다. 소아시아에서 바울이 선교활동을 하는 동안은 그가 한 곳에 체류하여 에바브로디도가 위로금을 가져오기까지는 빌립보 교회와 접촉하여 도움을 받을 기회가 별로 없었을 것이다. 반면에 로마에서 빌립보서를 썼다고 한다면 그전에 바울이 고린도에 3개월을 머무는 기간 동안이나 예루살렘으로 가는 길에 빌립보를 통과하였을 때 얼마든지 도울 기회가 있었을 것이다. 빌립보서 3 : 3에서 말하고 있는 할례당에 관한 언급 역시 로마에서보다는 유대주의가 강력한 세력을 구사했던 에베소에서 훨씬 더 타당한 논제였을 것이다. 이러한 점에서 맨슨(T. W. Manson)은 옥중에서 쓰여진 것은 아니지만 빌립보서가 에베소에서 쓰여졌다고 생각한다. 그러나 바울이 에베소에서 옥중생활을 하였다는 것은 여전히 가능성으로 남아 있으며, 또한 빌립보서가 에베소에서 기록되었다는 절대적인 증거가 제시되고 있지도 않다. 그렇지라도 빌립보서가 에베소 옥중에서 기록되었을 것이라는 것은 계속해서 신중한 고려의 대상이 되어야 할 것이다.

에베소서 6 : 21 및 골로새서 4 : 7과 4 : 17을 볼 때 에베소서, 골로새서,

빌레몬서는 동시에 기록되어 두기고에 의하여 전달된 것을 알 수 있다. 반면에 빌리보서는 디모데에 의하여 전달된 것으로 보아 앞의 세 서신과는 조금 다른 시기에 쓰여진 것으로 생각된다. 빌립보서의 기록 시기를 다른 세 서신보다 먼저 쓴 것으로 보는 사람도 있고 나중에 쓴 것으로 생각하는 사람들도 있는데, 먼저 쓴 것으로 보는 것이 좀더 타당하다고 여겨진다.[5] 그 기록 연대는 로마설을 따를 경우 60년대 초로 잡을 수 있으며, 에베소설을 따를 경우에는 53~55년경으로 생각할 수 있다.

## Ⅱ. 에베소서

### 1. 주제 및 내용 개요

#### 1) 주제 : 그리스도의 몸된 교회

#### 2) 내용 개요

① 인사 (1 : 1－2)

② 교리적 부분 : 그리스도 안에서 만물을 통일시키시는 하나님의 목적(1 : 3－3 : 21)

a. 그리스도의 구원을 아는 지혜(1 : 3－23)

b. 그리스도 안에서 하나됨(2 : 1－22)

c. 이방의 사도로서의 사명(3 : 1－13)

d. 기도와 송영(3 : 14－21)

③ 실천적 부분 : 그리스도 안에서 만물을 하나되게 하는 하나님의 도구로서의 교회(4 : 1－6 : 20)

a. 성령의 다양한 은사(4 : 1－16)

b. 새 사람으로서의 그리스도인의 생활(4 : 17－5 : 21)

4 : 17~32　　옛 사람을 벗고 새 사람을 입음

---

5. 이종윤, 「신약개론」, p. 461.

5 : 1~14 어두움의 일과 빛의 자녀의 행위
5 : 15~21 지혜롭게 시간을 쓸 것을 권고
c. 그리스도인 부부 - 교회와 그리스도의 관계(5 : 22-6 : 9)
d. 하나님의 전신갑주(6 : 10-20)
④ 개인적 천거와 축도(6 : 21-24)

## 2. 수신자에 대한 사본상의 문제

본서는 2세기 이후 '에베소에 보내진 편지'로 알려져 왔다. 그러나 고대 사본을 연구하는 과정에서 1 : 1에 기록된 "에베소에 있는 성도들에게"라는 말에 의문을 갖게 되었다. 4세기 말 이후의 대부분의 사본에는 그 말이 그대로 나타나고 있으나, 가장 오래된 사본들인 $P^{46}$과 B, ℵ 및 1739, 424 등의 소문자 사본들에는 '에베소에 있는'(ἐν Ἐφέσῳ)이라는 두 단어가 빠져 있고, 단순히 "거룩하고 신실한 자들에게"라고 되어 있다.

본문에 '에베소에 있는'이라는 말이 없었다는 점에 대하여 어떤 학자들은 원래에 그 자리에 '라오디게아에 있는'이라는 말이 있었을 것이라고 주장한다. 그 이유로는 2세기에 말시온이 바울서신들을 제시하면서 에베소서 대신에 라오디게아서신을 언급하였으며, 골로새서 4 : 16에 "라오디게아로서 오는 편지"라는 구절이 있음을 든다. 그러나 그것을 확인할 증거는 전혀 없으며 에베소서 내용에 있어서도 라오디게아에 보낸 편지라는 암시가 조금도 없다. 혹자는 본래 이 편지가 골로새에 보내진 서신이라고 말한다. 즉 바울이 아닌 다른 인물이 바울의 골로새서를 대신하기 위하여 쓴 것인데 나중에 정경화 과정에서 에베소서로 바뀌었다는 이론이다. 이것은 지나친 상상에 불과할 뿐 고대 전승으로부터 아무런 증거도 얻을 수 없다.[6]

본 서신이 에베소에 보낸 편지라는 전통적인 견해를 지지하는 사람들은 초기에 각 지역의 교회들에서 에베소서를 예배의식용으로 사용할 때에 '에베소에 있는'이라는 말을 빼고 사용하였다고 설명한다. 즉 예배시 낭

6. 큄멜, 전게서, p. 359.

독을 위하여 만든 사본에 '에베소'라는 지명을 제거하고 기록하였기에 그러한 영향이 후대 사본에 미쳤다는 것이다.[7] 그러나 바울이 에베소에서 2년 이상이나 활동하였으며, 사도행전 20：18~35에 나타나는 것처럼 예루살렘으로 돌아가는 길에 에베소 교회의 장로들을 권면한 것을 염두에 둘 때 바울이 그곳 교회에 편지를 하면서 누구에게도 문안 인사를 보내지 않은 것은 이해하기 어려운 일이다. 더욱이 바울은 본서신 가운데에서 그의 편지를 받은 어떤 사람들은 자신의 직접적인 전도와 가르침을 받지 않은 것처럼 쓰고 있다는 점이다(1：15, 3：2, 4：20—21).

이상의 고찰들로 볼 때 본 서신의 수신자를 결정짓는 것은 상당히 어려운 문제임을 알 수 있다. 이에 대하여 몇 가지 대체적으로 지지를 받는 견해를 정리하면 다음과 같다. 첫째로 이 서신은 아마도 어느 일정한 지역에 있는 교회들에 공동으로 보낸 일종의 회람서신과 같은 것이었을 것으로 본다. 아마도 에베소를 중심으로 한 소아시아의 서남지역 내륙 지방의 교회들에 보낸 것으로 각 교회에 전해지는 사본에다 그 지역 교회의 이름을 기록케 했던 것이라고 생각한다. 그 중에서 모 교회인 에베소에 보낸 사본이 현재의 에베소서로 전해졌다는 것이다. 그러나 수신처가 공백으로 된 그러한 회람서신에 대한 전례나 증거가 확인되지 않는 시점에서 그러한 설명은 절대적인 것이 되기 어렵다.[8] 따라서 어떤 학자들은 에베소서가 본래 어떤 특정한 교회나 교회들에 보내진 편지라기보다는 일종의 편지 형태를 띤 신앙적 권면을 위한 논설이었다고 생각하기도 한다. 본서에 특정한 상황이나 문제에 대한 언급이 없고 또한 개인적인 인물들에 대한 문안 인사가 결여되어 있는 것이 그러한 사실을 지지하는 증거라고 말한다.

### 3. 저자와 기록 배경

#### 1) 저자 문제

오랫동안 에베소서가 바울에 의하여 쓰여졌다는 데는 별 이의가 없었

---

7. 이종윤, 전게서, p. 486 이하.
8. 김득중, 「신약성서개론」, p. 234.

다. 바울 자신이 본서를 기록했음을 언급하고 있으며(1 : 1, 3 : 1), 그는 자신의 개인적인 경험과 생각을 직접 느낄 수 있도록 기록하고 있다(3 : 1－4, 7－13, 6 : 19－22). 또한 최초의 바울서신의 목록에 에베소서가 포함되었으며 이레니우스와 알렉산드리아의 클레멘트와 같은 초대교회의 교부들도 에베소서를 바울에 의한 서신으로 인정하였다. 그런데 18세기 말에 에반슨(E. Evanson)이 서두의 인사 부분과 서신의 내용 사이에 모순이 있다는 것을 이유로 본 서신의 진정성을 의심하였다. 그후 19세기에 들어와서는 보다 구체적인 연구를 통하여 에베소서가 바울의 편지라는 데 이의를 제기하는 학자들이 나타났다. 그들이 주장하는 근거는 대체로 다음과 같다.

첫째, 에베소서의 언어와 문체가 바울의 다른 서신들과는 상당한 차이가 있는데, 그 낱말들이 대개는 신약성경의 후기 문서들이나 사도적 교부들의 문서에서 많이 사용되는 것이라고 한다. 같은 의미를 나타내는 말이라도 바울의 다른 서신들에서는 잘 사용하지 않은 상이한 단어들을 사용하며, 특히 셈어적 문장의 성격이 두드러지게 나타난다는 것이다.[9] 이러한 언어와 문장의 성격에 의하여 에베소의 진정성을 부인한다는 것은 충분한 이유가 되지는 못하지만 바울의 저작권을 인정하는 데 상당한 어려움을 준다.

둘째, 에베소서의 저자를 결정하는 데 더욱 중요한 문제를 일으키는 것은 에베소서와 골로새서가 매우 유사한 성격을 띠고 있다는 사실이다. 에베소서의 거의 절반 가량이 골로새서의 본문과 유사한 성격을 띠고 있으며 전체적인 구조도 매우 비슷하다. 두 서신 모두 전반부는 교리적인 부분이고 후반부는 윤리적인 부분으로 구분된다. 첫부분의 감사와 기도의 내용도 용어가 조금씩 다르기는 하지만 대체로 비슷하며, 옛 사람을 벗어버리고 새 사람을 입으라는 것(엡 4 : 17 이하, 골 3 : 5 이하)과 남편과 아내, 부모와 자녀, 종과 주인에 대한 권고(엡 5 : 22－6 : 9, 골 3 : 18－4 : 1)도 비슷하다. 이 두 서신의 유사한 성격 때문에 어떤 사람들은 골로새서를 모델로 후대에 에베소서를 다른 사람이 기록했다고 말한다. 그러나 하필이면 왜 골로새서를 모방하여 또 하나의 서신을 써야 했는지에 대해서는 아

9. 에베소서의 독특한 언어 사용에 대하여 큄멜, 전게서, p. 363 이하.

무런 설명도 제시되지 못한다. 그에 대하여 다른 사람들은 바울이 골로새서와 에베소서를 거의 동시에 썼기 때문에 그 두 서신에는 비슷한 표현과 사상이 나타나게 되었다고 변론한다.[10)]

셋째로, 에베소서에 나타나는 신학적인 내용들은 바울의 다른 서신들과 차이를 드러내고 있다는 점이다. 에베소서 2：13 이하에서 그리스도의 피로 말미암는 화평과 하나됨을 말하기는 하지만 대체로 그리스도의 부활과 승천에 더 강조를 두고 있다. 즉 에베소서는 그리스도의 십자가보다는 그의 영광에 더 관심을 기울이고 있는 것이다. 또한 바울의 다른 서신들에서는 그리스도의 재림을 중요시하는데 에베소서에서는 그에 대한 언급이 거의 없다. 무엇보다도 에베소서에서 중요한 주제로 자주 말해지는 '교회'가 주로 개체 교회를 가리키는 바울의 다른 서신들과는 달리 보편적인 교회의 의미로 사용되고 있음에 주의할 필요가 있다. 더 나아가서 골로새서 2：7에 그리스도인은 그리스도 안에 뿌리를 박으며 세움을 입었다고 한 데 대하여 에베소서 2：20에서는 "사도들과 선지자들의 터 위에 세우심을 입은 자라. 그리스도 예수께서 친히 모퉁이 돌이 되셨다."고 한다. 이것은 고린도 전서 3：11에 예수 그리스도만이 유일한 기초가 된다고 한 것과는 상당히 다른 느낌을 주는 것이다. 이러한 신학적인 차이점에 근거하여 어떤 학자들은 에베소서가 바울에 의하여 쓰여진 것이 아니라 그의 영향을 받은 그의 제자나 혹은 소위 '바울 학파'에 속하는 사람 중의 누군가에 의하여 기록되었다고 생각한다.

그러나 에베소서가 바울의 서신임을 믿는 사람들은 에베소서와 골로새서의 유사성을 갈라디아서와 로마서의 관계와 비유하여 설명한다. 즉 갈라디아서에서 율법과 그리스도인의 긴장관계를 다루었다면 로마서는 칭의와 율법이라는 주제를 보다 넓은 관점에서 다루어 전체적인 그리스도인을 대상으로 한 신앙적 논설과 같은 성격을 가지게 되었다는 것이다. 그와 비근하게 골로새서는 이단사상의 위험에 직면해 있는 개별적 교회에 구체적으로 권면하기 위해서 쓰여졌고 에베소서는 일반적인 그리스도인들을 대상으로 교회의 통일성과 보편성을 설명하고자 기록되었다고 말할 수 있

---

10. 이종윤, 전게서, p. 498 이하.

다. 이상에서 살펴본 논증들을 평가할 때 여전히 바울이 에베소서를 기록했다는 초기 교회로부터의 전승이 가장 유력하다고 여겨진다.

2) 기록 배경

대부분의 바울서신들이 특별한 요청이나 긴박한 상황 가운데 쓰여진 데 반하여 에베소서에는 어떤 절박한 도움이나 교훈을 요구하는 역사적 정황이 나타나지 않는다. 본서에는 그의 초기 서신들에 나타나는 유대주의의 위협이나 그의 사도직에 도전하며 인신공격을 일삼는 적대자들이나 거짓 교사들의 피해도 느껴지지 않는다. 에베소서에서 강조하는 점이 있다면 이제는 그리스도 안에서 동일한 하나님의 백성이 된 유대인과 이방인이 한 주님과 한 성령으로 말미암아 하나의 교회로 결합되었다는 사실이다. 이제는 머리이신 그리스도를 통하여 모든 지체가 연합하여 그리스도의 몸인 교회를 온전히 이룰 것을 권면한다.

골로새서와 빌레몬서와 같은 때에 본서가 기록되었다고 한다면, 아마도 그 두 서신을 가지고 소아시아 지방으로 떠나는 두기고와 오네시모에게 본서를 써 줌으로 그들을 다른 교회들과도 연결시켜 주려고 하였다고 생각된다. 바울은 그들을 통하여 여러 교회에 전하여질 본 서신 가운데서 그가 잘 알지 못하는 성도들에게까지도 '그리스도 안에서' 하나가 되며 하나님의 전신갑주를 입고 승리하는 생활을 하도록 권면하고자 하였던 것이다.

## Ⅲ. 빌립보서

### 1. 주제 및 내용 개요

1) 주제 : 그리스도 안에서의 삶의 기쁨

2) 내용 개요

① 인사 및 감사와 기도(1 : 1–11)

② 매임 가운데서의 기쁨과 확신(1 : 12—26)
③ 권면(1 : 27—2 : 18)
  a. 한 뜻으로 협력하라(1 : 27—2 : 4).
  b. 그리스도의 마음(2 : 5—11)
  c. 성실한 그리스도인의 삶에 대한 권면(2 : 12—18)
④ 디모데와 에바브로디도를 보내려는 계획(2 : 19—30)
⑤ 경고(3 : 1—4 : 4)
  a. 할례당에 대하여(3 : 1—11)
  b. 완전주의와 세속주의에 대하여(3 : 12—21)
⑥ 거룩한 삶에 대한 권면(4 : 1—9)
⑦ 끝맺음의 감사와 인사(4 : 10—23)

## 2. 빌립보 교회

사도행전 16 : 12~40에 의하면 바울의 제 2차 전도여행 때 마게도냐 지방에서 처음으로 세운 교회가 빌립보 교회였다. 빌립보 도시는 알렉산더 대왕의 아버지인 빌립 왕이 그의 이름을 따서 세운 도시이다. 주전 42년 이후에는 로마의 식민지가 되어 데살로니가와 함께 마게도냐의 중심 도시로서의 역할을 하였다.

빌립보에는 유대인이 많지 않아 유대인의 회당도 없었고 따라서 바울의 선교에 대한 유대인의 방해도 없었다. 이런 점으로 보아 빌립보 교회는 주로 이방인들로 구성되었던 것으로 여겨지며, 특히 여인들이 중요한 역할을 했던 것으로 보인다. 바울이 처음으로 빌립보에서 전도하여 믿게 된 사람은 두아디라 성 출신 자주 장사인 루디아라는 여성과 그의 가족이었다. 아마도 빌립보 교회는 그녀의 가정을 중심으로 시작되었던 것으로 보인다(행 16 : 14—15). 또한 빌립보 교회에는 바울이 "나와 함께 힘쓰던 저 부녀들"(빌 4 : 3)이라고 부른 바울의 여성 동역자들도 있었다. 그러나 빌립보에서의 첫 번째 바울의 체재는 그리 길지 못하였으며, 그가 전도한 사람은 루디아의 가족 외에 그가 갇혔던 감옥의 간수와 그의 가족에 대해서만 알 수 있을 뿐이다(행 16 : 23, 34). 그 밖에 빌립보서에는 에바브로디도, 유오디아, 순두게, 클레멘트와 같은 인물들의 이름이 나타난다.

빌립보 교회와 바울은 계속하여 친밀한 관계를 유지하였으며, 빌립보 교회는 여러 차례에 걸쳐 물질적으로 바울의 선교활동을 도왔다(4 : 15-16). 사도행전에 의하면 바울은 가이사랴에 억류되었다가 로마에 호송되기 전에 빌립보 교회를 두 번 내지 세 번 더 방문했던 것으로 나타난다. 두 번째 방문은 에베소에서의 사역을 마치고 마게도냐를 지나 그리스로 가던 도중에 있었으며(행 20 : 1-2), 세 번째 방문은 예루살렘으로 향하여 가는 길에 잠간 들렀던 것으로 보인다(행 20 : 6). 바울이 세운 교회 중 그에게 가장 큰 기쁨을 주었던 교회는 빌립보 교회였으며, 그 교회는 바울이 감옥에 갇혀 있을 때 사람을 보내어 위문하는 뜨거운 애정을 나타내기까지 하였다.

### 3. 본서의 통일성 문제와 특징

#### 1) 통일성 문제

빌립보서가 바울이 빌립보 교회에 보낸 통일된 하나의 편지가 아니라 여러 편지들이 결합되어 기록되었다는 견해가 17세기 이래로 제기되어 왔다.[11] 그러한 주장을 하게 되는 이유로 첫째, 3 : 1의 시작 부분에서는 "종말로 나의 형제들아, 주 안에서 기뻐하라."고 말함으로 결론을 준비하는 것처럼 보이지만, 그 후반부에는 어조가 달라지면서 2절에서 갑작스럽게 엄격하고 거친 경고가 나타난다. 둘째, 이런 급격한 변화는 1, 2장과 4장에서 느낄 수 있는 온화한 감정과 조화를 이루지 못하는 것으로 여겨지며, 셋째, 3 : 4 이하에서 바울이 자신의 권위에 대하여 주장하는 것은 본서신의 초반부의 성격과는 다르게 보여진다. 넷째, 본 서신에서 바울은 두 가지 다른 이단적 분파들을 공격하고 있는데, 즉 '개들'과 '손할례당'이라고 부르는 할례당의 경향과 그들의 배를 신으로 섬기는(3 : 19) 자유주의적 쾌락주의의 경향을 말한다.

일반적으로 빌립보서의 내용이 몇 개의 편지들로 이루어졌다고 보는 사

---

11. 큄멜, 전게서, p. 337.

람들은 그 편지들이 바울 자신에 의하여 쓰여진 것이라는 것을 인정한다. 그런데 그 편지들은 대체로 다음과 같은 세 개의 편지들로 이루어졌다고 본다.[12] 즉, 빌립보 교인들에 대한 감사의 편지(4 : 10−20), 또 다른 감사의 편지(1 : 1−3 : 1), '할례당'에 대한 경고의 편지(3 : 2−4 : 9)이다.

이상의 주장들은 상당한 설득력을 제시할 수 있으나 절대적인 확신을 제공하기에는 부족하다. 어떤 학자들은 바울이 빌립보에 편지를 쓰다 얼마간 중단하고 있는 사이에 그 교회를 괴롭히는 유대주의자들의 소식을 듣고 다시금 강한 경고의 글을 계속 쓰게 되었다고 설명한다.[13] 그러나 본서의 전체적인 흐름을 자세히 관찰할 때 하나의 일체성을 발견할 수 있다고 본다. 3 : 2 이하에서 어조와 내용이 갑작스럽게 바뀐 것은 사실이지만 이미 1 : 28에서 대적자들에 대한 경고가 있었던 점으로 보아 그 문제를 보다 구체적으로 재론하는 것은 결코 부자연스러운 일만은 아니다. 더욱이 바울의 다른 서신들에서도 중간에 갑자기 어조가 바뀌는 예는 얼마든지 있다(롬 16 : 17 이하, 살전 2 : 15−16, 고전 15 : 58). 그리고 바울이 감사의 말을 결론 부분에서 쓰고 있다고 해서 결코 이상하게 여길 필요는 없다. 이미 1 : 7과 2 : 25에서 빌립보 성도들의 도움을 언급함으로 그들에 대한 감사의 뜻을 나타내고 있기 때문이다. 빌립보서 전체에는 '기쁨'이라는 주제가 담겨 있으며(1 : 4, 18, 2 : 2, 17, 3 : 1, 4 : 1, 4 등), 그 교회에 대한 애정과 신뢰로써 일관하고 있다. 따라서 본서가 통일된 하나의 서신임을 인정하는 것이 보다 더 타당하다.[14]

본 서신의 본문에 있어 바울의 직접적인 저술에 이의를 제기케 하는 부분이 있는데, 그것은 2 : 5~11에 있는 '그리스도 찬가'의 내용이다. 이에 대하여 여러 학자들은 바울이 이전에 이미 있던 초기 기독교의 찬양시를 그의 서신에다 삽입하였다고 본다.[15] 이 본문에 대한 논의는 다음과 같이

---

12. 김득중, 전게서, p. 214 이하.
13. 이러한 이론을 제시한 것은 라이트푸트이다. 거쓰리, 「신약개론」, p. 541 이하.
14. 김철손 외, 「신약성서개론」, p. 180.
15. 그 대표적인 학자로 로마이어(Lohmeyer)를 들 수 있다. 큄멜, 전게서, p. 340.

정리할 수 있다. 첫째, 바울이 이것을 자신의 글에 첨가했든지 그렇지 않든지 간에 거기에는 어느 정도 대칭적인 찬양시의 구조가 드러나고 있다. 둘째, 그러한 개념적 내용이나 구조로 보아 바울이 이전의 전승을 사용하여 자신의 글에 적용시켰다고 볼 수 있다. 그러나 현재의 본문에서 바울이 사용했다고 여겨지는 초기 교회의 찬양시를 분리해 낸다는 것은 지극히 불확실한 일이다. 바울이 비록 전통적인 찬양시를 본문에 채용했다고 해도 그는 그것을 그대로 인용하기보다는 자신의 새로운 찬양시로 만들었다고 함이 옳을 것이다. 그의 시적인 재능은 고린도 전서 13장과 같은 글에 뚜렷이 드러나고 있다. 빌립보서 2：6~11의 출처가 어떤 것이든 바울은 그 본문을 통하여 자신의 그리스도에 대한 가장 깊은 이해를 표현하고자 했음이 분명하다.

### 2) 본서의 특징

바울의 개인적인 신앙이 가장 아름답게 드러나고 있는 것이 본 서신이라고 말할 수 있다. 그는 갇힌 상태에 있었지만 그리스도 안에서의 기쁨을 강조하고 있다. 서신 전체에서 '기뻐하다'는 동사를 9번, '기쁨'이라는 명사를 5번 사용하고 있으며, 4장에서만 '기뻐하다'는 말을 6번 쓰고 있다. 그는 자신에게서 넘쳐나는 기쁨을 억제할 수 없어서 빌립보의 성도들에게도 "기뻐하라."고 재차 반복하여 권면한다.

3：12~16에서 바울은 그의 신앙의 자세를 생생하게 보여 주고 있다. 그는 모든 것을 잊어버리고 오직 그리스도를 푯대로 하여 위에서 부르신 하나님의 상을 받기 위하여 전심으로 달려가는 그의 간절한 소망과 열정을 있는 그대로 고백하고 있다. 또 하나 바울의 성숙한 신앙을 보여 주는 구절로 4：11~13을 생각할 수 있다. 그는 모든 삶의 경험을 통하여 어떠한 형편 가운데서도 만족함을 누릴 수 있는 비결을 깨달았다. 즉 비천함을 당할 때나 풍부함을 누릴 때나 외적 환경에 좌우됨이 없이 그에게 능력 주시는 그리스도 안에서 모든 것을 할 수 있다는 확신과 체험을 얻었던 것이다. 본 서신은 바울의 개인적 간증을 통한 권면이라는 뚜렷한 성격을 띠고 있다.

### 4. 기록 경위와 목적

바울과 매우 친밀한 관계에 있던 빌립보 교회는 옥중에서 고통당하는 바울을 위로하고 돕기 위하여 금품을 모아 에바브로디도를 대표로 보냈다(2 : 25, 4 : 14, 18). 그런데 바울을 시중들려고 온 에바브로디도는 병이 들어 거의 죽게 되었다가 하나님의 은혜로 회복된다. 이 소식을 듣고 걱정하는 빌립보 교인들에게 위로와 안심을 주기 위하여 바울은 에바브로디도를 돌려 보내게 되었다(2 : 26 이하). 바울은 그를 보내면서 빌립보 성도들이 보내 준 사랑과 후의에 감사의 뜻을 전하는 편지를 써 보내고자 하였다.

그 편지 가운데 바울은 그 동안 빌립보 교회로부터 들려온 문제들에 대하여 권면하는 것도 잊지 않았다. 그것은 두 여인의 다툼으로 야기된 분란을 극복하고 연합과 일치를 이룰 것을 부탁한 것이며(4 : 2), 또한 빌립보 교인들을 미혹하는 '행악자들'(3 : 2)과 '그리스도의 십자가의 원수들'(3 : 18)에 대한 경고를 덧붙이고 있다. 그러나 본서의 전체적인 내용은 그리스도 안에서의 확신과 기쁨으로 인하여 빌립보 교인들에게 그의 사랑과 감사를 드러내고 있다. 바울은, 그들에게 가고 싶어 하는 그의 간절한 마음을 전하면서 자기 대신에 가장 신뢰하는 동역자인 디모데를 보내어 그들을 위하여 영적 사역을 감당케 하고자 하는 자신의 생각을 밝히고 있다(2 : 19－24).

## Ⅳ. 골로새서

### 1. 주제 및 내용 개요

**1) 주제 :** 온 우주에 대한 그리스도의 최고권

**2) 내용 개요**

① 인사와 감사 및 기도(1 : 1－12)

② 교리적 부분(1 : 13－2 : 23)
  a. 그리스도의 절대 최고권(1 : 13－23)
  b. 그리스도를 위한 수고(1 : 24－2 : 7)
  c. 거짓 교훈에 대한 경고(2 : 8－23)
③ 그리스도인의 생활에 대한 지침(3 : 1－4 : 6)
  a. 영적 생활의 본질(3 : 1－17)
  b. 가정 생활에 대한 규범(3 : 18－4 : 1)
    3 : 18～19 아내와 남편
    3 : 20～21 자녀와 부모
    3 : 22～4 : 1 종과 주인
  c. 일반적 권면(4 : 2－6)
④ 끝맺음(4 : 7－18)
  a. 추천과 인사(4 : 7－14)
  b. 라오디게아 교회에 보내는 편지와 교환하여 읽을 것을 권함과 친필 서명(4 : 15－18)

## 2. 골로새 교회

골로새는 소아시아의 중앙부에 있는 내륙의 도시로서 에베소에서 동쪽으로 170㎞쯤 떨어져 있는 브루기아(Phrygia) 지방의 남쪽 성읍이었다. 인근에 있는 히에라폴리스와 라오디게아에 비하여 골로새는 그렇게 큰 도시가 아니었다. 이 세 도시에는 일찍부터 교회가 세워져 서로 밀접한 유대 관계를 이루고 있었던 것으로 보인다(4 : 13, 15, 16).

골로새 교회는 바울이 설립한 교회가 아니었으며, 그는 한 번도 그 곳을 방문한 적이 없다(2 : 1). 바울이 브루기아 지방을 여행하기는 했으나(행 16 : 8, 18 : 23) 남서쪽에 있는 골로새에까지는 이르지 않았던 것 같다. 골로새 교회는 라오디게아 교회와 히에라폴리스 교회와 함께 에바브라에 의하여 설립된 교회이다(1 : 7, 4 : 12, 13). 바울이 직접적으로 이 지역에 가서 전도하지는 않았지만 그의 영향을 받아 세워진 교회들이라고 볼 수 있다. 그가 에베소에 3년간 머무는 동안에 소아시아의 각처에서 온 사람들이 그의 전도와 가르침을 받고 각각 그들의 고향으로 돌아가 복음을 전하고 교회를 세웠음을 생각할 수 있다. 그 가운데 에바브라, 빌레몬, 아킵보와 같은 이들이 있어 골로새 교회와 라오디게아와 히에라폴리스의 교회들을 세우는 데 중추적 역할을 했다고 여겨진다. 바울은 골로새 교회에 대하여 에바브라가 그리스도의 신실한 일꾼의 책임을 지고 있음을 인정하고 있다(1:7). 그러나 바울은 그 교회들을 소아시아에 있는 자신의 전도영역에 속한 것으로 생각했다. 따라서 그 교회들의 문제에 대하여 깊은 관심을 가지고 기꺼이 편지를 써 보냈던 것이다.

바울 당시에 골로새의 주민들은 여러 종족들이 혼합된 상태에 있었다. 브루기아에 일찍이 이주한 희랍인들이 가장 큰 영향을 미쳤으며, 유대인들도 상당수가 그 지역에 살았다고 추정된다. 그러나 골로새 교회는 주로 이방인 그리스도인들로 구성된 가정을 중심으로 한 작은 신앙공동체였다고 말할 수 있다.

### 3. 본서의 신학적 특징

골로새서에는 바울의 다른 서신들에서 찾아보기 어려운 독특한 내용과 표현들이 있어 때로는 바울의 편지라는 데 이의를 제기하는 학자들도 있어 왔다. 그 내용을 간략히 정리하면 다음과 같다.

첫째, 골로새서에 나타나는 단어 중 48개는 바울의 다른 서신들에서는 전혀 찾아볼 수 없는 것들이다. 그러나 그러한 어휘와 문체의 특수성은 골로새의 특이한 이단자들에 대항하여 논증을 해야 했던 바울의 입장을 고려할 때 이해할 수 있는 일이다.

둘째, 골로새서에 나타나는 신학적 내용이 바울의 다른 서신에서 나타나는 것과는 상이한 성격을 띤다는 것이다. 즉 골로새서에는 좀더 발전된 형태의 교회론이 제시되는데, 그리스도를 머리로 하는 몸으로서의 교회의 개념이 그것이다. 또한 우주적 그리스도의 권위를 강조하는 기독론과 종말의 기대에 대한 관심의 약화 등이 바울의 사상과는 다르다고 여겨진다. 그러나 이러한 신학적 사상은 오랜 옥중생활을 통한 명상과 깨달음에서 발전된 것이라고 할 수 있으며, 특히 그 논쟁의 대상에 의하여 본 서신에 그러한 신학적 표현들이 사용되었다고 말할 수 있다.

셋째, 바울이 본 서신에서 논박하고 있는 이단의 영지주의적 성격을 들 수 있다. 많은 학자들은 영지주의가 2세기에 강성했던 헬라주의적 사상을 배경으로 하는 것이라고 보아 골로새서를 상당히 후기의 기록으로 보려는 경향이 있다. 그러나 본 서신에서 암시하는 이단적 사상은 2세기의 발전된 기독교 영지주의의 형태라고 하기보다는 매우 초기의 유대적 영지주의의 혼합주의에 가까운 것으로,[16] 골로새서가 1세기의 상황에 맞는 문제를 제기하고 있다고 생각된다.

또 하나 본 서신에서 다루어야 할 중요한 문제는 에베소서와의 관계이다. 두 서신에는 '충만'과 '신비'에 대한 강조가 나타나며, 악한 세력과 선한 세력의 대립적 상태가 전제되고 있다. 그리고 만물의 통치자이시며 완성자이신 그리스도에 관심을 두고 있다.

그러나 이 두 서신 사이에는 다음과 같은 차이점이 드러난다. 골로새서는 논쟁적이며 염려하는 감정을 강하게 느끼게 하는데, 에베소서는 침착한 분위기 가운데 찬양과 감사와 더불어 권면을 하고 있다. 또한 에베소서는 단순히 교회의 머리되신 그리스도를 강조하지만 골로새서는 교회의 머리되시는 그리스도의 권위를 만물의 으뜸이라는 우주적인 위치로 확대시키고 있다.

### 4. 기록 경위와 목적

옥중에 있는 바울을 방문한 에바브라는 그의 교회의 소식을 전하면서 특별히 교인들에게 위험한 영향을 미치고 있는 이단적 사상가들에 대하여 보고했던 것 같다(2:4, 8). 그러나 골로새 교인들은 그러한 위험 속에서도 질서를 유지하고 바른 신앙을 지킨다는 말을 듣고 바울은 기쁨과 함께 하나님께 감사를 드린다(2:5). 반면에 그는 그들이 확고한 신앙의 터 위에 굳건하게 설 수 있도록 거짓된 교사들의 잘못된 교훈을 철저히 비판하며 그것들을 경계할 것을 권한다.

---

16. 이종윤, 전게서, p. 464.

골로새 교회의 거짓 교사들은 여러 축제일과 절기 및 안식일을 준수할 것을 강조했으며(2 : 16), 음식에 대한 규정과 율법적 관습을 지킬 것을 강요하면서(2 : 16, 21) 겸손과 천사숭배를 권장하였다(2 : 18). 그들은 유대주의와 영지주의 사상을 결합시킨 특이한 사상으로 골로새 교인들을 미혹하려고 했던 것이다. 즉 그리스도의 십자가에 의한 구원 대신에 영적인 중보자로서의 천사적 존재와 어떤 철학적 지혜와 육체를 제어하는 금욕적 규율에 의하여 구원이 얻어질 수 있다고 선전하였다.

이에 대하여 바울은 그것들은 장래 일의 그림자에 불과한 것을 좇는 것이요, 머리를 붙잡지 않고 헛된 것을 붙잡는 것이라고 반박한다(2 : 17, 18, 19). 바울은 참된 신앙을 위협하는 이러한 이단적 경향들에 대응하여 그리스도의 우주적 최고권을 강조한다. 그리스도는 모든 피조물과 천상적인 모든 존재들의 근원과 머리가 되시며, 모든 피조물과 인류를 위하여 평화를 가져오신 분이다. 그가 십자가에 죽으심으로 모든 영적인 세력에 대하여 승리하시고 온 우주의 지배자가 되셨다(1 : 18－20). 그분 안에는 신성의 완전함과 구원과 지혜와 지식의 완전함이 있다.[17] 바울은 이단자들과의 이론적인 논쟁을 벌이기 위하여 본서를 쓴 것은 아니다. 그는 그리스도인의 실천적인 삶에 있어서의 참된 진리를 증거하고자 하였던 것이다.

## Ⅴ. 빌레몬서

### 1. 주제 및 내용 개요

#### 1) 주제 : 그리스도의 동역자들의 형제애

#### 2) 내용 개요

① 인사(1 : 1－3)
② 빌레몬의 사랑과 믿음에 대한 감사(1 : 4－7)

---

17. 큄멜, 전게서, p. 344.

③ 오네시모를 위한 청원(1：8-20)
④ 끝맺음과 인사(1：21-25)

## 2. 기록 배경과 수신자

아마도 바울이 로마에 구류(拘留)상태에 있을 때, 소아시아로부터 도망온 오네시모라는 한 노예가 그를 찾아왔다. 그 당시 로마는 도망자나 범법자들의 도피처로, 오네시모도 로마에 왔다가 불안한 마음과 경제적 궁핍으로 바울이 그 도시에 있다는 소식을 듣고 찾아온 것 같다.[18] 바울이 그를 받아들이고 그에게 복음을 전함으로 그는 진실한 그리스도인이 되었을 뿐만 아니라 열심 있는 바울의 보조자가 되었다. 그러나 바울은 오네시모가 빌레몬의 노예였으며 그가 주인에게 어떠한 피해를 주고 도망나왔는지를 알게 되자 어떻게 하든지 그에 대한 문제를 해결해야 할 필요를 느꼈다.

마침 바울의 편지를 가지고 골로새로 가게 된 두기고와 함께 오네시모를 보내면서 그 도시에 있는 그의 주인 빌레몬에게 편지를 써 보내게 되었다. 바울이 빌레몬을 이전부터 알고 있었는지는 확실치 않지만 그는 부유하고 신실한 골로새 교회의 교인으로 아마도 그의 부인 압비아와 함께 그의 가정을 교회로 제공하였던 것 같다(1：2-5). 빌레몬의 가정 교회가 골로새의 교회라는 것은, 그 교회의 지도자로 여겨지는 아킵보(1：2)가 골로새서 4：17에서도 언급되고 있으며 골로새서 4：9에 오네시모가 골로새에서 왔음을 말하고 있음에서 알 수 있다.

바울은 이제 오네시모가 복음사역에 있어 상당히 도움이 되는 존재가 되었지만 일단 그를 주인인 빌레몬에게 보내기로 작정하였다. 그는 사도의 권위를 내세워 임의로 오네시모를 자기 곁에 두기보다는 빌레몬의 동의를 얻어 오네시모를 자신의 조수로 쓰기를 원하였다. 바울은 빌레몬에게 보내는 편지 가운데 오네시모가 이미 회개하고 그리스도인이 되어 신실한 복음의 일꾼이 되었음을 말하면서 그를 종이 아니라 사랑하는 형제

18. 해리슨, 「신약개론」, p. 343.

로 맞아 줄 것을 부탁한다. 더 나아가서 그가 빌레몬에게 해를 끼친 것이 있으면 바울 자신이 갚겠다고 약속하면서 빌레몬이 자신에게 복음의 빚진 사실을 암시하는 것을 잊지 않는다. 바울은 오네시모에 대하여 부탁한 것을 빌레몬이 그대로 받아들이리라고 확신하면서 편지와 함께 오네시모를 보냈던 것이 분명하다. 그 후의 결과는 확실하게 알려진 것이 없으나, 2세기의 교부 이그나티우스가 전하는 글에서 흥미있는 사실을 발견할 수 있다. 그가 전하는 바에 의하면 주후 110년경에 에베소 교회의 감독으로 오네시모라는 인물이 있었다고 한다. 만일 동일인물이라고 한다면 이 짧은 서신이 중요한 신앙적 문서로 보존된 이유를 쉽게 추측할 수 있을 것이다.[19]

## 3. 본서의 의의

매우 짧고 개인적인 내용을 담은 이 서신이 신약성경 정경에 포함된 이유에 대하여 매우 일찍부터 의문이 제기되었다. 그러나 본 서신은 초기 교회에 있어 실제적인 생활에서 일어나는 문제를 신앙적으로 해결하는 모범을 보여 준다는 데서 중요한 의미를 가진다. 신앙을 내세워 믿음의 형제에게 손해와 불편함을 강요하는 것은 합당치 않으며 사랑과 관대함으로 이해하고 용서함을 구하는 것이 그리스도인의 형제애를 유지하고 증진시키는 길임을 제시한다.

본 서신에서 특별히 관심을 기울이게 되는 문제는 초기 교회에서의 노예 문제이다. 일찍부터 교회에는 자유인과 노예 신분의 사람들이 함께 신앙생활을 하였던 것으로 보인다.[20] 바울은 오네시모가 비록 노예 신분이었지만 그를 따뜻이 영접하고 복음을 전하여 자신의 동역자로 삼았다. 그러나 바울은 그 당시의 사회질서와 제도를 따라 오네시모를 그의 주인인 빌레몬에게 돌려 보내려 하였다. 그럴지라도 그리스도 안에서는 종과 주

19. 에베소 감독 오네시모의 전승에 대한 보다 자세한 해석은 거쓰리, 전게서, p. 638 참조.
20. 갈라디아서 3 : 28, 에베소서 6 : 5~9 참조.

인이 한 형제되었음을 지적하면서 육신적으로는 노예상태에 그대로 머무를지라도 영적으로는 그리스도 안에서 자유인임을 강조한다. 바울은 그 당시의 노예제도를 타파하려는 개혁사상을 보여 주지는 않는다. 그러나 신앙 안에서는 종과 주인이 모두 자유인이요 형제임을 가르침으로써 그 당시 사회에서 버림받은 노예 신분의 사람들에게까지도 그리스도를 믿는 신앙의 자유의 길을 열어 주었다.

# 제 7 장

# 목회서신

## I. 서 론

디모데 전서와 후서, 디도서는 모두 교회의 목회 업무를 다룬 까닭에 목회서신이라고 불린다. 이들은 서신들로 되어 있지만 실상은 교회 지도자들에 대한 교훈을 담은 지침서의 성격을 가진다. 이들은 문체에 있어 유사하며 동일저자에 의하여 기록된 것이 분명하다.

이 편지들은 바울의 이름으로 기록되어 있고 수신자는 그의 제자요 동역자들인 디모데와 디도로 되어 있으나, 그 역사적, 신학적 배경을 검토할 때 많은 학자들에 의하여 바울의 저작권이 심각한 문제로 제기되었다. 그 논의된 내용들을 다음과 같이 간략하게 정리해 볼 수 있다.

1) 말시온의 정경 목록과 타티안과 같은 초대교회의 증거들에 있어 2세기 말까지는 목회서신이 정경으로 확정되지 못하였음을 보여 준다. 말시온은 바울서신을 전적으로 인정하는 태도를 보여 주었는데 목회서신을 제외시킨 것은 2세기 중엽에 아직까지 목회서신이 바울의 서신집에 들어 있지 못했음을 보여 주는 것이라고 생각된다. 이를 뒷받침하는 증거로 가장

오래된 바울서신의 사본인 체스터 비티 파피루스 사본($P^{46}$)에 목회서신에 대한 흔적이 나타나지 않음을 지적하기도 한다.[1]

2) 언어상에 있어 목회서신에 나오는 848개의 단어들 중 306개는 바울의 다른 서신들에서는 찾아볼 수 없는 것들이며, 이 306개 중 175개의 낱말들은 신약의 다른 곳에서도 전혀 사용하지 않은 독특한 것들이다. 또한 목회서신에만 나오는 상당수의 단어들이 2세기의 기독교 저자들이 일반적으로 사용한 단어들과 동일하다는 데 주목할 필요가 있다.

목회서신에서 쓰이고 있는 어휘는 바울의 용어들보다는 오히려 일반적인 희랍 철학의 어휘에 가깝다고 할 수 있다. 더 나아가서 목회서신에서는 동일한 단어를 바울이 사용하는 의미와는 다르게 쓰고 있는 것을 볼 수 있다. 예로서 '의로운'이라는 말이 바울에게서는 하나님과의 영적인 올바른 관계를 의미하는데, 목회서신에서는 윤리적 자질을 나타내는 말로 쓰인다. 또 '믿음'이라는 말을 바울은 하나님과 그리스도에 대한 인격적 신앙을 가리키는 데 사용하는 반면, 목회서신에서는 기독교 신앙의 내용 또는 신조의 의미를 가지는 것으로 쓰여진다.[2]

3) 목회서신에는 감독 혹은 장로들과 집사들, 그리고 고정된 하나의 직분으로 과부들(딤전 5 : 3 이하)이 나타나며, 그들의 자격에 대하여 상세한 규정이 제시되고 있다. 이러한 내용은 바울이 전도여행을 하며 이방지역에 교회를 개척하던 상황에는 잘 어울리지 않는 것으로 오히려 교회의 조직과 제도가 체계화된 2세기 초의 배경에 가깝다고 여겨진다. 더욱이 목회서신에는 임박한 종말에 대한 기대의 약화와 교회의 제도화, 신앙의 신조화가 분명히 드러나고 있는 것으로 보아 2세기의 상황을 반영하는 것이라고 생각된다.

4) 신학적 개념에 있어 바울은 믿음의 절대성을 선포하는데, 목회서신에서는 교회의 전통에 충성할 것을 강조하며, 바울은 그리스도와의 내적 교제를 중하게 여기는 데 비하여 목회서신에서는 그리스도인의 생활의 외적 양상에 관심을 둔다. 또한 바울의 다른 서신들에서는 성령에 대하여

1. 큄멜, 「신약정경개론」, p. 375 이하.
2. 김득중, 「신약성서개론」, p. 240.

83회 언급하고 있는 데 비해 목회서신에서는 다만 세 번밖에 언급되고 있지 않다는 데 주목할 만하다.

한편 목회서신에는 바울 자신에 의한 개인적 비망록의 성격을 띤 부분들(딤전 1 : 1-2, 딤후 1 : 1-11, 15-18, 2 : 1-13, 4 : 6-21, 딛 3 : 1-5, 12-15)이 있는데, 이러한 내용들은 후에 목회서신들이 쓰여질 때 사용된 것으로 보여진다. 이상의 논증들에 근거할 때, 목회서신은 바울의 말과 사상을 많이 포함하면서도 바울 자신의 글이 아니라 익명의 저자에 의하여 후대에 쓰여진 것이라고 추정하지 않을 수 없다.[3] 한 가지 이해해야 할 것은, 고대에는 어떤 저자가 자신이 그의 자료를 사용하거나 영향을 받은 인물의 이름으로 책을 내는 것이 용인되었다는 사실이다.

아마도 목회서신의 저자는 그 시대에 거짓 교사들에 의하여 위험에 처해 있던 교회에 뚜렷한 목회 방향을 제시할 필요를 느꼈으리라고 여겨진다. 그는 바울의 제자로, 바울의 이름으로 교회의 바른 질서를 유지하고 건전한 교리를 수호하며 바울이 가르친 대로 경건한 생활을 함으로 거짓 교사들을 물리치고 영생의 축복에 이르는 길을 제시하고자 했던 것으로 보인다.

그러한 상황들에 비추어 볼 때, 목회서신에 속한 이 세 서신들은 2세기로 접어들 무렵 소아시아의 어느 곳에서 기록되었다고 추정하는 것이 사실에 가장 가까운 것으로 여겨진다.

## Ⅱ. 디모데 전서

### 1. 주제 및 내용 개요

**1) 주제** : 하나님의 교회를 돌보는 원리

3. 목회서신의 저자에 대한 상세한 논증은 거쓰리, 「신약개론」, p. 585 참조.

## 2) 내용 개요

① 서론(1 : 1-20)

a. 인사(1 : 1-2)

b. 이단자들에 대한 경고(1 : 3-11)

c. 죄인이었으나 사도가 된 바울(1 : 12-17)

d. 디모데에 대한 명령(1 : 18-20)

② 교회의 생활과 조직(2 : 1-6 : 10)

a. 공적 예배를 위한 지침(2 : 1-15)

b. 감독과 집사의 자격(3 : 1-16)

c. 거짓 교사들에 대한 경계(4 : 1-11)

d. 젊은 목회자에 대한 권면(4 : 12-16)

e. 목회의 원리(5 : 1-6 : 10)

5 : 1~2 여러 연령층에 대하여

5 : 3~12 과부에 대하여

5 : 17~25 장로에 대하여

6 : 1~2 노예된 자에 대하여

6 : 3~10 거짓 교사들의 교만과 탐심에 대한 경고

③ 그리스도인들에 대한 마지막 부탁(6 : 11-21)

a. 선한 싸움을 싸우라(6 : 11-16).

b. 부자에 대한 권면(6 : 17-19)

c. 거짓된 지식에 대한 경고와 축도(6 : 20-21)

## 2. 본서의 수신자

소아시아의 루가오니아 지방 루스드라 출신인 디모데는 바울의 제자이자 동역자로 바울의 전도활동에 많은 도움을 주었다. 그의 부친은 헬라인이었으나 그의 모친 유니게는 신앙심이 깊은 유대인이었다. 젊은 디모데는 그의 외조모 로이스와 모친 유니게로부터 신앙의 영향을 받았으며(딤후 1 : 5, 3 : 15) 사도 바울의 설교로 말미암아 그리스도를 믿는 신앙의 일꾼이 되었다. 그래서 바울은 그를 "주 안에서 나의 사랑하는 아들" 혹은

"믿음으로 난 나의 사랑하는 아들"이라고 부른다(고전 4:17, 딤전 1:2, 딤후 1:2).

디모데는 바울의 1차 전도여행 때 그의 고향 루스드라에서 결신하였던 것으로 보이며(행 14:6 이하), 제 2차 전도여행 중 바울이 루스드라에서 그를 자신의 전도 동역자로 삼았던 것 같다. 그리고 아마도 그 때에 바울은 교회의 장로들로 하여금 디모데에게 안수케 하였다고 생각된다(4:14, 딤후 1:6 참조).[4] 그 후로 디모데는 계속 바울의 동반자로서 그를 보조하며 때로는 특별한 사명을 띠고 바울의 파송을 받아 특정 교회들을 찾아가 보살피는 역할도 하였다(살전 3:2, 6, 고전 4:17, 16:10, 빌 2:19, 23). 바울이 마게도냐와 아가야에서 모은 의연금을 가지고 마지막으로 예루살렘을 방문하였을 때 디모데도 동행하였으며(행 20:4), 골로새서 1:1 과 빌레몬서 1:1에 의하면 바울이 감금되어 있을 때 그도 함께 있었음을 알 수 있다. 바울이 그를 매우 아끼고 사랑했음을 여러 곳에서 볼 수 있으며, 특히 빌립보서 2:20에서는 가장 신뢰할 수 있는 사람으로 그를 칭찬하고 있다. 후기의 디모데의 활동에 대해서는 히브리서 13:23에 그가 옥중에서 풀려난 것을 언급하고 있는데, 그것이 언제 되어진 사건인지는 분명히 확인하기 어렵다.

## 3. 본서의 배경

디모데 전서의 내용으로 볼 때 바울과 디모데가 얼마 전까지 에베소에서 함께 일했던 것을 알 수 있다(1:3). 바울이 마게도냐로 떠나면서 에베소에 디모데를 머물게 하여 그 곳의 거짓 교사들에 대항하여 교인들을 지킬 것을 부탁하였다. 얼마간 떠나 있는 동안 바울은 젊은 디모데로 하여금 그의 직책을 감당하도록 격려하며 도움을 주기 위하여 이 서신을 써 보냈다(3:14 이하). 그런데 이 서신의 내용으로 볼 때 그 권면과 교훈은 디모데 개인만을 위한 것이 아니라 디모데가 지도의 책임을 지고 있는 교회를 우선적으로 생각하고 전반적인 교인을 대상으로 기록하고 있음을 느

4. 이종윤, 「신약개론」, p. 523.

낄 수 있다(특히 6장의 경우). 디모데만을 위하여 썼다면 그렇게 많은 지시가 별로 필요치 않았을 것이다. 이미 마게도냐로 가기 전에 많은 것을 일러두었으며(1 : 3), 또 조만간에 다시 에베소로 돌아올 생각을 바울이 가지고 있었기 때문이다(3 : 14).

디모데 전서의 역사적 배경은 바울의 3차에 걸친 전도활동 기간에 있었던 것으로 보기는 어렵다. 바울은 3년 동안 에베소에서 활동한 후 마게도냐로 떠났다(행 20 : 1, 2). 그러나 그 이전에 바울은 디모데를 에베소에서 마게도냐로 보냈었다(행 19 : 22). 그 후에 그들이 다시 에베소에 간 사실은 기록되어 있지 않으며, 바울과 디모데는 마게도냐에서 만난 후에 예루살렘으로 가는 여행길에 함께 동행하였다(행 20 : 4). 그들이 아시아에 이르렀을 때 에베소에 들리지 않고 바닷길로 그냥 지나쳐 갔다(행 20 : 16). 바울의 옥중생활 동안 디모데가 함께 있었던 사실(빌 1 : 1, 골 1 : 1, 몬 1 : 1)로 미루어 보아 디모데 전서의 역사적 배경은 바울이 로마의 감금생활에서 풀려난 이후라고 보아야 할 것이다.[5] 그러나 그 정확한 시기는 추정하기 어려우며, 디모데 전서에 나타나는 에베소 교회의 상황은 바울이 예루살렘으로 가는 길에 밀레도에서 에베소 교회의 장로들을 불러 그들에게 경계한 것(행 20 : 17-35)을 상기시키게 한다. 즉 바울은 그들에게 앞으로 흉악한 이리와 같은 이단자들이 에베소 교회를 공격할 것을 예언하였다. 목회서신에서는 부활을 부인하는 이단자 후메내오과 알렉산더, 빌레도가 이들 흉악한 이리로 암시되고 있다(1 : 19, 20, 딤후 2 : 17, 4 : 14, 15). 본 서신의 내용은, 이 같은 위험에 처한 에베소를 바울이 방문한 후에 디모데를 그 곳에 남겨 두고 마게도냐로 와서, 어려움 가운데 목회적 업무를 감당하는 젊은 교역자를 지도하기 위하여 기록한 것으로 나타난다.

## Ⅲ. 디모데 후서

### 1. 주제 및 내용 개요

5. 김철손 외, 「신약성서개론」, p. 215.

1) **주제** : 하나님의 부끄러울 것이 없는 일꾼

2) **내용 개요**

① 인사 및 감사(1 : 1—5)

② 그리스도인 교사의 영적인 요건(1 : 6—2 : 13)

a. 받은 은사를 기억하며 고난을 감당하라(1 : 6—14).

b. 바울을 버린 사람들과 그를 기쁘게 한 오네시보로(1 : 15—18)

c. 예수의 좋은 군사(2 : 1—13)

③ 젊은 목회자에 대한 조언(2 : 14—4 : 5)

a. 진리의 말씀을 분별하며 온유함으로 징계하라(2 : 14—26).

b. 악한 자들을 멀리하고 바울의 모범을 기억하라(3 : 1—13).

c. 성경에 충실하고 사명을 완수하라(3 : 14—4 : 5).

④ 바울의 고별사(4 : 6—18)

a. 임박한 죽음(4 : 6—8)

b. 디모데에게 부탁함(4 : 9—15)

c. 전도를 위한 간구와 구원의 확신(4 : 16—18)

⑤ 안부와 축도(4 : 19—22)

## 2. 본서의 배경

본 서신의 내용을 보면 바울은 로마에 감금되어 있었고(1 : 8, 16—17, 2 : 9), 그와 함께 있던 수종자들이 다 떠나 버렸던 것 같다. 바울은 이미 한 번 법정에서 항변을 하고 사자의 입에서 겨우 살아나는 경험을 하였다(4 : 16—17). 에베소로부터 오네시보로가 방문하여 그에게 큰 위로를 주었으나(1 : 17), 지금은 그의 곁에 누가만이 남아 있다(4 : 11). 바울은 자신의 죽음이 임박한 것을 느끼면서(4 : 6 이하) 에베소에 있는 디모데에게 편지를 써 보냈다. 구리 장색 알렉산더를 경계할 것을 권면하면서, 디모데에게 겨울이 오기 전에 속히 자신에게 올 것을 말하며 마가도 함께 데려오라고 한다(4 : 11). 그리고 오는 길에 드로아에 들러 그 곳의 가보의 집에 바울이 남겨 놓은 외투와 책들을 가져올 것을 부탁한다.

여기에 기록된 바울의 감금상태는 사도행전 28장에 나타나는 첫 번째 로마에서의 구류 시기와는 다른 것임이 확실하다. 사도행전 20장에서 바울은 고린도에서 드로아를 거쳐 밀레도로 간 것을 알 수 있다. 그런데 이 때 바울과 함께 예루살렘으로 동행한 디모데에게 바울이 드로아에 남겨둔 자신의 물건을 가져오라고 한 것은 상황에 맞지 않는 일이다. 또한 사도행전 21 : 29에 의하면 드로비모가 바울을 따라 예루살렘으로 간 것으로 나타난다. 그런데 디모데 후서 4 : 20에는 그가 병으로 인하여 밀레도에 남아 있는 것으로 말해지고 있다. 더욱이 사도행전에서는 디모데가 바울과 함께 있는 것으로 나오는데, 바울이 그에게 올 것을 부탁하는 것은 서로가 일치할 수 없는 상황이다.

이상의 내용으로 비추어 볼 때, 본 서신에 나타나는 역사적 배경은 바울의 로마에서의 첫 번째 감금생활과는 다른 두 번째 옥중생활을 지시하는 것이라고 할 수 있다. 이 때에 바울은 자신의 순교적 죽음을 예상하면서 마지막으로 '그의 사랑하는 아들' 디모데에게 권면의 교훈과 함께 그에게 속히 올 것을 부탁하는 글을 쓴 것으로 여겨진다.

## Ⅳ. 디도서

### 1. 주제 및 내용 개요

#### 1) 주제 : 바른 교훈에 합당한 것을 말하라.

#### 2) 내용 개요

① 인사(1 : 1-4)
② 장로와 감독의 자격(1 : 5-9)
③ 거짓 교사에 대한 경계(1 : 10-16)
④ 그리스도인 교사를 위한 지침(2 : 1-3 : 11)
  a. 노년층에 대하여(2 : 1-3)
  b. 청년층에 대하여(2 : 4-8)

c. 종된 사람들에 대하여(2:9-10)
d. 교사의 권위(2:11-15)
e. 그리스도인의 참된 삶의 자세(3:1-8)
f. 어리석은 변론과 이단을 피하라(3:9-11).
⑤ 마지막 교훈과 안부(3:12-15)

## 2. 수신자

본 서신의 수신자 디도는 이방인 그리스도인으로 안디옥 교회의 회원이었던 것으로 여겨진다. 사도행전에는 그에 대한 언급이 전혀 없으나, 갈라디아서 2:1~5에는 그가 바울과 바나바와 함께 사도회의에 참석하기 위해 예루살렘에 갔던 것으로 나타난다. 그 곳에서 바울은 강한 압력에도 불구하고 디도에게 할례를 받게 하는 것을 거부하였다. 바울이 에베소에서 고린도 교회에 '근심케 한 편지'(혹은 '중간 편지'라고도 함)를 써 보낼 때 디도가 그것을 가지고 가 고린도 교회의 혼란된 상황을 안정시키는 데 큰 역할을 하였다(고후 2:13, 7:6-7, 13). 디도는 다시금 바울이 써 준 고린도 후서를 가지고 마게도냐로부터 고린도에 간 것으로 나타난다(고후 8:6, 16, 12:18). 그는 고린도 교회에서 예루살렘 교회를 위하여 헌금을 모금하는 데 큰 성과를 거둠으로 바울을 기쁘게 하였다. 디모데 후서 4:10에 의하면, 나중에 디도는 바울과 함께 로마에 있다가 어떠한 임무를 띠고 달마디아 지방으로 간 것으로 나타난다.

## 3. 본서의 배경

본서의 1:5에 의하면 바울과 디도가 함께 그레데 섬에서 전도의 일을 하다가 바울이 떠나면서 디도로 하여금 계속해서 목회의 임무를 수행하도록 한 것 같다. 그 섬에는 이미 여러 교회가 설립되어 각 교회의 조직을 정비해야 할 사명이 디도에게 주어졌다. 그 업무를 수행하는 데 필요한 지침을 주기 위하여 바울은 본 서신을 써 보냈던 것이다.

바울은 아데마나 두기고를 디도의 일을 대신하도록 보낼 것을 말하면서 그들 중 누가 이르면 바울이 겨울을 나기로 작정한 니고볼리로 속히 올 것을 명하고 있다. 사도행전에 있는 바울의 전도여행 기록 가운데는 그가 그레데나 니고볼리에 체류한 사실이 전혀 나타나지 않는다. 다만 바울이 로마로 호송되는 도중에 그레데 섬의 미항에 잠간 정박한 일이 있을 뿐이다(행 27 : 7 이하). 이 때는 매우 짧은 기간 동안 그 곳에 머물렀으며, 그런 형편에서 디도와 함께 전도사역을 수행했다고 보기는 매우 어렵다. 따라서 본 서신에 나타나는 상황 역시 바울이 로마의 구금상태에서 풀려 나온 후에 있었던 일로 추정하는 것이 옳을 것이다.

본 서신은 디모데 전서와 비교할 때 내용이나 형식에 있어 매우 밀접한 관계를 가지고 있는 점으로 보아 거의 같은 시기에 유사한 상황에서 기록되었다고 봄이 타당할 것이다. 두 서신에서 가장 뚜렷하게 드러나는 교훈은 교회의 직분을 맡은 자들에 관한 지시 사항들이다. 장로와 감독들(딤전 3 : 1 이하, 5 : 17 이하. 딛 1 : 5 이하)은 안수를 받은 교회의 지도자들로 모든 회중의 지지를 받는 사람이어야 한다. 그들 외에도 집사들과 과부들이 있어 목회를 돕는 봉사의 역할을 하였다. 한편 성령의 은사를 받은 예언자에 관해서는 잠간 언급할 뿐이다(딤전 1 : 18, 4 : 14). 이러한 조직적 체계는 교회가 상당히 발전된 단계의 상황을 보여 주는 것으로, 목회서신들은 그러한 환경에 있는 교회 지도자들에게 바람직한 목회의 지침을 제시하기 위하여 쓰여졌다고 이해할 수 있다. 따라서 바울 시대 이후에 바울의 전승을 토대로 바울과 그의 제자인 디모데와 디도 사이의 관계를 배경으로 하여 본 서신들이 구성되었다고 하는 것이 근자에 제시되는 학자들의 지배적인 견해이다.

# 제 3 편

# 히브리서 · 공동서신 · 계시록

1. 히브리서
2. 공동서신의 성격
3. 야고보서
4. 베드로 전서
5. 베드로 후서
6. 요한서신
7. 유다서
8. 요한 계시록

# 제 1 장

# 히브리서

## 1. 주제 및 내용 개요

**1) 주제 :** 완전한 계시자이며 중보자이신 그리스도

**2) 내용 개요**

① 예수 그리스도의 우월성(1 : 1—3 : 6)

a. 선지자들과 천사들보다 뛰어나심(1 : 1—14)

b. 모든 사람을 위하여 죽음을 맛보신 예수(2 : 1—18)

c. 모세보다 우월하심(3 : 1—6)

② 불신앙자에 대한 경고(3 : 7—4 : 13)

a. 모세 시대의 이스라엘 백성의 불신앙(3 : 7—19)

b. 참된 안식으로 인도하시는 그리스도(4 : 1—13)

③ 진정한 대제사장이신 예수(4 : 14—5 : 10)

a. 인간과 같이 되심(4 : 14—5 : 3)

b. 하나님께서 세우심(5 : 4—10)

④ 마음이 둔하여진 자들에 대한 권면(5：11－6：12)
⑤ 그리스도의 희생의 완전함(6：13－10：18)
  a. 멜기세덱의 반차를 좇은 영원한 대제사장(6：13－20)
  b. 멜기세덱과 레위 족의 제사장직 비교(7：1－28)
  c. 하늘의 대제사장(8：1－13)
  d. 그의 희생의 효력(9：1－10：18)
⑥ 권면과 경계(10：19－39)
⑦ 믿음의 찬양(11：1－40)
⑧ 실천적 권면－인내와 징계에 대하여(12：1－29)
⑨ 끝맺음의 권고와 축사(13：1－25)

## 2. 본서의 성격

본서는 일찍부터 '히브리인들에게'라는 제목을 가지고 알려져 왔으나 본 서신 자체내에는 기록자와 수신자에 대한 일체의 언급이 없다. 히브리서가 끝부분에서는 문안 인사와 축사로 맺어지고 있어 전형적인 서신의 형태를 보여 주고 있지만 서두 부분에서는 아무런 인사나 서론적 설명이 없이 곧바로 신학적 토론을 전개시키는 것으로 보아 본서를 서신의 형식을 취한 신학적 논문이나 설교로 이해하는 학자들이 많이 있다. 그런데 본서는 신학적 교리를 설명하기 위한 신학 논문이라고 하기보다는 예수 그리스도를 구원의 중보자로 증거하는 설교라고 함이 옳을 것이다.[1] 본서의 기록자 자신이 '권면의 말'이라고 한 것처럼(13：22), 본서 가운데 나타나는 교리적인 부분도 실제적인 목회적 권면을 위하여 기록된 것이다. 바울서신들이 일반적으로 교리적인 부분과 실천적 교훈을 분리시켜 기록하고 있는 데 비하여 본서는 교리적 내용과 실천적 권면을 구분하지 않고 함께 섞어서 기록하고 있는데, 이것이 그 설교적 성격을 보다 뚜렷이 보여 주는 것이라고 할 수 있다.

히브리서는 헬라의 수사학적 표현법에 능한 매우 세련된 문장으로 기록

1. 이종윤, 「신약개론」, p. 545.

되어 있다. 본서에 나타나는 그리스도의 창조 이전의 선재적(先在的) 활동과 속죄의 죽음, 하나님의 '새 계약', 그리고 "의인은 믿음으로 말미암아 살리라."는 구약성경의 증언(히 10 : 38) 등은 바울의 사상과 일치하는 점들이라고 볼 수 있다. 그러한 면에서 히브리서가 바울서신의 영향을 받은 흔적을 찾아볼 수 있지만, 그 다양한 문학 형식과 더불어 나타나는 독특한 신학적 해석들은 바울서신과는 확연히 다른 성격을 보여 준다. 즉 바울은 예수 그리스도의 부활을 강조하는 데 비하여 히브리서에서는 하늘에 계신 그리스도의 존귀성에 강조점을 두고 있다. 또한 바울은 그리스도를 통한 하나님과의 화해로 구속 사업이 이루어짐을 말하는 데 비하여 히브리서는 성도의 성결과 완성에 큰 관심을 두고 있다.[2)]

히브리서의 중심 주제라고 할 수 있는 대제사장으로서의 그리스도론은 바울에게서는 찾아볼 수 없는 독특한 것이다. 여기에서 의인(義認)에 대한 바울의 이해와는 다른 것을 느끼게 된다. 바울은 율법으로는 결코 의롭게 될 수 없으므로 오직 믿음으로 의롭게 됨을 강조하는 데 비하여 히브리서는 예수께서 완전한 대제사장으로서 율법이 명하는 온전한 희생제사를 드림으로 인간을 죄에서 용서받게 한다는 것이다. 즉 그리스도께서 율법을 완전히 이루시므로 사람이 의롭게 된다는 해석이다.

히브리서에 나타나는 구약의 독특한 해석은 알렉산드리아의 유대 철학자인 필로(Philo)의 구약 해석법에 영향받은 것으로 보는 학자들이 있다. 그러한 것은 성경에 나타나는 역사적 의미에는 별로 관심을 갖지 않고 본문에 담겨진 보다 깊고 참된 의미를 밝히는 데 관심을 기울이는 데서 찾아볼 수 있다. 그러한 경향은 저자 자신의 생각을 부자연스럽게 도입하거나, 어떠한 이름의 뜻을 해석하거나, 가능한 한 많은 성구들을 그리스도에 관련시키거나, 또는 현재적인 것에 관한 신비스런 의미를 성경을 알레고리적으로 해석함으로 드러내고자 한다. 그보다 더욱 중요한 관심은 구약성경의 인물이나 관습들을 신약성경에 나타나는 것들과 대조함으로 구약에 상응하는 신약의 성취를 발견하려는 유형론적 해석을 통해서 나타난다. 예로서, 멜기세덱은 신약성경의 참된 대제사장의 유형이며(7장), 지상

2. 김철손 외, 「신약성서개론」, p. 270.

의 장막은 하늘에 있는 장막의 그림자적 형태이다(8 : 2, 5). 비록 히브리서가 필로의 직접적인 영향을 받았다고 보기는 어렵지만 헬라화된 회당을 통한 헬라적 문학과 사상의 영향을 분명히 느낄 수 있다.[3]

한편 본서의 내용이 마카비 4서에 나타나는 회당에서 사용된 헬라화된 연설문과 매우 유사하다는 점에서 그 헬라적 성격을 강조하는 사람들이 있다. 다른 한편 근년에 발견된 쿰란(Qumran) 문서의 연구 결과 그 공동체와 히브리서의 연관성을 주장하는 학자들도 나타났다. 그 결과 히브리서가 헬라화된 유대주의적 영지주의의 영향을 받았다고 말하기도 한다. 이 모든 논의들은 궁극적으로 히브리서와 바울서신과의 차이점을 더욱 뚜렷이 드러내는 역할을 한다.

히브리서의 전체적인 구성을 살펴볼 때, 그것은 개인적인 서신이 아니라 하나의 공한(公翰)과 같은 성격을 가진다. 서신 끝에 마지막 인사가 붙어 있고 특히 디모데의 이름이 언급되고 있어(13 : 23) 독자들로 하여금 바울의 서신이라는 느낌을 가지게 하지만 구체적인 내용에 있어서는 바울의 서신과는 상이한 성격을 가짐을 앞에서 살펴보았다. 이 서신은 본문 가운데 간간이 권고문을 삽입하므로(5 : 11 이하, 6 : 9 이하, 10 : 25, 32 이하, 12 : 4 이하) 어떤 특수한 환경에 처하여 있는 독자들에게 보내는 메시지라고 생각할 수 있다. 이 긴 '권고의 말씀'이 어떤 사람들을 대상으로 쓰여졌는지 그 수신자를 규명할 수 있다면 본서의 성격을 좀더 분명하게 이해할 수 있을 것이다.

## 3. 수신자

'히브리인들에게'라는 표제가 본서의 수신자를 생각하는 데 중요한 영향을 미친 것은 사실이다. 그러나 그 명칭이 본래의 원문상에 있던 것이 아니고 후대에 붙여진 이름이라는 데 대부분의 학자들의 의견이 일치함에 따라 본서의 수신자에 대한 보다 구체적인 고찰이 요구되게 되었다.[4] 19

3. 큄멜, 「신약정경개론」, p. 400 이하.
4. 거쓰리, 「신약개론」, p. 694 이하.

세기까지 대부분의 학자들은 히브리서의 수신자가 유대인 그리스도인들이라고 보았다. 그 이유로는 본서의 독자들이 구약의 희생제사법에 대하여 잘 알고 있음을 전제로 하며, 특별히 멜기세덱의 계통을 이은 그리스도의 대제사장 직분과 레위 계통의 제사장직을 구별하는 점들을 들 수 있다. 13：23에 본서의 저자가 어떤 특정한 공동체를 방문하고자 하는 의사를 나타내는 것으로 보아 그 수신자가 경건한 생활을 한 유대의 에세네파 제사장들이나 또는 쿰란 공동체라고 주장하는 학자들도 있다.[5] 그러나 3：1～4, 6：4～6, 9, 10：23～26, 12：22～24 등의 내용으로 보아서는 어떤 제사장 계층이나 쿰란 공동체와 같은 특수한 무리에게보다는 순수한 그리스도인들을 대상으로 하고 있음이 분명하다. 그들은 처음 그리스도인들이거나 예루살렘 모 교회의 교인들이라고 보기는 어렵다. 왜냐하면 예루살렘 교회는 다른 교회들로부터 구제를 받았던 것에(갈 2：10, 행 24：17) 반해, 6：10에 의하면 본서의 수신자들은 다른 성도들을 도운 것으로 나타나고 있기 때문이다. 또한 2：3에 따르면 그들은 주의 말씀을 듣지 못하고 간접적으로 전함을 받았던 것이다.

본서의 수신자들이 팔레스타인에 거주하였다고 한다면 그들은 아람어를 사용하는 유대인이었을 것이 틀림없다. 그런데 본서가 매우 세련된 희랍어로 기록되었다는 점에서 그와 같은 사실은 신빙성이 있는 것으로 받아들이기 어렵다. 따라서 본서가 유대인 혹은 유대인 그리스도인을 대상으로 썼다는 견해가 확고한 지지를 받기 어렵게 되었으며, 다음과 같은 사실들이 그것을 더욱 뚜렷이 드러낸다. 당시의 유대교는 제사의식보다는 율법을 준수하는 데 관심을 기울였는데 본서에서는 율법에 대한 논의가 거의 나타나지 않으며, 유대 그리스도인들에게 가장 심각한 문제였던 믿음과 행위, 할례와 안식일 등에 관해서는 전혀 언급되어 있지 않다. 본서에서 구약을 많이 인용하고 있지만 그것들은 주로 이방인들을 염두에 두고 한 것으로 느껴진다. 초기 그리스도인들은 구약의 약속과 축복을 그들에게 주어진 것으로 믿었으며 그들 자신이 택함받은 하나님의 백성임을 확신했다. 그러므로 그들은 구약성경을 그들의 경전으로 받아들였으며 구

5. 김철손 외, 전게서, p. 272.

약의 내용에 상당히 친숙했음을 충분히 생각할 수 있는 일이다. 그러한 사실은 바울이 이방의 교회들에게 보낸 서신 가운데 구약의 내용들을 자주 인용하는 것에서 알 수 있다.

이상의 고찰에서 본서의 수신자들이 이방인 그리스도인 혹은 일반적인 그리스도인이라고 보는 견해가 상당한 타당성을 가짐을 느낄 수 있다. 2 : 1과 3 : 12의 경고의 말은 유대인 그리스도인에게 향한 것이 아니라 이방인 그리스도인에게 향한 것이라고 보아야 할 것이다. 반면에 히브리서를 쓴 저자는 유대인으로 생각되나 본서를 써 보낸 대상인 수신자는 유대인 혹은 이방인이라고 단정하기는 어려운 점이 있다. 그러므로 본서는 일반 그리스도인에게 보내는 글이라고 말하는 것이 가장 적절하다고 여겨진다.

본서의 수신자를 결정하는 데는 그것이 보내진 수신지를 파악함에 따라 보다 명확한 이해에 이를 수 있을 것이다. 학자들 간에는 여러 곳의 장소가 제기되는데, 맨슨(T.W. Manson) 같은 이는 본서와 골로새서의 내용상의 유사점을 들어[6] 골로새와 라오디게아가 위치한 소아시아의 뤼쿠스(Lycus) 계곡의 그리스도인들에게 보낸 것이라고 한다. 그 외에도 고린도, 에베소, 안디옥, 구브로 등을 제시하는 학자들이 있다. 그 가운데 근년에 가장 많은 학자들로부터 지지를 받는 견해로 이탈리아의 어느 지방이나 로마로 보냈다는 설이 대두되고 있다. 그러한 주장의 근거로 다음과 같은 사실들을 제시한다. 첫째로 초대교회에서 히브리서에 대하여 가장 일찍이 언급한 것은 로마의 클레멘트가 쓴 그의 서신(클레멘트 1서 2장)에서 나타난다는 점이다. 둘째는 히브리서 13 : 7, 24에 나오는 '인도하는 자'라는 말은 클레멘트 1서와 허마의 목자서에서 '지도자'를 지칭하는 말로서 동일한 단어로 사용되고 있다. 13 : 24의 "이달리야에서 온 자들도 너희에게 문안하느니라."는 말은 기록자가 이탈리아 밖에서 이탈리아에 있는 사람들에게 글을 쓰고 있음을 느끼게 한다.

히브리서의 수신자가 누구인지는 아직도 많은 논란 가운데 확정짓지 못

---

6. 두 서신 사이의 유사점으로 안식일과 육식과 음주의 제한, 천사의 중보자적 개입에 대한 비판을 들 수 있다. 해리슨, 「신약개론」, p. 396.

하고 있으나, 그 대상을 어떤 특정한 민족이나 계층에 국한시키는 것은 합당치 않다는 것이 일반적인 견해이다. 본서는 유대인 그리스도인과 이방인 그리스도인 모두가 이해할 수 있는 내용으로 되어 있다는 점에서 볼 때 팔레스타인의 유대인 공동체를 대상으로 하기보다는 유대인 그리스도인과 이방인 그리스도인이 함께 하였던 이방지역의 그리스도인 공동체를 대상으로 쓰여졌다고 봄이 가장 무난한 설명이 되리라고 생각한다.

## 4. 저자 문제

신약성경 가운데 그 저자가 자신이 누구인지를 밝히지 않고 있는 서신은 요한 일서와 더불어 본서가 유일한 예이다. 따라서 히브리서의 저자에 대한 문제는 많은 관심과 추측을 야기시키고 있다. 2세기 말에 알렉산드리아의 교부인 클레멘트가 히브리서를 바울의 서신으로 인정한 이후 본서는 오랫동안 바울에 의하여 쓰여진 것으로 간주되어 왔다. 그러나 이미 클레멘트의 제자였던 오리겐은 히브리서의 저자에 대한 의문을 제기하였다. 그는 히브리서에 대하여 "사상은 바울의 것이지만 표현과 문체는 다른 사람의 것이다"라고 말하면서 "누가 실제로 이 서신을 썼는지는 오직 하나님만 아신다."고 말하였다.[7]

최근에 와서는 대부분의 학자들이 히브리서가 바울에 의하여 기록된 것이 아니라는 데 의견을 같이한다. 그 이유로는 본서에 나타나는 어휘와 문체가 바울서신의 것과는 다를 뿐 아니라, 서신의 구조에 있어서도 교리부분과 윤리 부분을 구별하지 않고 함께 혼합하여 기록하는 것이 바울의 다른 서신들과는 상이하다는 점을 들 수 있다. 더 나아가서 구약성경을 인용하는 방법이나 그 신학적 내용과 성격에 있어서 바울의 것과는 매우 대조를 이루고 있음을 이미 앞에서 살펴본 바 있다.

따라서 학자들은 바울 외에 여러 사람을 본서의 저자로 제시하고 있다. 첫째로 바울이 히브리어로 기록한 것을 누가가 희랍어로 번역했다는 클레멘트(Clement of Alexandria)의 전승에 근거하여 본서의 저자를 누가로 보는

---

7. 유세비우스, 「교회사」 Ⅵ. 25. 11~14.

견해가 있다. 그러나 본서가 처음부터 순수한 희랍어로 쓰여진 것이 분명하며, 거기에 나타나는 신학사상이 누가복음이나 사도행전에 나타나는 신학사상과는 매우 차이가 난다는 점에서 누가를 본서의 저자로 보는 데는 무리가 있다고 여겨진다.

둘째로 아볼로(Apollos)를 히브리서의 저자로 보는 견해가 있다. 이것은 루터가 처음 제시한 이후 오늘날까지 가장 많은 지지를 받고 있는 이론이다. 알렉산드리아에서 출생한 유대 그리스도인으로서 구약성경과 헬라 철학에 능통한 아볼로(행 18：24 이하 참조)가 본서와 같은 글을 쓰기에는 충분한 가능성이 있다고 생각된다. 그러나 그가 본서를 썼다는 어떠한 뚜렷한 증거가 없는 한 결코 단언을 내릴 수 없는 일이다.

셋째로 본서의 저자로 제시되는 인물은 바나바(Barnabas)이다. 구브로 태생의 레위인으로(행 4：36) 초기 예루살렘 교회의 일원이었으며, 유능한 지도자인 동시에 능력 있는 전도자였던 그는 율법적인 전통을 떠나 열렬한 복음주의적 신앙을 가지고 이방인을 향한 전도에 헌신하였다. 그의 이름을 딴 '바나바서'가 남아 있으나 실제로는 그 자신의 저작이 아니라 익명의 저자에 의하여 쓰여진 것이라고 여겨진다. 따라서 바나바가 히브리서를 썼을 가능성은 있지만 분명한 증거가 없는 형편에서 그것을 지지하기는 어렵다.

그 외에 맨슨 같은 이는 스데반의 설교(행 7장)와 히브리서의 사상이 다 같이 유대주의와 영지주의의 영향을 받았다는 사실에 근거하여 본서의 저자가 스데반의 영향을 받은 사람이라고 말한다. 또는 빌립 집사, 아굴라와 브리스길라, 주님의 동생 유다를 제시하는 견해들도 있다. 이 모든 이론과 견해들은 그 중요성의 차이는 있지만 각각 얼마간의 논리적 근거들을 가지고 있다. 그러나 그 모든 견해는 완전히 주장할 만한 증거는 가지고 있지 못하다. 우리가 확실하게 히브리서를 쓴 저자에 대하여 말할 수 있는 것은 그가 구약성경에 대한 깊은 지식을 가진 사람으로, 희랍 철학에도 조예가 깊은 상당한 교육을 받은 이방지역에 사는 유대인 그리스도인이었다는 것이다.

## 5. 기록 시기와 장소

본 서신의 기록 시기를 결정하는 데 있어서 첫 번째로 다루어야 할 문제는 히브리서가 쓰여졌을 때 예루살렘 성전이 존속하고 성전제사가 수행되고 있었는가 하는 것이다. 본서 자체에서는 주후 70년의 예루살렘 멸망과 성전의 소실에 대하여 아무런 암시나 언급을 하지 않는다. 한 가지 주목케 되는 것은 성전제사에 대하여 말할 때 현재 시상을 사용하고 있다는 점이다(7:8, 9:6, 9, 13, 13:10). 그러나 그러한 문장상의 용법이 반드시 그 당시에 성전제사가 계속되고 있었음을 나타내는 것이라고 보기는 어렵다. 1세기 말의 클레멘트 또한 성전제사를 서술함에 있어 현재 시상을 사용하였기 때문이다.[8] 그것은 하나의 문학적 표현법이지 현재적인 사실을 지시하는 것은 아니다. 보다 더 큰 관심은 본 서신 안에서 큰 재난에 대한 어떠한 언급도 없다는 데 주어진다. 그러한 이유로 해서 여러 학자들은 주후 70년 이전의 10년 사이에 본서가 쓰여졌으리라고 추정한다.

그러나 본서의 기록 시기를 보다 더 후대로 생각케 하는 논의들이 제기되고 있다. 우선 성전에 관한 언급에서 주목할 것은 본서의 저자가 염두에 두고 말하는 것은 헤롯의 성전이 아니고 구약의 성전이라는 점이며, 더 나아가서 성전에 대한 관심보다는 성전의 원형인 성막에 관심을 기울이고 있다는 사실이다. 따라서 본서에서는 실재하는 성전과 그 안에서 행해지는 제사의식에 대한 가치를 말하는 것이 아니라 구약의 제사제도의 가치를 논하려는 데 있음을 알 수 있다. 그러므로 본서에서 성전을 언급함은 실재하는 성전의 존재와는 특별한 관계없이 이해됨이 옳을 것이다.

본서의 기록 시기를 추정하는 데 또 하나 관심을 둘 내용은 수신자들이 경험한 박해에 대한 언급이다. 10:32~34에 '전날에' 받은 고난을 말하는 것으로 보아 이미 한 차례의 박해를 겪었음을 알 수 있다. 그와 더불어 12:4에 그들을 위협하고 있는 새로운 고난을 암시하는 것으로 보아 본서는 박해의 위험을 느끼던 시기에 쓰여졌다고 할 수 있다. 대체로 네로의 박해(64년)와 도미티안(Domitian) 황제의 박해(96년) 사이에 있었던 어

8. 거쓰리, 전게서, p. 712.

느 시기를 생각할 수 있는데, 본서의 전체적인 내용의 분위기가 누가의 문서와 매우 유사하며,[9] 디모데가 아직 활동하던 사실(13 : 23)로 보아 초기 기독교의 제 2세대가 주도하던 시기라고 짐작케 된다. 주후 95년경에 쓰여진 클레멘트 1서에 히브리서를 언급하고 있으므로 본서는 그 이전의 80년에서 90년 사이에 기록되었다고 보는 것이 여러 학자들이 지지하는 견해이다.

본서의 기록 장소는 "이달리야에서 온 자들도 너희에게 문안한다."는 말에 의하여(13 : 24) 로마에서 기록되었다는 견해가 있다. 그러나 그 말의 내용은 히브리서의 저자가 그 글을 쓸 때 이탈리아에서 온 사람들이 그와 함께 있었음을 나타낼 뿐이지 그 장소가 어디인지는 결코 밝혀 주지 않고 있다. 따라서 히브리서의 기록 장소는 그 수신지에 비해 더욱 결정하기가 어렵다고 할 것이다.

---

9. 킴멜, 전게서, p. 408.

# 제 2 장

## 공동서신의 성격

신약성경의 서신들은 크게 '바울서신'과 '공동서신'의 두 그룹으로 나뉘게 된다. 바울서신에 비해 공동서신은 여러 저자에 의한 다양한 성격을 가지는 서신들이 묶여져 있다는 점에서 일찍부터 구별되어 다루어져 왔다. 바울서신과 히브리서를 제외한 야고보서, 베드로 전·후서, 요한 1서, 2서, 3서, 유다서 7서신을 공동서신 또는 일반서신, 혹은 교회서신이라고 부른다. 그러한 칭호는 *καθολικός*(가톨릭의 어원임)라는 말에서 온 것으로 본래 '일반' 또는 '공동'이라는 의미를 가졌다.

'공동서신'이라는 말은 처음에 몬타니우스파(Montanist)를 논박하기 위하여 아폴로니우스(Apollonius)가 197년에 요한 1서에 붙인 데서 시작된 명칭이다.[1] 이 7권의 책이 완전히 경전으로 받아들여지기까지는 상당히 긴 시간이 걸렸는데, 310년경에 유세비우스가 이 7개의 서신을 경전으로 받아들이면서 이 책들을 공동서신이라는 명칭으로 공식화하였다. 이 서신들은 대체로 어느 특정한 교회나 개인에게 보내진 것이 아니라 일반적인 전교

1. 유세비우스, 「교회사」 V. 18. 5.

회를 대상으로 쓰여졌다는 점에서 '공동서신', '일반서신' 또는 '교회서신'이라는 이름이 주어졌다고 생각할 수 있다. 그러나 그러한 명칭이 7개의 서신 모두에 적합하다고 보기는 어렵다. 왜냐하면 베드로 전서와 요한 2서는 수신자를 좀더 구체적으로 밝히고 있으며, 요한 3서는 가이오라는 개인에게 보내는 사적인 편지의 성격을 가지기 때문이다. 요한 1서는 전혀 서신의 형식을 갖추지 않고 있다. 다만 야고보서와 유다서, 베드로 후서만이 '공동서신'으로 불리기에 적절하다 할 수 있다. 그럼에도 이 7개의 서신은 경전화 과정에서 신약 시대의 가장 후기에 쓰여진 교회들의 서신이라는 점에서 '공동서신'이라는 하나의 이름으로 불리는 데 특별한 이의가 없다고 여겨진다.[2)]

2. 김득중, 「신약성서개론」, p. 257.

# 제 3 장

# 야고보서

## 1. 주제 및 내용 개요

### 1) 주제 : 행함이 있는 믿음

### 2) 내용 개요

① 인사(1 : 1)
② 시련 가운데 인내(1 : 2—18)
③ 참된 믿음의 도(1 : 19—27)
④ 모든 사람에 대한 평등한 대우(2 : 1—13)
⑤ 행함이 없는 믿음은 죽은 믿음(2 : 14—26)
⑥ 혀를 제어함(3 : 1—12)
⑦ 참된 지혜와 거짓된 지혜(3 : 13—18)
⑧ 여러 가지 권면들(4 : 1—5 : 20)
　a. 탐욕과 판단함에 대하여(4 : 1—12)
　b. 허탄한 자랑에 대하여(4 : 13—17)

c. 부한 자들의 죄악(5：1−6)
d. 성도의 인내(5：7−12)
e. 기도의 능력(5：13−18)
f. 미혹에 빠진 자를 구함(5：19−20)

## 2. 본서의 특징

본서는 편지의 형식을 갖추기는 하였으나 바울의 서신을 비롯한 다른 서신들과는 매우 다른 성격을 나타낸다. 우선 그 대상으로 '흩어져 있는 열두 지파'를 말하고 있는데, 그들이 누구인지는 분명치 않다. 팔레스타인 밖에 거주한 유대인이라고 생각하는 사람이 있지만 그것은 적합한 해석이라고 보기 어렵다. 오히려 지상에서 나그네의 삶을 살고 있는 참 이스라엘인 그리스도인 전체를 향한 것이라고 함이 더 적합할런지 모른다.[1] 그러나 여전히 '흩어져 있는 열두 지파'가 누구를 가리키는지 분명치 않다. 본서는 어떤 특정한 곳에 사는 그리스도인을 대상으로 한 것이라기보다는 어떤 특수한 사정 가운데 처하여 있는 그리스도인들을 염두에 두고 쓰여졌다고 봄이 옳을 것이다.[2]

한편 본서의 끝부분은 인사말이나 축도가 없이 종결되고 있어 실제적인 서신으로의 형식을 온전히 갖추지 못하고 있다. 그런 점에서 본서는 하나의 신학적 논설문이라고 함이 더 타당할 것이다. 혹은 금언과 논설로 이루어진 권고문이라고도 할 수 있을 것이다.[3]

야고보서에는 유대교적인 성격이 뚜렷하게 드러나고 있는 것이 사실이다. 야고보서는 그리스도의 복음의 내용을 직접적으로 사용하고 있지 않음이 분명하다. '그리스도'라는 이름도 단 두번밖에 언급하지 않으며(1：1, 2：1), 그리스도의 십자가의 죽음과 부활에 대하여 전혀 말하지 않는다. 그 내용은 대체로 예수의 교훈에서 왔다기보다는 구약의 예언서, 욥

1. 큄멜, 「신약정경개론」, p. 412.
2. 2：2 이하, 3：1 이하 참조.
3. 김철손 외, 「신약성서개론」, p. 226.

기, 엘리야에 대한 기록과 특히 구약 외경인 시락서, 솔로몬의 지혜서 등에서 찾을 수 있다. 그러나 야고보서를 순수한 유대교적 문헌이라고 본다면 잘못이다. 그 전반적인 내용은 초대 그리스도교의 신앙을 전제로 하지 않고는 결코 이해하기 어렵다. 1:18, 1:21, 1:25, 5:8 등은 초대 그리스도교의 신앙의 핵심적 요소들을 담고 있다. 더욱이 5:12과 같은 것은 예수의 교훈(마 5:37 참조)을 직접 인용한 것으로, 공관복음에 나타나는 주님의 말씀을 매우 생생하게 사용하고 있음은 주목할 만한 일이다.[4] 반면에 야고보서의 강조점이 교리적인 내용보다는 실천적 교훈에 있음이 분명하다. 그런 점에서 야고보서를 신약의 아모스서라고 부르기도 한다.[5]

야고보서 2:14~26에서 행동주의가 철저하게 강조되고 있는 것으로 느껴진다. 특히 2:24의 "사람이 행함으로 의롭다 하심을 받고 믿음으로만 아니니라."는 말은 로마서 3:28의 "사람이 의롭다 하심을 얻는 것은 율법의 행위에 있지 않고 믿음으로 되는 줄 우리가 인정하노라." 하는 말과 정면으로 대립되는 것으로 여겨진다. 이러한 관점에서 루터는 야고보서의 가치를 인정하기를 주저하였던 것 같다. 그러나 야고보서가 결코 믿음의 중요성을 무시하거나 약화시킨 것이라고 보아서는 안 될 것이다. 오히려 참된 믿음은 행동으로 확증될 수 있음을 강조하고자 한 것이다. 즉 믿음과 행동은 불가분의 관계를 가지는 것으로, 야고보서도 행동 자체를 내세우려는 것이 아니라 참된 믿음이 무엇인지를 제시하려고 하는 것이다. 따라서 야고보서가 바울의 신학과 대립하거나 그것을 비판한다고 하기보다는 상호 보완하여 동일한 진리, 즉 참된 믿음으로 구원 얻음을 강조하는데 일치한다고 함이 옳을 것이다. 다만 그들의 표현상에 있어 어디에다 악센트를 두었느냐에 따라 그 차이점을 느낄 수 있을 것이다.

야고보서와 베드로 전서에는 몇 개의 병행 구절(약 1:2—벧전 1:6, 약 1:1—벧전 2:11)이 나타나는데 그것은 본서가 유대적인 성격을 완전히 벗어나지 못하였음을 보여주는 것이다. 그러나 본서의 문장이 세련된 코이네 희랍어로 기록되어 있으며, 헬라적 변론방식을 드러내고 있는 것으로

4. 예로서 4:10—12과 마 23:12, 7:1과 비교.
5. 해리슨, 「신약개론」, p. 411.

보아 헬라적 영향을 짐작해 볼 수 있다.

## 3. 저자 문제

본서의 저자는 "하나님과 주 예수 그리스도의 종 야고보"(1 : 1)라고 되어 있다. 그런데 야고보라는 이름은 유대인 가운데 흔히 발견할 수 있는 것으로 신약성경에만 다섯 명의 야고보가 나온다. 세배대의 아들 야고보(막 1 : 19, 3 : 17, 행 12 : 2), 알패오의 아들 야고보(막 3 : 18), 예수의 동생 야고보(막 6 : 3, 고전 15 : 7, 갈 1 : 19, 2 : 9, 12, 행 12 : 17, 15 : 13, 2 : 18, 유 1 : 1), 작은 야고보(막 15 : 40, 16 : 1), 사도 유다의 아버지 야고보(눅 6 : 16, 행 1 : 13) 등이다. 이들 중 가장 많이 알려져 있고 본서의 저자로 가장 적절한 인물로는 첫 번째 세배대의 아들 야고보와 세 번째 예수의 동생 야고보를 생각할 수 있다. 그러나 세배대의 아들 야고보는 주후 44년에 순교하였으므로(행 12 : 2) 본서의 저자로 예수의 동생 야고보가 유력시된다. 그는 예수의 부활 후에 주를 믿었지만(고전 15 : 7) 얼마 있지 않아 초기 교회의 권위 있는 지도자가 되었다. 바울까지도 그를 베드로와 요한과 함께 예루살렘 교회의 기둥과 같은 존재로 인정하였다(갈 2 : 9). 그는 예루살렘 사도회의에서 사회자로서 중심 역할을 한 것으로 나타나는데(행 15 : 13 이하), 이방선교에 대하여는 긍정적인 태도를 보이지만 몇 가지 제한조건을 제시함으로 유대 그리스도인들의 입장을 옹호하려는 의도를 나타낸다. 갈라디아서 2 : 12에 따르면 그는 초기 교회내에서 율법을 준수하고자 하는 유대 그리스도인들의 대변자로 여겨지나, 그가 바울을 공격하는 적대자들의 지도자였다고 생각되지는 않는다.

본서의 내용을 볼 때 유대적인 요소가 많이 있음을 쉽게 알 수 있다. 저자는 아브라함, 이삭, 라합, 욥, 엘리야 등의 구약 인물들을 예로서 들고 있으며, 모세의 율법을 그리스도의 교훈과 결합시켜 최고의 법(2 : 8)으로, 더 나아가서 자유하게 하는 온전한 율법(1 : 25, 2 : 12)으로 이해하고 있다. '하나님의 의'(1 : 20)와 '만군의 주'(5 : 4)는 구약적인 표현이며, 무화과나무의 비유(3 : 12)와 영적인 간음에 대한 비난(4 : 4)과 손을 씻고 마음을 깨끗이 하라는 것(4 : 8)은 유대교적 교훈의 성격을 뚜렷이 보여 준다.

본서의 전체적인 흐름과 성격으로 보아 예수의 동생 야고보가 그 저자라고 하기에 적합한 점이 많이 있다. 그러나 그것을 어렵게 만드는 몇 가지 중요한 점들도 제기된다. 첫째, 야고보서는 매우 세련된 희랍어로 기록되어 갈릴리 출신의 유대인에 의하여 쓰여졌다고 보기가 어렵다. 둘째는 '자유하게 하는 율법'(1 : 25)을 단순히 윤리적 선행을 위한 원리로 보는, 그러한 진보적 사상을 순수한 율법에 충실했던 유대인 야고보에게서 기대하기는 어렵다. 셋째로 예수의 동생 야고보가 저자라면 예수의 생애와 교훈에 대하여 전혀 언급하지 않는 이유를 설명하기 어렵다. 넷째로 본서의 중요한 논제인 행함과 믿음의 일치에 대한 강조가 바울서신에 대한 오해를 교정하기 위한 것이었다고 한다면 본서는 적어도 바울서신이 상당히 널리 알려지고 읽혀진 시기에 쓰여졌다고 보아야 할 것이다. 그런데 초대교회의 전승에 의하면 야고보는 주후 62년에 순교하였다고 하는데, 그와 같은 이른 시기 이전에 야고보가 바울서신들을 충분히 파악하기는 어려웠을 것이다. 다섯째로 정경화 과정에 있어 본서의 정경성에 대한 논란이 많이 있었던 것은 그 저자에 대한 확신이 없었기 때문이다.[6]

따라서 본서의 저자를 결정하는 일은 여전히 미완의 문제로 남아 있다고 보아야 할 것이다. 아무튼 본서에서 말하는 야고보는 초대교회에서 상당한 비중을 차지하는 인물이었다고 생각된다. 그러나 그는 여전히 확실하게 알려지지 않은 익명의 저자로, 다만 본서의 내용을 통하여 그의 인물됨과 성격을 추정해 볼 수 있다. 그는 유대인 그리스도인이 분명하나 철저한 유대주의를 고수하지는 않는다. 그는 희랍어를 능숙하게 사용하며 70인역 구약성경을 애용하였으며, 진보적이며 실천적인 신앙에 관심을 기울였다. 이러한 특징에 비추어 볼 때 본서는 유대나 갈릴리 지방에서보다는 이방지역인 시리아나 동방의 어느 곳에서 기록되었다고 봄이 보다 많은 지지를 받을 수 있는 견해라고 여겨진다.

6. 큄멜, 전게서, p. 417.

## 4. 수신자와 기록 시기

본서는 1 : 1에 그 수신자를 "흩어져 있는 열두 지파"라고 말하고 있다. 문자적으로 이것은 이스라엘의 열두 지파를 의미한다고 할 수 있으나, 본서가 순수한 유대인들을 상대로 하여 쓰여졌다고 보기는 어렵다. 왜냐하면 본서는 주 예수 그리스도를 믿는 신앙을 전제로 하여(2 : 1) 쓰여진 철저한 기독교적 문서이기 때문이다. 따라서 '흩어진 열두 지파'를 팔레스타인 밖에 사는 디아스포라의 유대인 그리스도인들로 해석하는 견해가 있다. 회당(2 : 2)과 교회(5 : 14)를 함께 언급하는 것이나 맹세하지 말라는 경고(5 : 12)와 이방인들에게서 나타나는 우상숭배와 윤리적 부도덕성을 별로 경계하지 않는 점 등은 그 대상이 유대인 그리스도인이었음을 보여 주는 좋은 증거라 할 수 있다.

그러나 신약성경에서 '열두 지파'는 단순히 유대인 그리스도인에게만 국한되는 것이 아니라 '새 이스라엘'로서의 모든 그리스도인에게 적용되고 있음에 주목할 필요가 있다.[7] 다른 한편 일반적인 그리스도인들을 가리켜 '흩어진 나그네'라고 표현하고 있는 베드로 전서의 어구적 용법과 비교해 볼 필요가 있다(벧전 1 : 1). 그 의미는 유대인들이 이방인들 사이에 흩어져 살듯이 그리스도인들이 불신앙자들 사이에, 이곳저곳에 흩어져 살고 있음을 나타내는 것이라고 생각된다. 물론 양 서신에서의 의미가 똑같다고는 볼 수 없는 면이 있는데, 야고보서는 '흩어진'이라는 말 앞에 정관사를 붙여서 사용하므로 어떤 한정된 무리를 지시하고자 함이 느껴지는 데 반해 베드로 전서에서는 정관사가 없을 뿐만 아니라 열두 지파에 대한 언급도 없다. 그러나 '흩어진'이라는 말이 양자에 있어 어떤 공통된 의미를 가지고 쓰여졌다고 보는 데는 별다른 어려움이 없다고 생각된다.

그러므로 본서가 유대인 그리스도인만을 대상으로 한 것이 아니라 모든 그리스도인, 즉 참 이스라엘이요, 이 땅에서 외국인과 나그네(히 11 : 13)인 모든 하늘나라 백성에게 주어진 글이라고 말할 수 있을 것이다. 사실 본서의 내용은 유대인 그리스도인뿐만 아니라 모든 그리스도인들이 받을

7. 그 가장 중요한 예로 마 19 : 28을 참조.

수 있는 내용으로 되어 있다.

다른 한편 본서에 나타나는 수신자들이 처한 상황을 관찰할 때 그들은 가난하고 그 지역에서 별로 영향력이 없는 이들로서(4：13, 5：4, 7) 부자들로부터의 어떠한 억압을 느꼈던 것 같다(2：5 이하, 5：1-6). 또한 그들은 믿음이 아직 약한 상태에 있었으며, 믿음과 실천을 일치시키지 못하는 미성숙한 과정에서 갈등을 겪고 있었음을 느낄 수 있다. 그들의 교회에는 장로(5：14)와 선생(3：1)이 있었음을 알 수 있으나 그들의 직분이 무엇이었는지는 분명치 않으며, 다만 장로의 중보기도의 사명을 암시하고 있다. 이러한 상황은 반드시 유대인 그리스도인 공동체에만 해당된다고 보기는 어려우며 이방 그리스도인의 공동체에도 적용시킬 수 있는 것이라고 생각된다. 물론 본서가 우선적으로 유대 그리스도인들을 대상으로 쓰여졌다고 봄이 상당한 타당성을 가지나, 이방인 그리스도인을 포함한 모든 그리스도인을 향하여 본서가 기록되었다는 가능성은 여전히 남아 있다.

본서의 기록 시기는 그 저자를 누구로 보느냐에 따라 크게 두 가지로 제시된다. 그것은 수신자에 대한 결정과도 어느 정도 관련이 되는 것인데, 예수의 동생인 야고보가 썼다고 보는 경우 그의 순교 이전인 주후 62년 이전으로 추정하는 이른 시기가 제시된다. 그것은 본서에 예루살렘 멸망과, 유대인과 이방인 사이의 논쟁을 전혀 언급하지 않는 것은 수신자인 유대인 그리스도인들이 아직 그러한 일들을 경험하거나 심각하게 느끼지 않았다는 사실과 일치될 수 있는 것이다. 반면에 익명의 저자에 의하여 일반적인 그리스도인들에게 쓰여진 것이라고 볼 때 그 기록 시기는 훨씬 늦은 시기인 1세기 말이나 2세기 초로 추정하게 된다. 이러한 견해들은 학자들의 다양한 연구 결과에 의하여 제기된 것으로 오늘날에는 후자의 견해가 보다 많은 지지를 받고 있다.

# 제 4 장

# 베드로 전서

## 1. 주제 및 내용 개요

### 1) 주제 : 그리스도인의 소망과 생활

### 2) 내용 개요

① 인사(1 : 1—2)

② 그리스도인의 소망(1 : 3—2 : 10)

  a. 시험을 당할 때(1 : 3—12)

  b. 소망에 합당한 생활(1 : 13—2 : 10)

③ 그리스도인의 삶의 자세

  a. 이방인 중에서(2 : 11, 12)

  b. 국가제도 아래서(2 : 13—17)

  c. 인간관계에 있어서 순복함(2 : 18—25)

  d. 가정에서(3 : 1—7)

  e. 박해 아래(3 : 8—4 : 6)

④ 선한 청지기로서의 봉사(4 : 7−5 : 11)
  a. 종말의 때에 사랑과 봉사에 힘쓰라(4 : 7−11).
  b. 그리스도의 고난에 기쁨으로 동참하라(4 : 12−19).
  c. 장로들은 양 무리의 본이 되라(5 : 1−5).
  d. 믿음을 굳게 하여 마귀를 대적하라(5 : 6−11).
⑤ 끝맺음의 인사(5 : 12−14)

## 2. 문학적 성격

본서는 서두에 발신자와 수신자가 언급되고 있으며(1 : 1−2), 마지막 부분에서 인사와 축복의 말로 종결되고 있는 것으로 보아 전형적인 서신의 형태를 취하고 있다고 할 수 있다. 그러나 많은 학자들은 본서를 편지로 보다는 서간문의 형식을 취한 설교문으로 이해하는 경향이 있다. 그 이유는 본서의 내용에 있어 두 부분으로 구별되어지는 성격 때문이다. 즉 4 : 11의 송영을 분기점으로 두 종류의 설교가 결합되어졌다는 것이다.[1] 제 1부는 세례예식을 위한 설교로, 개회기도와 메시지(1 : 3−21), 새로이 세례받은 자들에 대한 환영사와 권면(1 : 22−25), 찬양(2 : 1−10), 제자직에 대한 교훈(2 : 11−3 : 12), 예언자적 설교(3 : 13−4 : 6), 마지막 권면과 송축의 기도(4 : 7−11)로 되어 있다고 본다. 제 2부는 격려와 권고를 위한 일반적 설교로 특히 현실적인 고난의 위험에 처해 있는 그리스도인들인 '장로'와 '젊은이들'에게 보낸 설교문이라고 이해된다.

이 두 부분에 대하여 어떤 학자들은 한 저자가 동시에 기록했다고 말하며, 어떤 이들은 세례받기 전의 설교와 후에 한 설교를 하나로 합쳤다고 보기도 한다. 본서의 내용에 세례예식에 관련된 자료들이 많이 드러나기는 하지만 최근에 와서는 이 서신을 세례예식에 관한 문헌이라기보다는 고난에 관한 문헌이라고 보는 사람이 많아졌다.[2] 아마도 박해를 당하는 그리스도인들을 격려하기 위하여 그들이 처음 세례받을 때의 결심과 감격

1. 해리슨, 「신약개론」, p. 428 이하.
2. 김철손 외, 「신약성서개론」, p. 235.

을 되새기게 함으로 핍박의 상황 가운데서도 영원한 영광에 대한 소망을 고취시키려 하였다고 생각할 수 있다.[3]

본 서신의 첫부분이 이미 겪은 고난을 상기시킨다면(1 : 6, 3 : 16, 4 : 4) 나중 부분은 다가오는 현실적 박해 가운데 종말적 소망을 가지게 하기 위하여 기록한 것이다. 따라서 그 두 부분을 반드시 구별해서 보아야만 할 이유는 없으며, 본 서신을 전체적으로 볼 때 그것을 통일된 사상적 체계를 갖춘 사도적 서신이라고 인정할 수 있다.[4] 베드로 전서의 문학적 성격을 간략히 말한다면 사도적 교훈과 성례전적 설교를 종합하여 기록한 권면의 문서라고 할 수 있다. 즉 박해의 위협 아래 처한 그리스도인들 특히 세례받은 지 얼마 안 되는 신자들에게 고난을 극복하고 신앙의 승리를 얻도록 격려하기 위하여 쓰여진 것이다.

## 3. 수신자

본서의 서두에서 사도 베드로가 '본도, 갈라디아, 갑바도기아, 아시아와 비두니아에 흩어진 나그네'인 그리스도인들에게 편지한다고 말함으로 그 수신자를 밝히고 있다. 여기에 언급된 지명들은 소아시아에 위치하는 로마제국의 행정구역들인데, 남쪽 지역에 속하는 리시아(Lycia)와 밤빌리아(Pamphylia)가 빠져 있음에 주목할 필요가 있다. 따라서 본 서신은 소아시아의 북부지역의 그리스도인들을 대상으로 쓰여졌다고 보아야 할 것이다. 대체로 이 지역은 바울의 선교에 직접적으로 영향을 받지 못한 곳이라고 생각되는데, 아마도 본서의 저자는 이 지역을 대상으로 선교활동을 했던 것으로 보인다.[5] 본서의 저자로 기록된 베드로와 이들 수신자들과의 관계를 살펴볼 때 베드로가 그들 가운데서 선교활동을 했다는 뚜렷한 증거는 찾아보기 어렵다. 그런데 본서의 저자는 그들에 대하여 따뜻한 감정을 가지고 자상하고 동정어린 권면을 하는 것으로 보아 그들과의 매우 친

3. 김득중, 「신약성서개론」, p. 264 이하.
4. 김철손 외, 전게서, p. 236.
5. 상게서, p. 233.

밀한 관계를 느끼게 한다. 이 점에 대해서는 뒤에 저자 문제를 다루는 데서 좀더 생각해 보고자 한다.

1 : 1에서 수신자를 '흩어진 나그네'라고 말하고 있는데, 이것은 야고보서의 '흩어진 열두 지파'(약 1 : 1)와는 조금 다르게 보아야 할 것이다. 그것은 디아스포라 유대인이나 각 지역에 거주하는 유대인 그리스도인을 말하기보다는 하늘나라를 본향으로 하고 이 세상에서 나그네처럼 흩어져 사는(1 : 17, 2 : 11) 일반적인 그리스도인을 가리키는 것이라고 생각된다. 그들이 이전에는 욕망을 따라 헛된 삶의 길에 있었으며(1 : 14, 18) 무분별한 우상숭배에 빠져 하나님의 백성이 아니었음(2 : 10, 4 : 3)을 말하는 것으로 보아 이들 수신자가 이방인 그리스도인임을 뚜렷이 느낄 수 있다. 그러나 이들 가운데 유대인이 전혀 존재치 않았다고 단정하기는 어렵다. 그들 가운데 얼마간의 유대인 그리스도인들이 섞여 있었다고 보는 것은 잘못된 일이 아닐 것이다.[6]

본서의 수신자들 가운데는 정부의 높은 관직을 가진 사람들도 있었던 것 같으며(2 : 13—17), 노예 계급에 속하는 사람들(2 : 18—21)과 일반 가정에 속하는 사람들(3 : 1—7)도 있었다. 이들은 대체로 신앙의 연륜이 짧은 사람들과 젊은이들로 이루어졌던 것 같으며(2 : 2, 5 : 5), 반면에 그들 가운데는 원숙한 신앙의 지도자들도 있었던 것으로 보인다(5 : 1).

## 4. 저자 및 기록 장소와 시기

서두의 인사말에서 본서의 저자는 자신이 "예수 그리스도의 사도 베드로"라고 말하고, 뒤에는 "같은 장로로서 그리스도의 고난의 증인"(5 : 1)이라고 말한다. 이러한 표현은 본서의 저자가 예수의 열두 제자 중의 하나였던 사도 베드로임을 명시해 주는 것이라고 할 수 있다. 신자를 양으로 표현하며(2 : 25, 5 : 2—3) 교회 지도자들을 양을 치는 사명을 받은 자로 비유하는 것은 베드로와 관련된 전승과 상통되는 점이 있다. 또한 5 : 13에서 마가를 자신의 아들로 지칭하고 있는데 이것은 마가가 베드로의 통역

6. 해리슨, 전게서, p. 433.

이었다는 초대교회의 전승과 일치하는 점이 있다고 본다. 반면에 본서는 야고보서에서처럼 예수의 실제적 교훈이 별로 언급되고 있지 않으며, 오히려 바울과 같이 죽으심과 부활을 통해 구원사역을 성취하신 그리스도를 강조하고 있다.[7] 그러나 그리스도의 고난과 인내에 관심을 두고 있는 점은 예수의 제자 중 한 사람으로서 능히 가질 수 있는 태도이다.

반면에 많은 학자들은 다음의 몇 가지 이유들로 본서의 베드로 저작설(著作說)을 의문시하고 있다. 첫째, 본서에서 쓰여진 희랍어 문장은 수사학적 표현방법과 어순 및 동의어와 병행절의 사용에 있어 매우 뛰어난 솜씨를 나타내고 있는데, 그러한 것은 갈릴리 어부였던 베드로에게서 기대하기 어려운 것이다. 둘째, 구약성경의 인용문이 70인역에서 온 것으로 팔레스타인의 유대인인 베드로가 히브리 성경이 아닌 희랍어 구약성경을 인용했다고 보기는 어렵다. 셋째, 본서의 용어와 사상에 있어 바울서신과 매우 유사하다는 점이다. 이방인 그리스도인들을 '하나님의 백성'(2：10)이라고 부르며, 율법의 완성에 대해서는 거의 취급하지 않고 그리스도의 대속의 죽음과 그리스도로 말미암은 의에 관심을 기울이는 것은 바울의 사상과 일치한다. 로마서와 에베소서와 특별히 연관이 있는 것으로 보이는데,[8] 본서의 저자가 바울서신을 잘 알고 있었다고 느껴질 정도이다. 넷째로 본서에 나타나는 역사적 배경을 살펴볼 때 본서의 저자는 그리스도의 이름으로 인하여 박해받고 있는 그리스도인들에 대하여 쓰고 있다(1：6, 2：12, 15, 4：12, 5：8, 9). 그런데 본서에서 암시되는 박해는 네로 시대의 것이라기보다는 훨씬 후대의 도미티안 황제나 트라얀 황제 시대의 박해로 보아야 옳을 것이다. 그럴 경우 네로 시대에 순교한 베드로가 본서의 기록자가 되기는 어렵다. 더 나아가서 본서의 수신지인 소아시아의 교회들과 베드로와의 관련성을 보여 주는 증거가 전혀 없는데, 바울의 선교 영향 아래 있던 지역에 바울이 순교한 후에 베드로가 서신을 보냈다는 것도 이해하기가 어려운 일이다. 이러한 근거에서 여러 학자들은 베드로의 저작설을 부인하고 본서를 익명의 인물에 의하여 쓰여진 것으로 보려는

---

7. 이종윤, 「신약개론」, p. 583.

8. 상게서, p. 584.

입장을 취한다.

본서 가운데서 저자 문제에 하나의 암시를 주는 것은 5 : 12의 "내가 신실한 형제로 아는 실루아노로 말미암아 너희에게 간단히 써서 권고한다."는 말이다. 여기에서 실루아노가 본서의 기록에 어떤 역할을 했음을 생각할 수 있다. 그는 실라[9]라는 이름으로 사도행전과 바울서신에서 잘 알려진 인물이다. 그는 바울의 동역자로 소아시아와 그리스 지역에서 선교활동을 하였으며, 바울이 데살로니가에 편지를 써 보낼 때는 그를 도와 그 서신을 썼던 것으로 나타난다(살전 1 : 1, 살후 1 : 1). 그는 로마 시민권을 가졌던 사람으로(행 16 : 37) 희랍어에 능숙했다고 여겨진다. 초대교회에서 또 다른 실루아노나 실라라는 인물이 알려지지 않은 점으로 보아 본서에서 언급된 실루아노는 바울의 동역자였던 그와 동일인이라고 봄이 옳을 것이다. 그는 이미 예루살렘에서 베드로를 잘 알고 있었으리라고 여겨지며(행 15 : 22), 나중에 로마에서 베드로를 만나게 되었을 때 자연스럽게 베드로와 교제하게 되고 그를 돕는 보조자가 되었을 것이다. 본서에서 볼 수 있는 능숙한 희랍어 문체와 바울의 사상과의 유사성은 실루아노가 본서의 기록에 긍극적인 책임을 가졌었다고 생각할 때 충분히 이해될 수 있는 내용이다.

본서의 기록 장소는 5 : 13에서 말하는 '바벨론'의 의미를 어떻게 이해하느냐에 따라 결정될 수 있다. 성경에 나타나는 바벨론은 세 지역에 연관되어 사용된다. 첫째는 원래 그 지명으로 불렸던 메소포타미아의 바벨론과, 둘째는 애굽과 관련된 바벨론 및 셋째로 로마를 상징적으로 지칭한 바벨론이 있다(계 14 : 8, 18 : 2). 이 세 가지 가능성 중 가장 많은 지지를 받는 것은 본서에서 말하는 '바벨론'이 로마를 상징한다는 것이다. 로마에서 베드로에 의하여 본서가 쓰여졌다고 할 경우 그 시기는 네로의 박해시기인 주후 64년경으로 잡아야 할 것이다. 그러나 네로 황제 때의 박해는 로마 지역에 국한된 것으로 소아시아 지역에까지 보편적으로 확대되지 않았음을 비추어 볼 때 본서의 배경과는 잘 맞지 않는 점이 있다.[10]

9. 실라는 실루아노의 아람어 원명이다(살전 1 : 1, 행 15 : 22).

10. 김득중, 전게서, p. 266.

반면에 실루아노가 나중에 베드로의 이름으로 본서를 기록하였다고 할 경우 그 시기는 도미티안 황제의 박해시인 주후 95년경이나 트라얀 황제 때인 2세기 초를 생각할 수 있다. 그러나 본서의 전체적인 내용으로 보아 좀더 이른 시기인 도미티안 황제 때인 95년경으로 추정하는 것이 보다 타당하다고 여겨진다.

# 제 5 장

# 베드로 후서

## 1. 주제 및 내용 개요

**1) 주제** : 구원과 그리스도의 재림에 대한 확신

**2) 내용 개요**

① 인사(1 : 1－2)

② 영적 성장을 위한 권면(1 : 3－21)

a. 신의 성품에 참여키 위한 영적 진보(1 : 3－11)

b. 그리스도에 대한 사도적 증거(1 : 12－21)

③ 거짓 선지자들에 대한 경계(2 : 1－22)

a. 거짓 선지자의 출현 예고(2 : 1－3)

b. 하나님의 심판에 대한 구약의 예증(2 : 4－9)

c. 거짓 선지자들의 성격(2 : 10－22)

④ 그리스도의 재림에 대한 확신(3 : 1－13)

a. 마지막 때에 불의 심판이 있을 것임(3 : 1－7)

b. 하나님의 약속의 확실함(3 : 8-9)
c. 새 하늘과 새 땅을 바라봄(3 : 10-13)

⑤ 끝맺음

a. 마지막 권면(3 : 14-17)
b. 송영(3 : 18)

## 2. 본서의 성격

본서는 외형적으로 서신의 형태를 취하고 있으나, 그 내용에 있어서는 믿음에 굳게 서서 거짓 교사들을 피하고 그리스도의 재림에 대한 확신을 견고히 가지라는 신앙적 권면 또는 설교로 되어 있다. 초대교회에서 본서의 정경성이 논란의 대상이 됨으로 그 진정성과 함께 가치가 의문시되기도 하였다. 그러나 박해와 재림에 대한 불확실함 가운데서 시련을 겪는 2세기의 교회의 모습을 보여 준다는 점에서 본서는 역사적으로 중요한 가치를 가진다.

특히 본서에서 주목할 것은 상당히 많은 내용이 유다서의 본문과 병행을 이루고 있다는 점이다. 베드로 후서의 1장과 3장에도 유다서와 유사한 구절이 많이 있지만(벧후 1 : 15=유 1 : 3, 벧후 1 : 12=유 1 : 5, 벧후 3 : 2-3=유 1 : 17-18, 벧후 3 : 14=유 1 : 24, 벧후 3 : 18=유 1 : 25), 2장에 나오는 거짓 교사에 대한 묘사에 있어서는 더욱 현저하다. 그들 거짓 교사들은 그리스도의 구주됨을 부인하고 방탕한 생활을 하며(벧후 2 : 1-2=유 1 : 4), 하나님의 천사들을 모독하고(벧후 2 : 10-11=유 1 : 8-9), 터무니없는 허무맹랑한 말을 한다(벧후 2 : 18=유 1 : 16). 그들은 성도의 연회 자리를 더럽히고 헛되게 만드는 자들로(벧후 2 : 13=유 1 : 12) 결국은 물 없는 샘이요, 폭풍에 불려 가는 안개와 같이 소멸될 자들이다(벧후 2 : 17=유 1 : 12-3). 또한 두 서신에는 타락한 천사와 홍수, 소돔과 고모라에 대한 심판기사가 똑같이 나오고 있다(벧후 2 : 4-8=유 1 : 5-7). 이러한 유사성에 대하여 베드로 후서가 유다서를 참조하여 기록했거나, 유다서가 베드로 후서의 내용을 사용하였거나, 아니면 두 서신의 저자가 공통된 자료를 사용하여 기록했을 것으로 생각할 수 있다. 그러나 두 서신을 자세히 대조하여 볼 때 베드로 후서가 유다서를 참조하였다는 것이 드러난다.[1] 그 예로서 유다서에 나오는 외경적인 내용을 베드로 후서는 의도적으로 언급치 않으며 혹은 그러한 내용을 쓸 때에라도 좀더 다듬어진 표현을 쓰고 있다(유 1 : 6=벧후 2 : 4, 유 1 : 9=벧후 2 : 11).

## 3. 저자 문제

서두에서 "예수 그리스도의 종과 사도인 시몬 베드로"라고 저자는 자신을 밝히고 있다. 또한 자신은 예수의 변화산 사건을 목격하였으며(1 : 16-18), 지금은 앞에 있는 죽음을 예견하고 있다고 한다(1 : 14). 3 : 1에서는 베드로 전서에 이어 본서를 쓰고 있음을 말한다. 이러한 내용들로 볼 때에 본서는 베드로가 임박한 죽음을 앞에 두고 마지막으로 쓴 하나의 유언서와 같은 편지라고 생각할 수 있다.[2]

그러나 본서가 베드로에 의하여 쓰여진 것이라고 하기에는 어려운 몇 가지 문제들이 제기되고 있다. 첫째, 앞에서 본 바와 같이 베드로 후서는 여러 가지 점에서 유다서와 매우 유사하며 문학적으로 유다서에 의존하고 있음이 분명하다는 것이다. 사도 베드로가 유다서와 같은 문서에 의존하여 그의 편지를 썼다고 보기는 어렵다. 둘째로 본서의 문체와 용어가 너무나도 순수한 헬라적 성격을 띠고 있다는 점이다. 예로서 '덕'(아레테)과 '지식'(에피그노시스)을 높이 평가하고 강조함은 헬라적 영향을 뚜렷이 보여 주는 것으로 순수한 유대인인 베드로에게서는 기대하기 어려운 글이다. 셋째로 그리스도의 재림을 부인하는 이단의 출현을 언급하는 것으로 보아 재림의 지연이 신앙적으로 문제를 제기하였던 후대의 상황을 나타내는 것이라고 할 수 있다. 그리스도의 재림을 부인하고 그리스도의 오심의 영적 의미를 강조하는 영지주의적 이단사상이 대두되기 시작한 것은 1세기 말이라고 볼 때, 그 같이 늦은 시기에 베드로가 본서를 기록했다고 보기는 어렵다.[3] 넷째로 3 : 16에 언급하고 있는 것에 비추어 볼 때 본서가

1. 퀌멜, 「신약정경개론」, p. 435 이하.
2. 김철손 외, 「신약성서개론」, p. 242.
3. 퀌멜, 전게서, p. 437.

기록되던 시기에는 이미 바울의 서신들이 수집되어 상당히 널리 알려져 있었으며, 구약성경과 더불어 권위 있는 책으로 읽혀지고 있었음을 알 수 있다. 바울서신이 성경과 대등한 권위를 가졌던 시기에 베드로가 활동했음을 받아들이기는 어려운 일이다. 끝으로 본서는 경전화 과정에서 오랫동안 반대와 의심을 받아 왔으며, 심지어는 4세기에 이르기까지도 인정을 받지 못하는 경우가 많이 있었다.[4] 그러한 것은 본서의 사도적 저작권을 크게 약화시키는 것이다.

이상의 여러 가지 논점들을 고찰할 때 본서의 저자를 베드로 자신이라고 하기보다는 아마도 베드로의 추종자 가운데 한 사람이 베드로의 이름으로 본 서신을 기록했다고 봄이 더 타당하리라고 여겨진다.[5] 본서와 베드로 전서와의 관계에 있어서 두 서신이 동일저자에 의한 것이라고 보는 견해도 있으나, 베드로 후서의 저자가 후에 독자들로 하여금 베드로 전서를 상기하도록 하기 위하여 그러한 암시(3:1)와 함께 같은 저자의 이름을 사용하였다고 보는 견해가 더욱 지배적이다.[6]

## 4. 수신자 및 기록 시기와 장소

본서에서는 그 수신자에 대하여 전혀 밝혀 주지 않고 있다. 다만 3:1에 기록된 대로 베드로 전서와 연관되어 쓰여진 것이라고 한다면, 이 서신 역시 소아시아의 이방인 그리스도인들에게 쓴 것이라고 생각할 수 있다. 특히 본서에서 드러나는 희랍적 용어와 사상적 개념은 그 대상이 희랍적 영향 아래 있었던 이방인 그리스도인임을 지시하는 것이라고 생각된다.

본서의 기록 시기는 정확히 결정하기 어려우나 베드로 전서와 유다서보다는 늦은 시기에 쓰여진 것이 확실하다. 바울의 서신들이 이미 수집되어 성경과 거의 동등한 가치를 가지고 읽혀졌다는 점과 영지주의 사상을 가

4. 해리슨, 「신약개론」, p. 441 이하.
5. 김득중, 「신약성서개론」, p. 272.
6. 거쓰리, 「신약개론」, p. 843 이하; 김철손 외, 전게서, p. 245.

진 거짓 교사들이 대두하고 주의 재림의 지연이 교회 안에서 심각한 문제가 되고 있다는 점 등을 보아 2세기 중엽인 150년경으로까지 그 연대를 내려 잡는 학자들이 많이 있다.[7] 따라서 본서가 신약성경 가운데 가장 늦은 시기에 쓰여진 문서라고 하는 데 대체로 견해를 같이 한다.

기록 장소는 보다 더 분명하지 않으나 본서에 나타나는 영지주의적 이단사상에 비추어 당시 주의 재림을 부정하는 영지주의적 가현설 주의자들이 거주하던 이집트라고 생각하는 사람들이 있다. 반면에 베드로 전서와의 관계를 고려하여 로마라고 보는 사람들이 많이 있으나, 이 또한 추리에 의한 것일 뿐 확실한 증거는 제시되지 못한다.

7. 큄멜, 전게서, p. 439 참조. 해리슨, 전게서, p. 455 ; 김득중, 전게서, p. 274 비교.

# 제 6 장

# 요한서신

## Ⅰ. 서 론

신약성경에는 요한의 이름과 관계된 책이 5권이 있다. 그 중에 3권은 서신으로서 요한복음과 요한 계시록과 밀접한 관련성을 가지는 것으로 이해되고 있다. 이들 문서들 간에는 신학적 성격 및 주제들에 있어 차이점이 있지만, 그에 못지않게 이들 사이에는 주목할 만한 유사점이 드러나고 있다.

여기에서는 우선 세 서신의 관계만을 살펴보고자 하는데, 우선 세 개의 요한서신들은 종교적으로나 사회적으로 동일한 배경을 가지고 있으며 유사한 교회적 상황을 느끼게 한다. 그러나 이들 세 서신 사이의 구체적인 연관관계를 밝혀 줄 만한 뚜렷한 지시적 내용들은 발견할 수 없으며, 따라서 이들 세 서신이 어떤 순서적 관계에서 쓰여졌는지 규명하기가 어렵다. 요한 2서와 3서가 개체 교회나 특정한 대상에게 보내진 것으로 이해되는 반면에 요한 1서는 뚜렷한 서신의 형태를 갖추지 않은 일반적인 권고문이나 '회람서신'과 같은 성격을 나타내므로 보다 후에 쓰여진 것으로 여겨지는 경우도 있다.[1] 그러나 세 서신이 거의 같은 시기에 기록되었을 수도 있다고 보며, 이 세 서신의 수신자들이 서로 관련된 그룹이라고 보는 견해도 있다. 이 세 서신이 관련된 교회들이 모두 에베소를 중심으로 한 소아시아 지역에 위치해 있었다는 점에서 그러한 해석은 충분히 가능하다고 여겨진다. 한편 요한 2서와 3서는 요한 1서와 달리 구체적인 대상에게 보내졌다는 점과 더불어 요한 1서가 요한복음과 매우 유사하다는 점에서 그 두 서신은 일반적으로 요한 1서와 구별하여 다루어진다.

## Ⅱ. 요한 1서

### 1. 주제 및 내용 개요

**1) 주제** : 사랑의 계명

**2) 내용 개요**

① 머리말(1 : 1–4)
② 참된 신앙과 거짓됨(1 : 5–2 : 29)
  a. 빛이신 하나님과의 사귐(1 : 5–2 : 6)
  b. 새 계명(2 : 7–17)
  c. 적그리스도에 대한 경계(2 : 8–29)
③ 하나님의 자녀됨(3 : 1–24)
  a. 하나님께로서 난 자는 죄를 짓지 아니함(3 : 1–10)
  b. 하나님의 자녀는 형제를 사랑함(3 : 11–19)
  c. 계명을 지키는 자 안에 그리스도께서 거하심(3 : 20–24)
④ 신앙의 증거(4 : 1–5 : 3)
  a. 믿음의 증거(4 : 1–6)
  b. 형제 사랑의 증거(4 : 7–21)

---

1. 김득중, 「신약성서개론」, p. 277.

c. 하나님께 순종함의 증거(5 : 1-3)

⑤ 승리의 확신(5 : 4-12)

a. 믿음으로 세상을 이김(5 : 4-8)

b. 하나님의 증거(5 : 9-12)

⑥ 끝맺음(5 : 13-21)

a. 우리의 기도를 들으시는 하나님(5 : 13-15)

b. 사망에 이르는 죄에 대하여는 구하지 말라(5 : 16-17).

c. 하나님께서 악한 자로부터 지키심(5 : 18-21)

## 2. 문학적 성격과 기록 목적

본서는 일반적인 서신에서 찾아볼 수 있는 인사말과 송영, 발신자 및 수신자의 이름이 전혀 나타나지 않는다. 그런 점에서 대부분의 학자들은 본서를 그리스도인들을 위한 권고문이나 회람문으로 이해한다. 그러나 어떤 학자들은 본서가 어떤 특별한 상황에 처하여 있는 그리스도인들에게 써 보낸 서신이라고 주장하기도 한다(2 : 18-21, 4 : 1-4 참조).[2] 본문의 내용으로 보아 수신자들은 이단적 교훈의 위험에 직면해 있음을 느낄 수 있으며, 저자는 이들의 신앙을 보호하고 지도하기 위하여 본서를 썼음을 알 수 있다. 저자가 그들을 '자녀들' 또는 '사랑하는 자들'이라고 부르는 것으로 보아 그들과 본서의 저자는 매우 친밀한 관계를 이룰 뿐만 아니라 그들에 대하여 지도적 권위를 가지고 있었다고 생각된다. 요한 1서의 문학 형식은 일반적인 서신이라고 하기 어려우며, 따라서 어떤 특정한 대상을 고려한 편지라고 보기는 어렵다. 본서의 내용에 나타나는 성격에 비추어 볼 때 본서의 독자가 전적으로 유대인이었거나 혹은 전적으로 이방인이었다고 단정할 수 없으며 일반적인 기독교 세계 전체를 향하여 기록한 것이라고 봄이 보다 타당할 것이다.[3]

본서의 기록 목적은 한마디로 초대교회에 나타난 거짓 교사들에 대하여

2. 김철손 외, 「신약성서개론」, p. 253 이하.

3. 큄멜, 「신약정경개론」, p. 442.

경고하기 위함이었다고 할 수 있다. 이들 이단자들을 요한서신에서는 '거짓 선지자'(4 : 1), '적그리스도'(2 : 18, 4 : 3, 요이 1 : 7), '미혹케 하는 자'(요이 1 : 7)라고 부르는데, 그들은 예수의 성육신(成肉身)을 부인하는 자들이었다. 즉 그들은 예수께서 육체로 오신 그리스도이심을 부인하였다(4 : 2, 요이 1 : 7). 또한 그들은 사람의 본성에 죄가 없다고 가르치며 신비한 구원의 지식을 얻은 자는 모든 죄로부터 초월한 삶을 살 수 있다고 주장한 것으로 보인다. 거기에 대하여 요한 1서의 저자는 우리가 죄 없다고 하면 스스로를 속이는 것이고 진리를 깨닫지 못한 것이며(1 : 8), 하나님을 거짓말쟁이로 만드는 것이라고 한다(1 : 10). 또한 그리스도를 안다고 하면서 그의 계명을 지키지 않는 자는 거짓말하는 자요(2 : 4), 반면에 그의 안에 거하는 자는 그리스도께서 행하시는 대로 행하는 자이다(2 : 6).

이들 거짓 교사들이 예수께서 육체로 오신 그리스도이심을 부인한 것과 의와 사랑의 실천을 무시한 것으로 보아 초대교회의 가장 큰 이단이었던 영지주의적 가현설주의자들로 여겨진다. 이러한 이단적 사상에 대하여 본서는 예수께서 육신으로 오신 그리스도이심을 믿는 것과 하나님의 계명에 순종하고 형제를 사랑함이 참된 그리스도인의 신앙의 척도임을 확고하게 제시하고 있다.

### 3. 요한복음과의 관계

일찍이 초대교회로부터 본서는 요한복음과 함께 동일한 저자에 의하여 기록된 것으로 인정되어 왔다. 그런데 19세기에 들어와서 이 동일저자론은 새로운 문제로 다루어지게 되었다. 그 이유는 두 책 사이에 용어와 문체에 있어 유사성이 많으나 문학 형식과 신학적 개념에 있어 차이점이 뚜렷하게 드러나고 있기 때문이다.

두 책 가운데는 하나님과 아들 그리스도를 일치시키려는 경향이 나타나며, 하나님이 독생자를 세상에 보내셨으며, 영원하신 하나님의 아들이 육신을 입으셨음과 예수 그리스도께서 세상 죄를 짊어지셨음을 선언한다. 또 세상과 그리스도가 대립되며, 하나님과 마귀, 빛과 어두움, 생명과 죽음, 진리와 거짓이 상반된 개념으로 대비된다. 하나님의 사랑은 계명을 지킴에서 나타나며, 세상은 예수의 제자를 미워하나 믿는 자는 이미 영생을 소유한 자라는 것이 공통적으로 나타난다.

반면에 요한 1서에는 요한복음과는 상이한 내용과 신학적 개념이 나타나는데, 요한 1서에는 구약의 인용문이 전혀 없으며 복음서에는 '현재적 종말론'이 강하게 나타나는데 서신에서는 '미래적인 종말론'이 강조된다. 또한 복음서에서는 '보혜사'가 성령을 지시하는 명칭으로 사용되는데 서신에서는 그리스도를 가리키는 것으로 이해된다(2:1). 복음서에서는 '빛'이 그리스도를 나타내는데 서신에서는 하나님을 가리키며(1:5), 또한 서신에서는 예수의 속죄적 죽음이 강조되고 거짓 교사들이 적그리스도로 규정되고 있으나 복음서에서는 그러한 개념이나 용어가 분명히 사용되고 있지 않다.

이와 같은 두 책 사이의 유사점과 차이점에 대해서는 대체로 두 가지 방향에서 설명되고 있다. 첫째, 그 두 책은 동일한 저자 혹은 같은 그룹에 속한 사람들에 의하여 쓰여졌다는 견해이고, 둘째는 서로 다른 저자에 의하여 쓰여졌다는 견해이다. 그런데 콘첼만(Conzelmann) 같은 이는 요한 1서와 복음서가 동질적인 내용을 가지고 있다고 주장한다. 즉 요한복음에도 미래적 종말사상이 나타나고 있으며(5:29, 12:48, 14:3), 복음서에서의 '보혜사'는 예수를 간접적으로 지시하는 것이며(14:16), 복음서에도 그리스도의 대속의 죽음에 대한 개념이 들어 있다고 한다(1:29, 12:24).[4] 따라서 요한 1서가 요한복음에 비하여 현저한 특징으로 가지는 것은 이단에 대한 강력한 논쟁적 태도를 나타낸다는 점이다. 복음서는 그리스도에 대한 선포적(케리그마적) 성격을 가진 데 비하여 서신은 권고문의 성격을 가졌다는 데서 차이를 생각할 수 있지만 이 두 문헌이 본질적으로 동일한 저자에 의하여 쓰여졌다는 것이 일반적인 지지를 받는 견해이다.

### 4. 저자 및 기록 연대와 장소

요한복음서와 동일한 저자에 의하여 본서가 쓰여졌다고 한다면, 그 기

4. 김철손 외, 전게서, p.258.

록 연대도 거의 비슷한 시기라고 생각된다. 그 두 책이 기록된 순서에 대해서는 명백히 결정할 수 있는 증거가 없지만 요한 1서가 요한복음보다 뒤에 기록되었다고 보기에 어려운 점이 있다. 요한복음의 내용은 초대교회에 있어 매우 발전된 신학적 형태를 담고 있기 때문에 요한서신이 먼저 쓰여진 것으로 여겨진다. 2세기 초에 요한 1서가 이미 알려진 것으로 보아(130년경 파피아스가 언급함) 아마도 1세기 말엽에 기록된 것으로 추정되며, 일반적으로 90~110년 사이로 그 기록 연대를 생각한다.

기록 장소에 대하여는 확실히 결정할 수 있는 증거는 없지만, 역시 요한복음과 같은 장소에서 쓰여졌다고 봄이 타당할 것이다. 대체로 요한과 관련된 문헌들은 에베소와 연관된 것으로 생각되는데, 본서에서 다루고 있는 이단사상이 에베소에서 대두되었던 영지주의적 이단과 유사한 것으로 볼 때 에베소설이 매우 유력하다. 그런데 근래에는 많은 학자들이 요한복음의 기록 장소를 시리아 지방으로 보는 경향이 있어 그것을 사실로 받아들인다면 본서의 기록 장소도 같은 곳으로 조정할 필요가 있을 것이다.[5)]

## Ⅲ. 요한 2서, 3서

### 1. 주제 및 내용 개요

#### 1) 요한 2서

"장로는 택하심을 입은 부녀와 그의 자녀에게 편지한다."는 인사말로 시작하여 저자 자신과 수신자들이 진리와 사랑 안에서 하나로 결합되어 있음을 강조한다. 본론으로는 사랑의 계명을 지킬 것과 예수 그리스도께서 육체로 임하심을 부인하는 이단자들을 경계할 것을 권면한다. 그리고 저자 자신이 직접 가서 그들을 만나고자 하는 뜻을 밝히며 문안 인사로 끝을 맺는다. 따라서 본서의 주제는 '사랑과 진리'라고 표현할 수 있을

5. 컴멜, 전게서, p. 450.

것이다.

### 2) 요한 3서

'장로는 사랑하는 가이오에게' 편지하면서 그를 위하여 축복을 간구하고, 진리 안에서 행하며 나그네된 형제를 영접하여 대접할 것을 권면한다. 그리고 교만한 태도를 취하는 디오드레베에 대하여 경계하며 데메드리오라는 인물을 추천한다. 끝으로 저자가 직접 방문할 계획임을 밝히면서 문안인사를 전한다. 본서의 주제는 "형제 곧 나그네된 자를 영접하라."는 말에서 찾을 수 있다.

## 2. 수신자와 기록 목적

요한 2서의 수신자는 '택하심을 입은 부녀와 그의 자녀'로 되어 있는데, 이는 어떤 그리스도인 부인과 그 가정의 식구들이 아니라 어떤 지역교회를 지칭하는 것이라고 봄이 일반적인 견해이다. '부녀'라는 말로 번역된 *κυρία*(퀴리아)는 개인적인 이름일 수도 있고 여인에 대한 정중한 명칭일 수도 있지만, 서신 전체의 분위기로 보아 하나의 상징적인 의미로 사용되었다고 생각된다. 그 부녀의 자녀들은 요한 3서 1 : 4에서 말하는 장로의 자녀들과 같이, 육신의 자녀가 아니라 영적인 자녀들을 의미한다고 보아야 할 것이다. 본서는 그리스도인 공동체를 대상으로 쓴 것이 분명하므로(요이 1 : 8-11) '택하심을 입은 부녀와 그의 자녀'는 어느 특정한 신앙공동체를 의미하는 것이며,[6] 따라서 1 : 13의 '택하심을 입은 네 자매'도 이 공동체와 긴밀한 관계를 가진 어느 신앙공동체를 지시한다고 해석함이 옳을 것이다.

요한 2서의 기록 목적은 교회가 사랑과 진리를 보존하도록 권면하기 위한 것이었다. 즉, 그들이 받은 참된 신앙에 거슬려서 예수 그리스도의 성육 신을 부정하는 거짓 교사들을 경계하려는 것이다. 이들 이단자들은 요한 1서에 나타나는 적그리스도와 흡사한 자들인데, 본 서신에서는 이런

6. 상게서, p. 452.

자들을 집에 들이지도 말고 인사도 말라고 강경하게 권한다.

요한 3서는 가이오라는, 저자와 친밀한 한 개인에게 보낸 서신이다. 가이오와 그가 속한 공동체의 사람들이 본 서신의 저자에게 전도를 받았거나 신앙적 영향을 받았던 것으로 보이는데(요삼 1:4), 그들 가운데 디오드레베라는 인물이 본 서신의 저자를 비롯한 다른 전도자들을 배척함에 대하여 경고하면서 그에게 동조하지 말 것을 권한다. 그리고 데메드리오라는 사람을 추천하는데 그는 아마도 본서를 전하도록 파송된 사람이거나 전도자 중의 한 사람이라고 생각된다.

본 서신의 저자인 '장로'는 그가 특별히 관심을 가지는 한 신앙공동체의 지도자인 가이오에게 전도자들을 대접한 그의 선행을 칭찬하면서 계속하여 전도자들을 도울 것을 부탁하기 위하여 글을 쓰고 있다. 그와 더불어 그 공동체의 유력한 인물 가운데 디오드레베라는 사람이 전도자들을 배척하고 영접하지 않음에 대하여 그것은 악한 행위이므로 본받지 말 것을 권면한다. 이것은 아마도 연로한 전도자의 가부장적 권위에 대하여 지교회의 지도자들 가운데서 반발이 나타나고 있었음을 보여 주는 것이라고 해석된다.

그러므로 요한 2서와 3서는 서로 다른 상황 가운데 있는 개별적인 공동체에 써 보낸 서신들이라고 할 수 있다. 즉 요한 2서는 성육신을 부정하는 이단사상에 대처하기 위하여 쓰여진 반면에, 요한 3서는 교회내의 분파와 대립을 문제삼고 있다. 그러나 이 서신들이 초대교회의 신앙공동체에서 발생한 근본적인 신앙 문제를 지도하기 위하여 사도적 권위를 가지고 개 교회의 지도자에게 보낸 공한(公翰)이라는 점에서는 공통성을 가진다.

### 3. 저자 및 기록 연대

요한 2서와 3서의 저자가 동일인물이라는 것은 확실한 것으로 받아들여진다. 그 이유는 두 서신의 용어와 문학 형식이 동일하다는 점과 저자 자신이 스스로를 '장로'라고 칭하고 있다는 사실을 들 수 있다. 여기에서 사용된 '장로'는 교회의 지도적 직위를 나타낼 수도 있지만 '원로'라는 의미로도 사용될 수 있다.[7] 그런데 이 '장로'가 누구냐 하는 데 대해서는 일찍부터 많은 견해가 제기되었다. 초기부터 전해지는 전통적인 주장에 의하면 요한복음과 요한 1, 2, 3서의 저자는 사도 요한이라고 한다. 그런데 한 가지 문제는 저자가 자신을 왜 '장로'라고 불렀는가 하는 것이다. 요한복음의 저자가 사도 요한에게 영향을 받은 사람 중의 하나라고 볼 때 요한 서신의 저자 역시 그러한 사람으로 초대교회의 원로 지도자 중의 한 사람이라고 봄이 타당할 것이다.

요한 1서의 저자와 요한 2, 3서의 저자를 동일인으로 볼 것인가 하는 문제는 그 서신들의 내용과 거기에 나타나는 신학적 성격을 비교 검토하여 결정할 수 있는 것인데, 그 저자가 다르다는 주장과 동일인이라는 상반된 견해가 제시된다. 용어와 문체, 그리고 신학적 개념에 있어 요한 2, 3서는 요한 1서와 요한복음과 밀접한 관련이 있음이 분명하다. 반면에 세부적인 내용과 표현에 있어서는 차이가 나는 점들도 있는데, 그런 사소한 차이점들에 비해 세 개의 요한서신이 나타내는 공통성이 훨씬 더 강하므로 그 세 서신이 동일한 저자에 의하여 기록되었다는 것을 반증할 뚜렷한 증거는 제시되지 못한다.[8]

요한 3서 1:9에 "내가 두어 자를 썼으나"라고 말함으로 그 이전에 편지를 쓴 것을 암시하고 있는데, 이것을 요한 2서를 가리키는 것이라고 생각하는 사람들도 있다. 그러나 그것은 확정적으로 판단하기 어려우며 다만 그 두 서신이 거의 비슷한 시기에 기록되었다고 추정된다. 알렉산드리아의 클레멘트(2세기 말에 활동)가 처음으로 요한 2서와 3서의 주석을 쓴 것으로 알려지고 있는데, 정경화 과정에서 이 두 서신은 오랫동안 논란의 대상이 되었다. 그런 점으로 보아 두 서신은 상당히 후기에 쓰여진 것이라고 추측되는데 대체로 요한 1서와 비슷한 시기인 주후 90~110년으로 그 기록 연대를 잡는 것이 일반적인 견해이다.

---

7. 김철손 외, 전게서, p. 262.
8. 큄멜, 전게서, p. 455.

# 제 7 장

# 유 다 서

## 1. 주제 및 내용 개요

**1) 주제** : 이단에 대항한 그리스도인의 싸움

**2) 내용 개요**

① 인사(1 : 1–2)

② 저술 경위 : 이단자들의 출현으로 믿음을 지키기 위한 싸움의 필요성을 제시(1 : 3–4)

③ 거짓 교사들의 불의함과 그들에 대한 형벌(1 : 5–16)

a. 타락한 천사와 마귀와 동류인 이들이 멸망받을 것임(1 : 5–10)

b. 경건치 않은 자들이 정죄받음(1 : 11–16)

④ 마지막 때를 위한 권고(1 : 17–23)

⑤ 송영(1 : 24–25)

## 2. 문학적 성격

본서는 서두에 "예수 그리스도의 종이요, 야고보의 형제인 유다"가 발신자이며, "부르심을 입은 자 곧 하나님 아버지 안에서 사랑을 얻고 예수 그리스도를 위하여 지키심을 입은 자들"이 수신자임을 밝히고 있다. 또 마지막에 인사와 축도는 없지만 송영으로 끝맺고 있어 확실한 서신의 형태를 취하고 있다. 그러나 본 서신은 어떤 구체적인 개별적 교회에 보낸 것이라고는 보기 어려우며 오히려 이단자들을 공격하며 그리스도인들을 권고하는 설교문이라고 보는 것이 더 적합하다고 여겨진다.[1]

본서에는 신약의 다른 곳에서는 찾아보기 어려운 독특한 어휘가 많이 나타나는데, 그것들은 70인역 성경과 다른 희랍어 문헌들의 것과 상당히 유사하다. 특히 신구약 중간기의 문헌인 에녹서와 모세의 승천기의 내용을 인용하며 구약의 내용을 인용한 경우도 몇 번 있다. 또 하나 주목할 것은 거짓 교사들을 묘사하는 데 여러 가지 자연현상을 비유적으로 사용하고 있다는 점이다.[2]

## 3. 수신자와 기록 목적

본서의 수신자가 "부르심을 입은 자 곧 하나님 아버지 안에서 사랑을 얻고 예수 그리스도를 위하여 지키심을 입은 자들"이라고 말하고 있는데, 이들이 어느 곳에 거주하는 어떤 종류의 사람들인지 분명히 말하기 어렵다. 어떤 이들은 구약과 유대 외경의 내용들을 인용한 것으로 보아 이들이 유대인들이라고 보며, 어떤 이들은 1 : 3의 "우리의 일반으로(공동으로) 얻은 구원"이라는 말을 이방인 그리스도인들을 향한 유대인 그리스도인 제자가 한 말로 이해한다. 또한 본서가 순수한 희랍어로 기록된 점을 들어 이방인 그리스도인을 대상으로 한 것이라고 말하기도 한다.[3] 아마도

1. 김득중, 「신약성서개론」, p. 269.
2. 해리슨, 「신약개론」, p. 462.
3. 거쓰리, 「신약개론」, p. 903.

본서의 수신자들은 유대인이 포함되기는 하였지만 대체로 헬라적 유대주의의 영향 아래 살고 있던 이방인 그리스도인을 대상으로 한 것이라고 봄이 타당할 것이다.

본서의 기록 목적은 그들이 직면한 이단사상에 대하여 공격하며 그들의 신앙을 보존하고자 하는 의도였음이 분명하다. 그 이단자들은 19절에 "당을 짓는 자며, 육에 속한 자며, 성령은 없는 자니라"고 하는데 아마도 초대교회에 심각한 위험을 끼쳤던 방종한 영지주의자들이었던 것으로 보인다. 그들은 물질적인 세계를 무시하고 육체적인 방탕에 자신을 내던지면서도 영혼의 구원과는 상관이 없다고 주장하는 자들이었다. 본서의 저자는 그들이 정욕에 가득 차고 허망한 꿈을 가지고 권위를 업신여기며 애찬의 식탁을 더럽히는 자들로, 거친 파도가 거품을 토하듯이 자기의 수치스러운 모습을 드러내며 유리하는 별과 같이 헛된 존재임을 지적한다.

## 4. 저자와 기록 연대 및 장소

본서의 저자는 자신을 "예수 그리스도의 종이요, 야고보의 동생인 유다"라고 밝힌다. 신약성경에는 유다라는 이름을 가진 인물이 많이 나타나므로 이 사람이 어느 유다인지 판단하기 어려운 점이 있으나, '야고보의 동생'이라고 한 말에서 그가 예수의 육신의 형제인 유다(막 6 : 3, 마 13 : 55)를 암시하고 있음을 분명히 느낄 수 있다. 그런데 본 서신을 '주의 형제'인 유다가 기록하였다는 데 대해서는 많은 의문이 제기된다. 본서의 저자가 예수 그리스도의 사도들이 오래 전에 한 말을 권위의 근거로 제시하고 있는 점(1 : 17)과, 갈릴리의 유대인인 유다가 그와 같이 뛰어난 희랍어로 본서를 쓸 수 있었겠는가 하는 점과 본서의 내용이 상당히 후기의 교회 상황을 나타내고 있다는 점에서 야고보의 동생 유다가 원저자이기 어렵다는 견해가 강하다. 따라서 많은 학자들은 후대에 익명의 저자가 '야고보의 동생 유다'의 이름을 빌어 교회가 당면한 이단사상에 대처하기 위하여 본서를 썼다고 본다.[4] 그는 유대 묵시문학에 친숙한 것으로 보아

4. 큄멜, 「신약정경개론」, p. 432 이하.

헬라적 유대 그리스도인이었을 것으로 생각된다.

그 기록된 시기는 내용으로 보아 초대교회의 후기 시대에 속하는 것이 분명한데, 야고보서에 대한 의존적인 태도로 보아 적어도 1세기 말 이후로 보는 것이 타당하다. 본서가 외경을 인용함으로 상당히 오랫동안 경전에 속하지 못하였으며 4세기에야 확실한 인정을 받게 된 것은 주목할 일이지만, 그 기록 연대를 125년 이후로 잡는 것은 합당치 않으며 대체로 주후 120년 전후로 그 연대를 추정한다.

저작 장소에 대해서는 확실한 증거가 아무것도 없지만 유대적 배경으로 미루어 보아 팔레스타인이라고 생각하는 사람이 있는 반면에, 헬라적 유대인들의 중심지인 시리아의 안디옥 지방으로 주장하는 견해도 있다.

# 제 8 장

# 요한 계시록

## 1. 주제 및 내용 개요

### 1) 주제 : 어린 양의 승리와 새 하늘과 새 땅

### 2) 내용 개요

① 서론(1 : 1-3)

② 아시아의 일곱 교회에 보내는 편지(1 : 4-3 : 22)

a. 인사와 첫 번째 환상(1 : 4-20)

1 : 4~8 인사

1 : 9~20 인자 같은 이의 환상

b. 일곱 교회에 보내는 편지(2 : 1-3 : 22)

2 : 1~7 에베소 교회에 보내는 편지

2 : 8~11 서머나 교회에 보내는 편지

2 : 12~17 버가모 교회에 보내는 편지

2 : 18~29 두아디라 교회에 보내는 편지

3 : 1~6　　사데 교회에 보내는 편지
3 : 7~13　　빌라델비아 교회에 보내는 편지
3 : 14~22　　라오디게아 교회에 보내는 편지

③ 두 번째 환상(4 : 1–16 : 21)

a. 하늘 보좌(4 : 1~11)

b. 일곱 인봉(5 : 1~8 : 1)

5 : 1~14　　봉인된 책
6 : 1~2　　첫 번째 인봉
6 : 3~4　　두 번째 인봉
6 : 5~6　　세 번째 인봉
6 : 7~8　　네 번째 인봉
6 : 9~11　　다섯 번째 인봉
6 : 12~17　　여섯 번째 인봉

c. 네 천사와 인침을 받은 자들(7 : 1–17)

d. 일곱 번째 인봉(8 : 1)

e. 일곱 나팔(8 : 2–11 : 19)

8 : 2~9 : 21　　여섯 나팔
10 : 1~11 : 14　중간 계시
11 : 14~19　　일곱 번째 나팔

f. 용의 권세와 어린 양의 백성(12 : 1–14 : 20)

12 : 1~17　　용과 여인
13 : 1~18　　두 짐승
14 : 1~20　　마지막 때의 추수

g. 마지막 일곱 재앙(15 : 1–16 : 21)

15 : 1~8　　어린 양의 노래와 재앙의 준비
16 : 1~2　　첫 번째 대접
16 : 3　　두 번째 대접
16 : 4~7　　세 번째 대접
16 : 8~9　　네 번째 대접
16 : 10~11　　다섯 번째 대접

16 : 12~16 여섯 번째 대접
16 : 17~21 일곱 번째 대접

④ 세 번째 환상(17 : 1-20 : 15)

a. 바벨론의 무너짐(17 : 1-19 : 10)
17 : 1~18 : 24 바벨론의 심판
19 : 1~10 어린 양의 혼인잔치

b. 최후의 승리와 심판(19 : 11-20 : 15)
19 : 11~21 백마를 탄 자와 짐승의 군대와의 전쟁
20 : 1~10 사단의 결박과 천년 왕국
20 : 11~15 흰 보좌 앞에서의 심판

⑤ 네 번째 환상(21 : 1-22 : 5)

a. 새 하늘과 새 땅(21 : 1-8)

b. 새 예루살렘(2 : 9-22 : 5)

⑥ 맺음말(22 : 6-21)

## 2. 묵시문학의 성격

요한 계시록은 그 서문 다음에 편지 형식의 인사말이 있고(1 : 4-5), 마지막에도 역시 초기 기독교의 서신들처럼 축도로 끝맺는 서신의 형태를 보여 준다. 그러나 그 내용은 신약성경의 다른 부분들과는 매우 상이한 묵시문학의 독특한 형태를 취하고 있다.

요한 계시록에 나타나는 문학 형식은 결코 새롭고 독자적인 것은 아니었다. 이미 바벨론 포로기 이후에 기록된 구약의 문서들에 묵시적인 사상이 나타나며 신구약 중간기에 유대 묵시문학이 극도로 번성하였다.[1] 구약의 후기 예언서들 가운데 나타나는 중심적인 메시지는 임박한 종말과 더불어 나타나게 될 하나님 나라를 선포하는 것이었지만, 그것들은 순수한

---

1. 구약에 나타나는 묵시사상 및 묵시문학과 예언문학의 비교와, 신구약 중간기의 유대 묵시문학에 대한 설명은 김철손, 「요한 계시록 신학」, 대한기독교서회(1989), p. 22 이하 참조.

묵시문학으로 발전하지 아니하고 여전히 예언서의 테두리에 머물렀다. 그러나 구약에 유일한 묵시문학으로 디니엘서가 기록되어 있음은 주목할 일이다. 다니엘서는 이후 나타나게 된 중간사 시대의 수많은 묵시문학에 중요한 영향을 미쳤다. 이들 유대 묵시문학 작품들은 모두가 이방세력에 의한 박해의 시기에 쓰여진 것들로 그 책들은 대부분 고대의 위대한 신앙적 인물들을 저자로 내세우는 익명(匿名)성을 가지고 있었다. 그 내용은 그들 시대를 배경으로 하여 세계의 종말과 심판을 예언하려는 것으로 그들이 취한 문학 형식은 거의 유사한 형태를 띠었다.

유대 묵시문학의 공통적인 특징은 매우 암시적이고 상징적인 언어와 표현 형식을 사용한다는 점이다. 그 이유로는 두 가지 면을 들 수 있는데, 첫째 그들이 말하고자 하는 내용이 일상적인 언어로는 표현하기 어려운 현실을 초월한 미래적이고 영적인 세계를 나타내려고 하는 것이기 때문이다. 따라서 그러한 초월적이고 영적인 세계에 대한 적합한 표현방법을 상징적인 언어에서 찾은 것이다. 또 다른 중요한 이유는 이들 묵시문학이 제시하는 메시지가 그 당시의 지배세력의 입장에서는 매우 위험한 사상을 고취시키고 있다는 점이다. 악의 세력으로 상징되는 박해자들의 멸망과 압박을 견디는 신앙인들의 종말적 구원을 확신시켜 주는 그러한 내용을 일반적인 언어로 공공연하게 표현하는 것은 결코 지혜로운 일이 아니었다. 그러므로 묵시문학가들은 신앙과 문화적 이해에 있어 자신과 공감을 유지하는 독자들만이 이해할 수 있는 상징적이고 암호적인 언어를 사용하여 그의 메시지를 전달하고자 하였던 것이다.

비밀스런 숫자들과 하늘에 나타나는 현상들 및 생생하게 묘사된 환상적 이미지들을 통하여 미래적인 사건을 묘사한다는 점에서 요한 계시록은 그 이전과 그 당시의 유대 묵시문학과 밀접하게 연관되어 있음이 분명하다. 그러나 다른 한편 요한 계시록과 유대 묵시문학과의 차이점을 그 역사관에서 발견할 수 있다.[2] 유대 묵시문학은 장래에 있을 종말적 상황에 그 초점을 맞추는 데 대하여 계시록은 현실적 사건을 염두에 두고 영적인 세계의 상황을 전개시키고 있음에 주목할 필요가 있다. 즉 그는 로마제국의

2. 큄멜, 「신약정경개론」, p. 463 이하.

박해 아래 시련을 겪는 소아시아의 교회들을 보면서 그 배후에서 벌어지는 보다 심오한 영적인 투쟁을 환상을 통하여 보여 준다. 로마제국을 상징하는 일곱 개의 머리와 열 뿔 가진 험악한 짐승과 사단인 붉은 용은 하나님의 택한 백성들을 핍박하나 어린 양이신 그리스도께서 마침내 승리하셔서 천년 왕국을 세우며 최후의 심판을 통하여 새 하늘과 새 땅에 승리한 성도들로 하여금 들어가게 하신다는 것이다.

여기에서 계시록의 저자의 의도가 분명히 드러나는데, 그는 당시 정치적 박해 아래 고통을 당하는 교회로 하여금 극심한 역경을 극복하고 곧 이루어질 하나님의 나라를 대망하도록 격려하고 있는 것이다. 그는 이를 위하여 유대 묵시문학의 형식을 그리스도교적 종말사상에 적용시킴으로 새로운 그리스도교적 '역사 묵시문학'(Geschichtsapokalyptik)으로 만들었다.[3] 이러한 점에서 우선적으로 요한 계시록은 특수한 상황 가운데서 쓰여진 '시대적인 문서'라고 이해함이 옳을 것이다.

## 3. 신학적 문제

초대교회에서 요한 계시록은 매우 일찍부터 그 내용으로 인하여 논쟁의 대상이 되었다. 특히 알렉산드리아의 디오니시우스(Dionysius of Alexandria)와 같은 사람은 요한 계시록의 저자에 대하여 강하게 의문을 제기하였는데, 그 이유는 그가 반대하였던 지상에서의 종말론적인 천년 왕국을 계시록 20장이 지시하고 있다고 여겼기 때문이다. 따라서 그는 거짓 교사들의 교리에 권위의 근거를 제공하는 요한 계시록이 사도적 기원을 가질 수 없다고 주장하였다. 그와 유사한 비판이 종교개혁 초기에도 나타났는데, 루터는 요한 계시록의 영감성을 인정하지 않았다. 왜냐하면 그 내용은 동화적이고 환상적인 것에 너무 많은 관심을 가지는 반면에 그리스도에 대하여는 가르치는 바가 거의 없기 때문이라는 것이었다. 전체적인 신약성경의 틀 속에서 볼 때 요한 계시록은 너무나 파격적인 환상과 상징들로 차 있는 까닭에 그 진정한 의미를 이해하기가 매우 어려우며, 따라서 계속하

3. 김철손 외, 「신약성서개론」, p. 282.

여 신학적으로 논란이 되어오고 있다. 요한 계시록에 서술된 역사의 종말에 대한 견해가 신약성경의 다른 부분의 메시지와 얼마나 조화를 이루느냐에 따라 그 신학적인 문제는 이해되어질 수 있을 것이다.[4)]

교회의 현재적 경험을 종말의 역사 속에 투영시킴은 요한 계시록의 정확한 종말의 날짜와 연대를 제시하려는 것이 아니라, 기독교 공동체의 상황과 하나님의 역사에 대한 전체적인 관점에서 현재와 미래에 있어 그리스도가 가지는 중심적 의미를 나타내고자 하는 것으로 생각할 수 있다. 다른 한편 종말적 사건들을 묘사하는 개념과 상징들은 고대의 세계관에 입각한 것임을 기억해야 할 것이다. 그와 더불어 피에 대한 복수의 요청(6 : 10)이나 종말에 있을 사단의 세력과의 대전투와 같은 개념은 신약성경의 중심 메시지와는 일치하지 못하는 것들로서, 거기에는 유대교와 헬레니즘의 사상적 영향이 있음을 전제로 하지 않을 수 없다. 신약성경과는 이질적인 이러한 개념들을 신학적으로 공정하게 평가할 수 있을 때 계시록의 의미는 보다 더 올바르게 이해될 것이다.

요한 계시록에서 한 가지 더 주목할 것은 복음서 가운데 나타나는 세례 요한의 전승과 어떠한 연관성을 보여 주고 있다는 점이다.[5)] 즉, 세례 요한은 예수를 '하나님의 어린 양'이라고 불렀는데, 계시록에서 역시 '어린 양'이 그리스도에 대한 중요한 칭호로 사용되고 있다. 또한 '오실 이'에 대한 사상이 세례 요한과 계시록에 뚜렷이 나타나고 있으며(마 3 : 11, 계 14 : 14-16), '불로 세례를 주신다'는 개념도 세례 요한과 계시록에서 공통적으로 찾아볼 수 있다. 그 외에도 세례 요한의 메시지는 구원보다는 하나님의 진노와 심판을 더 강조하고 있는데 그러한 것은 요한 계시록에서도 중요한 특징으로 나타난다. 이러한 점에서 어떤 학자들은 세례 요한이나 혹은 그의 제자 중 하나가 계시록을 기록했다고 보기도 하나, 요한 계시록의 저자가 세례 요한의 전승에서 영향을 받았다고 봄이 더 타당할 것이다.

---

4. 쿰멜, 전게서, p. 478.
5. 김득중, 「신약성서개론」, p. 289 이하.

## 4. 계시록의 해석법

묵시적 환상과 상징으로 이루어진 요한 계시록은 시대에 따라 여러 가지 신학적 해석과 이해를 가져왔다. 따라서 오늘날에도 여러 가지 견해와 더불어 해석상의 문제를 불러일으키고 있는데 다음에서는 일반적으로 제시되고 있는 네 가지의 해석적 견해를 간략히 소개하고자 한다.[6]

### 1) 과거적 견해

이 해석법은 계시록을 기록될 당시의 상황을 나타내는 것으로 이해해야 한다는 것이다. 즉 본서는 당시의 사람들을 위하여 기록된 책이라고 보는 것이다. 저자는 그리스도의 교회를 박해하는 로마 정부와 그 시련을 견디면서 승리의 길로 나가는 성도의 투쟁을 부각시키고자 한다. 이러한 관점에서 볼 때 계시록에서 초대교회의 생명력과 신앙의 인내를 발견한다는 점에서 중요한 장점이 있으나, 본서에 예언된 종말적 사건이 여전히 이루어지지 아니한 미래의 사실로 남아 있다는 면에서 해석상의 난점을 제기한다.

### 2) 미래적 견해

이 해석법은 세상의 종말에 관해서만 다루고 있다는 가정에서 계시록을 이해하려는 것이다. 즉 계시록의 저자가 그가 처하여 있던 시대나 상황과는 하등의 관계없이 영적인 환상을 통하여 그가 미리 본 종말의 사건들만을 나타낸다고 하는 것이다. 그러므로 이 해석의 관점에서는 환상적이고 상징적으로 표현된 종말의 사건들이 나타내는 실체와 의미를 이해하는 것이 유일한 관심사가 되는 것이다.

---

6. 네 가지 해석법에 대해서는 G. E. Ladd (*A commentary on the Revelation of John*. Grand Rapids, Michigan : William B. Eerdmans Publishing Company, 1972, pp. 10－12)와 해리슨(「신약개론」, p. 497 이하)이 일치하며, J. 칼라스(「요한 계시록」, 박창환 역, 컨콜디아사, 1977, p. 21 이하)는 용어에 있어 조금 차이가 있으나 내용은 거의 유사하다.

### 3) 역사적 견해

이 견해는 계시록이 세상의 종말에 대해서만 기록한 것이 아니라 예수 시대로부터 그의 재림 때까지의 세계의 전역사를 묘사한 것이라고 주장한다. 즉 계시록의 각 부분에는 여러 시대에 대한 비밀이 담겨져 있어 그것들을 바로 해석하게 되면 세계의 마지막 종말까지의 역사를 계산해 낼 수 있다는 견해이다. 이러한 해석법에 의할 때 이제까지의 세계적인 대사건들인 회교의 출현, 교황권의 성장, 종교개혁운동, 세계 대전쟁 등을 계시록의 내용에서 찾아내려 하며, 더 나아가서는 계시록에 나오는 어떤 상징들을 역사적인 인물들과 일치시키려는 의도에서 본문의 의미를 곡해하여 해석하는 데까지 이르기도 한다.[7]

### 4) 영적 혹은 초역사적 견해

이 해석법은 앞에서 제시된 해석법들이 어떤 특정한 역사적 시기의 사건들에 관련시켜 계시록을 해석함으로 당면하게 되는 난점을 피하기 위하여 취해진 것이다. 즉 계시록에 기록된 상징적인 표현은 하나님의 나라와 하나님을 거스려 대항하는 악의 세력의 끊임없는 투쟁을 나타내려는 것이라고 주장한다. 그것은 실제적인 역사적 사건보다는 영적인 세계의 근본적 원리를 강조하는 것인데, 하나님의 나라가 궁극적으로 승리한다는 약속을 제시함으로 모든 시대의 그리스도인에게 확신과 위로를 줄 수 있다고 보는 것이다. 그러나 계시록에 암시되고 있는 역사적 의미를 완전히 배제한다는 것은 그 본문을 올바로 이해하는 데 전적으로 정당한 태도라고 보기는 어렵다.

이상에서 살펴본 다양한 해석법은 각각 중요한 의의를 가지지만, 어느 한 가지 해석법에 치우칠 때 잘못된 해석에 빠질 수 있음을 지시해 주고 있다. 계시록은 역사적인 의미와 종말론적인 의미로 해석될 수 있으며 또한 영적인 의미로도 이해될 수 있다. 그러나 가장 중요한 것은 전체적인 신약성경의 관점에서 타당한 해석이어야 하며 기독교의 신앙에 유익한 것이어야 할 것이다. 요한 계시록이 우리에게 주는 신앙적 의미는 현재의

---

7. 이러한 해석의 실례를 칼라스, 「요한 계시록」, p. 23 이하에서 참조.

역사적 시점에 서 있는 우리에게 예수 그리스도의 사건이 어떤 관계를 가지며, 역사의 종말을 어떻게 바라보며 소망 가운데 합당한 신앙인의 자세를 견지할 것인가를 깨우치고 지시하는 데 있다고 하겠다.

## 5. 저자 및 기록 연대와 장소

본서의 저자는 네 곳에서 요한이라는 이름을 밝히고 있다(1 : 1, 4, 9, 22 : 8). 그는 소아시아 해안의 밀레도에서 멀리 떨어져 있지 않은 밧모 섬에 유배당하여 환상을 보았으며 그 내용을 회람 형식의 서신으로 소아시아의 7교회에 보냈다. 그는 소아시아 7교회의 형편을 잘 알고 있었던 것으로 보아 그 지방 사람이었거나 혹은 그 지방에서 오랫동안 거주하였던 것으로 생각된다. 요한이라는 이름은 매우 흔한 이름이었으나, 그는 여러 교회에 잘 알려진 교회의 지도적인 인물이었던 것으로 여겨진다.

이 요한이 사도 요한일 것이라는 견해에 대해 초대교회로부터 많은 사람들이 지지해 왔으나 한편에서는 그것을 반대하는 사람들도 상당수가 있다. 특별히 요한복음과 요한서신의 저자와의 관계에 있어서 그들 사이에 언어와 문체, 그 중에서도 종말론에 있어 현저한 차이를 보이므로 동일한 저자로 보기가 어렵다. 즉 요한복음은 현재적 종말론을 나타내는데 계시록은 미래적 종말론을 강조하고 있는 것이다.[8] 어떤 사람은 계시록의 저자를 요한 2, 3서의 저자인 장로 요한과 같은 인물로 보기도 하나 확실한 증거는 제시할 수 없다. 다만 분명한 것은 그가 요한이라는 이름을 가진 '그리스도의 종'이라는 사실뿐이다.

본서의 기록 연대는 계시록에 묘사되어 있는 박해의 상황에 비추어 짐작할 수 있다. 음녀(17 : 1)는 성도들의 피에 취하였으며, 장차 천년 왕국에 참여할 성도들은 짐승(로마 황제)에게 절하지 않고 짐승의 표를 받지 않음으로 박해와 수난을 당하게 된다고 한다(13 : 4, 16-18). 이것은 황제 숭배와 관련된 박해를 암시하는 것으로 도미티안(Domitian) 황제 때의 박해를 가리키는 것으로 여겨진다. 네로 시대에도 그리스도인들에 대한 박

8. 김철손 외, 전게서, p. 288.

해가 있었던 것은 사실이나 황제숭배가 강요되기 시작한 것은 도미티안 황제 때부터이다. 도미티안은 소아시아에서 로마 황제 숭배에 대한 칙령을 선포하였으며, 에베소에는 황제를 섬기기 위한 신전이 세워지기도 하였다고 한다. "요한이 도미티안 말기에 묵시를 보았다."는 이레니우스(Irenaeus)가 전하는 전승은 이러한 역사적 상황과 일치하는 것이라고 여겨진다.[9] 따라서 대부분의 학자들은 요한 계시록이 도미티안의 통치 말기인 90~95년에 에베소에서 기록되었다고 생각한다.

9. 해리슨, 전게서, p.509.

저자 이 형 의 목사

· 숭실대학교 사학과 졸업(B. A.)
· 장로회신학대학 신대원 졸업(M. Div.)
· 캐나다 토론토대학교 낙스칼리지 졸업(T. M.)
· 현 서울장로회신학교 교수(신약학)

**1** | 신학연구도서시리즈

# 신약성서개론

**초판발행** 1991년 4월 30일
**9쇄발행** 2011년 3월 20일

**기획/편집** 성서신학원협의회, 신학교협의회
**편 집 인** 이상운, 황승룡
**지 은 이** 이형의
**펴 낸 이** 채형욱
**펴 낸 곳** 한국장로교출판사
**주　　소** 110-470 / 서울 종로구 연지동 135 한국교회100주년기념관 별관
**전　　화** (02) 741-4381 / 팩스 741-7886
**영 업 국** (031) 944-4340 / 팩스 944-2623
**등　　록** No. 1-84(1951. 8. 3.)

**ISBN** 978-89-398-0001-4 / Printed in Korea
**값** 12,000원

**편집과장** 이현주　**기획과장** 정현선
**업무과장** 박호애　**영업과장** 박창원

※ 이 출판물은 저작권법에 의해 보호를 받는 저작물이므로 무단전재와 무단복제를 할 수 없습니다.